L'auteure du guide

Auteure de plusieurs guides de voyage pour Hachette Livre, **Annie Crouzet** vous emmène à la découverte des îles Maurice et Rodrigues. Elle vous raconte l'écarlate des grappes de fleurs qui explosent en décembre dans le feuillage vert des grands flamboyants; la fièvre du séga avec ses rythmes d'enfer; les sorties en mer, les plages de sable blanc et les balades en pleine nature.

ÎLE MAURICE
et Rodrigues

^ Pêcheurs à bord d'une barque de pêche à voile rodriguaise

SOMMAIRE

CARTES ET PLANS

Château de Labourdonnais

Dans le nord de l'île, le château de Labourdonnais, demeure coloniale du XIXe s., est devenu un musée superbement mis en scène. Magnifiquement restaurée, la maison se plante au cœur d'un domaine sucrier de 500 ha et de vergers. À l'écart, sous les litchis centenaires, on peut dîner romantiquement aux chandelles à la Table du Château.

p. 86 et 90

JARDIN DE PAMPLEMOUSSES

Le fleuron botanique de l'île Maurice. Créé au XVIIIe s. par Pierre Poivre, qui n'a pas hésité à se transformer en « flibustier des épices », il regorge, sur plus de 37 ha, d'espèces glanées aux quatre coins du monde : camphriers de Chine, nénuphars géants d'Amazonie… Les visiteurs les plus chanceux auront droit à un tallipot en fleurs, événement rarissime (les dernières fois, c'était en 2018 et 2022).

p. 95

L'AVENTURE DU SUCRE

Ancienne forge, « indigoterie », puis usine sucrière, Beau Plan a fermé ses portes en 1999. C'est aujourd'hui un écomusée diablement passionnant. Interactif, ludique… Toute l'histoire de l'île Maurice défile à travers le prisme de ce qu'on appelle aujourd'hui « l'industrie cannière ». À la sortie, dégustation en règle de rhums et sucres comme le « brun clair mou », une variété de sucre qu'on ne trouve qu'à Maurice.

p. 98

Morne Brabant

La « montagne » (556 m) est inscrite depuis 2008 au patrimoine mondial de l'humanité par l'Unesco en tant que « paysage culturel ». En accueillant, jusqu'en 1835, nombre d'esclaves « marrons » (en fuite), cette citadelle, truffée de cavernes, est devenue le symbole de la résistance à l'esclavage. Au sommet, accessible aux randonneurs, la vue grandiose embrasse tout le sud-est de l'île.

p. 140

Jardin de Pamplemousses >

LES IN-CONTOURNABLES

^ Morne Brabant

PARC NATIONAL DES GORGES DE LA RIVIÈRE NOIRE

Sur plus de 6500 ha, le parc national des gorges de la Rivière Noire protège 163 espèces de plantes et 9 espèces d'oiseaux endémiques, certaines en danger. Le temps d'une balade, on retrouve l'île originelle, couverte de forêts épaisses. Avec pailles-en-queue et macaques, voilà une Maurice verte, inattendue, fascinante.

p. 151

Falaises de Gris-Gris

À Souillac, dans le sud, elles offrent une facette insolite de Maurice. Faute de barrière corallienne, les vagues, dans un battement incessant, viennent se fracasser sur les falaises volcaniques de Gris-Gris. Un paysage de toute beauté, dramatique. Le nom garde ses mystères : est-il emprunté à une sorcière ? à un chat ? À chacun sa version.

p. 189

Blue Bay

Peu profond, entre 5 et 6 m grand maximum, le parc marin du lagon de Blue Bay offre une palette de bleus incroyable, pouvant virer jusqu'au bleu nuit. Dans ce fabuleux jardin de corail, où la température de l'eau oscille entre 25 et 29 °C, vivent une trentaine d'espèces. On partira à leur découverte à bord d'un bateau à fond de verre. Ou mieux encore : avec masque et tuba...

p. 108

PLAGE DE BELLE MARE

Frangée de filaos, la plage publique de Belle Mare s'étire sur près de 1500 m. Cette belle grève de sable fin est propice au farniente mais s'anime le week-end, les Mauriciens s'y retrouvant pour pique-niquer. Cela fait partie du *mauritian way of life*. Ils y vont par cars entiers (il y a des bus spéciaux !). Sinon, on charge la voiture de victuailles. Ambiance bon enfant, colorée, familiale, bruyante... et pique-nique géant.
Là est la vraie vie de Maurice.

p. 120

Plage de Belle Mare

‹ Grand Bassin

Bois Chéri

Tout ce que vous avez toujours voulu savoir sur le thé, vous le trouverez à Bois Chéri, en suivant la route du thé. Les champs moutonnent, les cueilleuses s'affairent, l'usine ronronne, et une dégustation vous attend. Au restaurant, gastronomie rime même avec thé. Maurice reste cependant un petit producteur : en 2021, cette culture couvrait 685 ha pour une production de 1097 t.

p. 179

Trou aux Cerfs

Si vous doutiez que Maurice soit une île volcanique, Curepipe vous en apporte la preuve. Son Trou aux Cerfs (à 605 m d'altitude) est en réalité un ancien cratère de volcan, l'un des 26 répertoriés sur l'île. D'une forme bien conservée, il mesure 300 m de diamètre et 85 m de profondeur. On peut en faire le tour à pied. Par grand beau temps, la vue porte à des kilomètres à la ronde.

p. 173

GRAND BASSIN

Au centre de l'île Maurice, Grand Bassin (appelé aussi « Ganga Talao ») est d'abord un lac de cratère, perché à 550 m d'altitude. Considéré comme une « résurgence » du Gange, il est, à ce titre, sacré pour la population indo-mauricienne, largement majoritaire dans l'île. Spectaculaire, le lieu où vous accueillent les statues géantes de Shiva et Durga regorge de temples. Vous y observerez les rituels hindous...

p. 178

RÉSERVE FRANÇOIS LEGUAT (RODRIGUES)

C'est sans doute l'une des tentatives les plus étonnantes pour renverser le cours du temps. Les tortues, qui pullulaient trois ou quatre siècles plus tôt, avaient totalement disparu de Rodrigues. Aujourd'hui, 3000 descendantes de spécimens d'Aldabra (Seychelles), voire de Madagascar, coulent des jours heureux dans cette réserve. Intriguées, elles viennent parfois à la rencontre des visiteurs.

p. 212 et 220

⌄ Bois Chéri

SI VOUS AIMEZ...

Les activités nautiques

La mer reste le principal pôle d'attraction de l'île, que ce soit à **Trou d'Eau Douce** ou à **Blue Bay**. Les grands hôtels incluent des prestations dans le prix de la chambre : planche à voile, plongée en apnée, dériveur, kayak de mer, voire **kitesurf**. Mais ski nautique, parachute ascensionnel et autres sports motorisés demeurent en principe payants. Les surfeurs de tout bord se retrouvent à **Tamarin**, au **morne Brabant** ou à **Rodrigues**.

Trou d'Eau Douce p. 119
Blue Bay p. 108
Tamarin p. 138
Morne Brabant p. 140
Rodrigues p. 198

LA PLONGÉE

Les fonds sous-marins mauriciens méritent largement un coup de palme. Certains sites, comme la **fosse aux requins** près de l'île Plate ou l'**épave** du *Sirius* au large de Mahébourg, sont à réserver aux plongeurs chevronnés. Un simple masque et un tuba dans la passe de **Belle Mare** peuvent procurer aussi beaucoup de plaisir.

Fosse aux requins p. 18
Épave du *Sirius* p. 19
Passe de Belle Mare p. 19

LES SENSATIONS FORTES

L'île offre maintes sensations fortes. La tyrolienne reste le « produit » phare. C'est à qui offrira, tant à Maurice qu'à Rodrigues, la tyrolienne la plus longue, la plus haute, ou le pont de singe le plus vertigineux. Sueurs froides assurées aussi lors d'une marche avec les lions ou d'un saut pendulaire à **Casela** dans l'ouest.

Tyroliennes à Chamouny p. 155
RodrigAventure p. 217
Casela Nature Parks p. 136

La nature luxuriante

Les amoureux de la nature seront comblés par les parcs nationaux de Maurice, celui des **gorges de la Rivière Noire** ou celui de **Bras d'Eau**. Les jardins botaniques de **Pamplemousses** et de **Curepipe**, eux, offrent une autre vision de la flore tropicale. Un séjour sur la côte permettra aussi de se familiariser avec de nombreuses plantes exotiques : flamboyant, hibiscus, allamanda, bougainvillée...

Parc national des gorges de la Rivière Noire p. 151
Parc national de Bras d'Eau p. 121
Jardin botanique de Pamplemousses p. 95
Jardin botanique de Curepipe p. 173

‹ Plongée dans le sud de l'île Maurice

Les oiseaux exotiques

Le pigeon des mares, la crécerelle, le zozo banane, la goélette blanche... Gazouillis, piaillements... Si vous en pincez pour la gent à bec et à plumes, embarquez pour l'**île aux Aigrettes** ou l'**île aux Cocos**, ou offrez-vous les services d'un guide qui jouera les éclaireurs dans la forêt du **parc national des gorges de la Rivière Noire**.

Île aux Aigrettes p. 107
Île aux Cocos (Rodrigues) p. 213
Parc national des gorges de la Rivière Noire p. 151

LA RANDONNÉE

Le bonheur à la force des mollets... Émotions fortes garanties avec l'**ascension du Pouce**, de la **montagne du Lion** ou du **morne Brabant**, avec un final un peu acrobatique. L'aventure vous attend aussi le long des sentiers des **gorges de la Rivière Noire**.

Le Pouce p. 62
Montagne du Lion p. 110
Morne Brabant p. 140
Parc national des gorges de la Rivière Noire p. 151

⌄ Plage bordée de bougainvillées

^ Dauphins dans la baie de Tamarin

L'ARCHITECTURE CRÉOLE

Malgré l'utilisation du béton et de la tôle ondulée au détriment du bois, l'architecture créole est encore présente à l'île Maurice: cases populaires pleines de charme dans les villages, maisons bourgeoises romantiques sur les hauts plateaux et grandes demeures de maître trônant au centre d'un domaine colonial, à l'instar de la maison **Eureka**, du **château de Labourdonnais** ou de **Saint-Aubin**. Les amateurs se régaleront.

Eureka p. 55
Château de Labourdonnais p. 86 et 90
Saint-Aubin p. 181

LES TRADITIONS VENUES D'AILLEURS

Entre nouvel an chinois et Aïd el-Fitr, marches sur le feu et pèlerinage à Sainte-Croix, le calendrier mauricien est empreint de spiritualité. Il reste néanmoins marqué par les grandes fêtes hindoues, comme **Maha Shivaratree** à Grand Bassin, qui rassemble jusqu'à 200 000 personnes. Restez discret, et l'on vous acceptera partout.

Maha Shivaratree à Grand Bassin p. 179

Les dauphins

Direction la **baie de Tamarin**, dans l'ouest. Ici, ils offrent un spectacle inouï, à vous donner des frissons, vous régalant d'un vrai ballet aquatique et cela malgré leur poids: jusqu'à 300 kg pour les souffleurs à gros nez *(bottlenose)*. Respectez le code de bonne conduite édicté pour ce *dolphin watching*.

Baie de Tamarin p. 138

v Grand Bassin

^ Domaine de Saint-Aubin

LES PLAGES DE RÊVE

En matière de plages, Maurice et Rodrigues ont de quoi satisfaire tous les désirs, qu'elles soient privées ou publiques. Avec ces dernières, le week-end, lorsque (presque) Tout-Maurice s'y retrouve, c'est l'immersion (quasi) garantie. On trouve des plages infinies, rectilignes comme à **Belle Mare** et **Flic en Flac**. Mais aussi des plages pour Robinson, perdues sur un îlot comme l'**île Plate** ou l'**île aux Cocos**, à Rodrigues.

Belle Mare p. 120
Flic en Flac p. 135
Île Plate p. 68
Île aux Cocos (Rodrigues) p. 213

Le rhum, le thé et leurs secrets de fabrication

Entre juin et décembre, pendant la récolte de la canne à sucre, on peut suivre la distillation du rhum à **Chamarel**. À **Bois Chéri** vous sont livrés tous les secrets de la fabrication du thé. Vous pourrez aussi voir fonctionner une usine qui fabrique des gâteaux au manioc. Il s'agit de la **biscuiterie Rault** à Mahébourg.

Chamarel p. 149
Bois Chéri p. 179
Biscuiterie Rault à Mahébourg p. 106

Le shopping

À défaut d'un artisanat exotique, Maurice est l'endroit rêvé pour renouveler sa garde-robe à moindre prix: dans les boutiques branchées de **Grand Baie**, les centres commerciaux du Caudan à **Port Louis** et des **hauts plateaux**, l'industrie textile mauricienne offre un rapport qualité-prix très intéressant. Mais attention aux contrefaçons!

Grand Baie p. 74
Port Louis p. 50
Hauts plateaux p. 173

L'HISTOIRE

Maurice s'est offert une batterie de nouveaux musées, ludiques et interactifs. L'**Aventure du Sucre** retrace l'histoire de l'île à la lumière des tribulations du roi Sucre. Le **Blue Penny Museum** présente ses trésors philatéliques et nous fait chavirer avec le naufrage du *Saint-Géran*. Autre lieu chargé d'émotion: l'**Aapravasi Ghat** à Port Louis, où débarquèrent les immigrants indiens.

L'Aventure du Sucre p. 98
Blue Penny Museum p. 46
Aapravasi Ghat p. 47

Du séga *tipik*

Depuis novembre 2014, le séga *tipik* mauricien, chant et danse des anciens esclaves sur les plantations, est inscrit au patrimoine culturel de l'humanité par l'Unesco. Ironie de l'histoire : il a longtemps été considéré comme vulgaire, avant que les touristes ne l'adoptent. Du séga *lontan* (d'antan) de Jean-Claude Gaspard au séga mâtiné de blues d'Éric Triton, il y a tout un monde, réuni le temps du **festival international Kreol**, qui enflamme l'île entière à l'automne.

LE PARADIS DU SPA

Aujourd'hui, pas d'hôtel sans son spa, où l'on se rend en solo ou en couple, voire en famille. Si, très longtemps, le « marché » a été dominé par des marques internationales (Guerlain, Clarins, etc.), Maurice a développé des lignes qui lui sont propres comme **Seven Colours**, dans le groupe Veranda. Aujourd'hui, on propose des gommages où grains de riz concassés, noix de coco, sels marins et épices servent d'exfoliants. Les huiles essentielles ont adopté tous les parfums des îles.

‹ Femmes tamoules lors de Thaipoosam Cavadee

L'ÎLE MAURICE C'EST AUSSI...

UNE ÎLE « ROMANCE »

Merci, Bernardin de Saint-Pierre ! Maurice lui doit une belle romance, celle de Paul et Virginie, inspirée par le naufrage du *Saint-Géran* sur les récifs de l'île d'Ambre. Aujourd'hui, l'île a fait de l'amour et du voyage de noces, voire du mariage sous les tropiques, son fonds de commerce (p. 257). Il est même possible de privatiser une plage publique, le temps de la cérémonie.

^ Dholl puris à garnir

UN SOUS-MARIN DE POCHE

Très tendance, aujourd'hui ! Dès 1998, **Blue Safari**, créé dans le nord de Maurice par deux Français, lançait son premier sous-marin de poche. Le nouveau, de 10 places, descend jusqu'à 35 m de fond. La plongée a même sa séquence *Titanic*, autour de l'épave du chalutier japonais *Star Hope*, coulé dans les années 1980. À défaut, on peut grimper sur un scooter et « rouler » sous l'eau, ou encore marcher à 3 m de profondeur.

Blue Safari p. 78
Aquaventure p. 125

Des marchés étonnants

Maurice regorge de marchés hauts en couleur, où l'on découvre des légumes et fruits inconnus sous des latitudes plus tempérées. L'arouille, racine qui a le goût des patates douces, le margoze, qui se rapproche de nos concombres en plus amer… Si le marché de **Port Louis** est le plus connu des touristes, ceux de **Goodlands** (mercredi et samedi) ou de **Centre de Flacq** (mercredi et dimanche) méritent le détour.

Port Louis p. 42
Goodlands p. 85
Centre de Flacq p. 120

DE LA *STREET FOOD*

Bien avant que la vague déferle en France, Maurice avait sa cuisine des rues. Les Mauriciens raffolent des *gadjaks* (en-cas), dont on ne fait qu'une bouchée, comme les samoussas (petits beignets au poisson, à la viande ou aux légumes), les gâteaux piments, qui sont très peu pimentés, les gâteaux arouille… Plus consistantes sont les dholl puris, des galettes à base de farine de pois cassés, fourrées avec un cari.

Food tour à Port-Louis p. 52

Des marches sur le feu

À Maurice, les Tamouls ne se considèrent pas comme des hindous, bien que leur dieu Muruga soit donné comme le fils, belliqueux, de Shiva. Précédées d'un jeûne purificateur, les cérémonies tamoules (surtout pour Thaipoosam Cavadee, entre mi-janvier et mi-février) sont spectaculaires. Les pénitents, qui ont le corps hérissé d'aiguilles, se dirigent vers le temple, où ils traverseront un tapis de braises.

Thaipoosam Cavadee (Quatre Bornes) p. 247

NOS PLAGES préférées

Sable fin et filaos, ou sable fin et palmiers ? C'est le choix cornélien à Maurice ! Il pourrait résumer l'opposition entre plages publiques (filaos) et plages privées (palmiers).

Maurice

Port Louis, Caudan p. 49

La plage la plus urbaine se trouve dans Port Louis même, au Caudan. Il s'agit de la plage artificielle de sable blanc aménagée à l'hôtel Suffren. On s'y croirait: palmiers et paillotes au toit de chaume. Elle est réservée aux clients de l'hôtel.

Anse Mourouk

Mont Choisy p. 69

Dans le nord, cette plage publique est la plus familiale. Elle s'arrondit voluptueusement en arc de cercle. Protégée par une épaisse forêt de filaos, c'est la plage préférée des familles mauriciennes le week-end. Divertissement local par excellence : la « banane » gonflable.

Flic en Flac p. 135

De toutes les plages publiques à Maurice, celle de Flic en Flac, dans l'ouest, est l'une des plus longues : elle s'étend sur près de 3 km. Déserte en semaine, c'est de la folie pendant le week-end ! Il suffit de traverser la route pour trouver un restaurant, un bar, une discothèque. Les *food trucks* sont aussi nombreux.

La Preneuse p. 139

Dans l'ouest, La Preneuse se cache à l'arrière de la route qui traverse l'agglomération formée par Tamarin et Grande Rivière Noire. Une tour Martello, construite par les Anglais dans les années 1830 et reconvertie en petit musée historique, veille sur elle.

Bel Ombre p. 185

C'est sans doute la plage la plus branchée de l'île. Le C Beach Club est situé à Bel Ombre, dans le « grand Sud », comme disent les Mauriciens. Une programmation hype et chic avec des DJ le week-end, un bar à cocktails, une plage de sable fin sous les palmiers avec ses *love nests* (nacelles).

Souillac p. 189

Au pied des falaises de Gris-Gris, à quelques pas du centre-ville de Souillac, dans le sud, les vagues déchaînées harcèlent cette plage sauvage, accessible par un escalier. La baignade y est dangereuse, mais la séquence balade et pique-nique très agréable.

Rodrigues

Trou d'Argent p. 209

À Rodrigues, sur la côte est, Trou d'Argent n'a pas livré tous ses mystères. Nul n'a retrouvé le trésor qui serait caché au fond de la mer. On partage parfois avec les chèvres cette jolie petite plage, lovée dans une crique, enserrée entre deux falaises, à laquelle on accède après une petite marche. Attention, le ressac peut vous malmener.

Anse Mourouk p. 211

Cette plage est idéale, tant pour débuter en kitesurf que pour se perfectionner. Un spot mondialement connu ! On y a pied même à marée haute et l'on profite d'un vent à 20 nœuds en moyenne. Les alizés, qui soufflent avec constance (de 280 à 300 jours par an) dans le lagon turquoise, facilitent l'apprentissage, qui commence sur l'immense plage.

Farniente sur la plage de Mont Choisy

NOS ACTIVITÉS préférées

Les cours de cuisine

Dans les palaces, le chef sort le grand jeu: balade en sa compagnie au marché, à Port Louis ou ailleurs, passage en cuisine ensuite, pour un thon rouge enrobé d'un caramel d'épices. Des tables d'hôtes comme Marie-Michèlle Kot, ou de petits établissements comme La Belle Rodriguaise, sont dans un registre plus modeste, mais tout aussi savoureux. Zilwa Attitude Hôtel vous invite même chez l'habitant, où vous pouvez mettre la main à la pâte!

Marie-Michèlle Kot p. 182
La Belle Rodriguaise p. 218
Zilwa Attitude Hôtel p. 87

^ Balade à vélo sur la côte sud

Le kite et le paddle

Maurice est devenue un paradis tant pour le kitesurf, où l'on s'envoie en l'air aidé par une aile de traction, que pour le paddle, où l'on pagaye debout sur une planche. Proposées par les mêmes clubs, ces deux activités sont complémentaires, le kite se pratiquant surtout durant l'hiver austral (juin-août), quand les vents sont porteurs, tandis que le paddle, lui, s'accommode moins des turbulences. En paddle, on prend très vite son plaisir; c'est une façon agréable d'explorer lagon, rivières et mangroves.

Willow Surf Center p. 145
SK à Blue Bay p. 114
Club Osmosis à Rodrigues p. 219

Le vélo

Une pratique à réserver aux petites routes peu fréquentées et pour des trajets limités, comme à Grand Baie ou Mahébourg. Destination: une plage de Robinson, un marché local, ou encore un temple tamoul des plus coloré. Avec un guide, on peut toutefois partir pour une balade dans le parc national de Bras d'Eau ou dans le sud, entre Bel Ombre et Souillac, avec son maillot de bain dans le sac à dos.

E-lab Mauritius p. 75
Ubike à Mahébourg p. 113
Balade dans le parc national de Bras d'Eau p. 128
Balade dans le sud avec DunienZîl p. 194

Le canyoning

On voit peu Maurice comme une destination canyoning. Et pourtant, il y a des parcours époustouflants! Comme celui des chutes de Tamarin, dans le centre de l'île: avec des chutes de 50 m à descendre en rappel, sensations fortes assurées. Il faut vous en remettre à des guides confirmés, que l'on peut contacter directement.

Chutes de Tamarin p. 182

Le kayak

Plus d'un établissement, comme Otentik près de Mahébourg, met à la disposition de ses clients des kayaks pour explorer les environs, mer ou rivière. Profitez-en! À la force du poignet, on peut aussi partir à la découverte de l'île d'Ambre et de sa mangrove, remonter la rivière Tamarin ou aller à la rencontre des dauphins.

Otentik p. 115
Yemaya Adventures p. 87
Yanature p. 143
Lokal Adventure p. 143

Le snorkeling

Masque, palmes et tuba vous seront prêtés à la moindre sortie en mer. Au milieu de nulle part (mais dans un site de faible profondeur, près des coraux), la séquence snorkeling représente l'un des grands moments de telles excursions. Poissons-perroquets, poissons-demoiselles, poissons sergent-major, poissons-anges... Parfois, on croise même une tortue marine. Mais attention aux oursins! Rodrigues offre une vie sous-marine davantage préservée.

Île Plate et îlot Gabriel p. 68
Balade en mer avec Totof p. 116
Aquarium de Couzoupa, à Rodrigues p. 213

Kayak dans la mangrove

Activité

OÙ PLONGER ?

Même si Maurice n'a rien à voir avec les Maldives, l'île vous permet de vivre de stupéfiantes aventures sous-marines, comme jouer avec des raies ou se faufiler parmi une forêt de gorgones. On a parfois l'impression de se retrouver, parmi les poissons tropicaux aux noms enchanteurs, au beau milieu d'un aquarium. Voici une sélection de nos meilleurs spots.

Dans l'ouest : gare aux laffes

De Tamarin à Flic en Flac, les sites sont proches sur une série de terrasses, au-delà du récif barrière. On y voit encore des merveilles de coraux, comme le corail-soleil couleur orange qui s'ouvre comme une fleur (il peut atteindre 10 m de diamètre).

La Cathédrale

C'est l'un des spots de plongée incontournables, au large de Flic en Flac. L'atmosphère est irréelle dans cette caverne énorme, qu'une brèche dans le plafond éclaire. Langoustes, carangues et balistes Picasso y trouvent refuge. Attention au corail de feu, nom que lui ont valu ses piqûres venimeuses.

Profondeur max. : 27 m.
Pour plongeurs niveaux 1 aguerris ou 2.

Rempart Serpent

Ici, des rochers couverts d'algues sinuent sur le sable sur une centaine de mètres, comme un serpent. Ils hébergent nombre de laffes volants bardés d'épines et de tentacules, des murènes ponctuées, des mérous... Autant de prédateurs à l'affût de leur prochaine proie.

Profondeur maximum : 25 m.
Pour plongeurs niveaux 1 aguerris ou 2.

Abyss p. 141
Exploration sous-marine Ltée p. 142

Dans le nord : royaume des requins

Pigeon's Rock

Une plate-forme sous-marine relie toutes les îles du nord (Coin de Mire, île Plate, îlot Gabriel, etc.) : la profondeur y dépasse rarement 50 m. C'est le pays des requins, bien que certains dénoncent leur raréfaction. Au large de l'île Plate, près d'un minuscule îlot, Pigeon's Rock, la fameuse fosse aux Requins – hébergeant des requins à queue noire, dits localement requins man'zelles – ne mériterait plus vraiment son nom.

Profondeur max. : 24 m.
Pour plongeurs niveau 3.

Hugues Vitry et Blue Water Diving Center p. 78

Dans l'est : une forêt de gorgones

La passe de Belle Mare

Sur une large superficie (2 km par 1,5 km), cette passe est un must pour les plongeurs, qui se régalent au milieu d'éboulis, de canyons ou d'une forêt de gorgones, des coraux qui se déploient en éventail face au courant pour capter le maximum de plancton (la Sea Fan Valley). Il n'est pas rare d'y croiser des barracudas, des raies et des requins noirs (Shark Point). Certains secteurs sont accessibles à tous les plongeurs, comme le Jardin japonais, en raison de sa faible profondeur (18 m) et de son absence de courant.

Profondeur max. : 33 m. Pour plongeurs confirmés en majorité (en raison des courants).

Blues Diving p. 125

Dans le sud-est : un fantôme sous la mer

Le Sirius

Depuis 1810, l'épave du Sirius gît au large de Mahébourg sur un fond de vase par 18 m de fond. Ce bateau anglais, qui prit part à la bataille de Trafalgar, a coulé corps et biens, déchiqueté par une explosion lors de la bataille du Grand Port entre Anglais et Français. Il fut redécouvert en 1964. Depuis, l'épave fait le bonheur des plongeurs quand la visibilité est optimale, avec le vent venant du Sud. Fantomatique, le vaisseau est complètement envahi par des coraux blancs. Ses canons hébergent éponges et anémones de mer, entre autres.

Profondeur max. : 25 m. Pour plongeurs niveau 2.

Scuba World Diving p. 114

À Rodrigues : un aquarium

Couzoupa

Rodrigues ne possédant pas de caisson de décompression, on n'y organise pas de plongée en dessous de 30 m. L'île n'en offre pas moins des spots magnifiques. Bien qu'il soit aussi un site de snorkeling, Couzoupa est l'un d'entre eux. Ce superbe jardin corallien abrite poissons-perroquets, poissons-trompettes, poissons-clowns et même tortues. Un véritable aquarium.

Profondeur max. : 15 m. Pour tous les plongeurs.

Bouba Diving Center p. 219

PRATIQUE

Adresse utile

Mauritius Scuba Diving Association 209, Royal Rd, Beau Bassin. ☎ 454.00.11, https://msda.mu. Pour trouver un centre de plongée.

Les meilleures périodes

Ce sont octobre-décembre et mars-avril, donc hors de la période cyclonique. De juillet à octobre, certains sites sont inaccessibles dans l'est et le sud-est de l'île ; cette région aux plongées plus « sauvages » est soumise aux alizés.

Bon à savoir

Si vous comptez plonger avec bouteilles, vous devez posséder un diplôme (CMAS, PADI...) reconnu par le club auquel vous vous adressez. Ce dernier va vous demander quel est votre niveau de plongée. Le niveau 1 atteste que vous êtes capable de plonger, encadré, jusqu'à 18-20 m. Jusqu'à 30-40 m, vous avez atteint les niveaux 2 ou 3.

Épaves, mode d'emploi

Bien sûr, on ne touche pas aux épaves. Rares sont les épaves « historiques », que l'on peut visiter. Plus accessibles sont les épaves récentes, celles de chalutiers japonais ou coréens abandonnés dans les ports mauriciens, et coulés à la fin du XXe s. pour créer des récifs artificiels. Très rapidement, ils ont été colonisés par les coraux et les poissons. Citons le *Tug II* (1981), le *Stella Maru* (1987) ou le *Silver Star* (1991).

8 JOURS pour voir l'essentiel de l'île Maurice

L'île ne fait que 2040 km^2, la taille d'un gros département français. Huit jours suffisent amplement ? Non ! Il faut aller à l'essentiel. Se balader dans Grand Baie, la « vraie » capitale touristique de Maurice ; se laisser conter la saga du sucre qui a fait la fortune de l'ex-isle de France ; découvrir le pays « nature » derrière la plage dans les Hauts… Et vous n'aurez qu'une envie : revenir.

Jour 1

ARRIVÉE À MAURICE

Arrivée à l'île Maurice. Rejoignez votre hôtel à Grand Baie ou dans ses environs, au nord de l'île.

Le « paradis », l'un des surnoms de Maurice, ça se mérite ! Après 11h d'avion, commencez par vous détendre : première balade à la plage et baignade dans le lagon.

Visite 3

Jour 2

GRAND BAIE

Dans le nord de l'île. Circuit à pied dans Grand Baie (seul le scooter sous-marin, à Trou aux Biches, implique un déplacement en bus n° 228).

Ce petit Saint-Trop' sous les tropiques ne manque pas de charme. Un *food tour* dans **Grand Baie** (4h), du lèche-vitrine le long de Sunset Boulevard, une pause à la **plage de la Cuvette**… Allez-vous aussi tâter du scooter sous-marin ? Le soir, l'escale au Beach House ou au N'Joy (p. 74) s'impose.

Visite 3

Plage de la Cuvette ›

Île Maurice
OCÉAN INDIEN
N
Cap Malheureux
Jour 2
Grand Baie
Grand Gaube
L'Aventure du Sucre
Château de Labourdonnais
Mapou
Roches Noires
Jour 3
Pamplemousses
Jardin de Pamplemousses
Jour 4
PORT LOUIS
Plage de Belle Mare
Trou d'Eau Douce
Rose Hill
Île aux Cerfs
Jour 7
Jour 5
Tamarin
Curepipe
Jour 8
Trou aux Cerfs
Vallée de Ferney
Parc national des gorges de la Rivière Noire
Grand Bassin
Mahébourg
Morne Brabant
556 m
Arrivée à Maurice
Jour 1
Chamarel
Blue Bay
Jour 6
Le Souffleur
Bel Ombre
Souillac
0
5
10 km
Les incontournables

Jour 3

PAMPLEMOUSSES

Dans le nord de l'île.

Circuit de 30 km A/R env. depuis Grand Baie (voiture ou bus n° 95 ou 215).

L'écomusée **L'Aventure du Sucre** vous raconte l'histoire de l'île sans vous ennuyer une seconde à travers le prisme du sucre, qui a fait sa fortune. Prolongez au déjeuner l'enchantement de cette escale au restaurant Le Fangourin (p. 101). À deux pas, le **jardin de Pamplemousses** vous attend, regorgeant de plantes du monde entier. Pour le coucher de soleil, aucune hésitation : direction la plage de Mont Choisy.

Visite 5

Jour 4

PORT LOUIS ET MAPOU

Dans le nord de l'île.

Circuit de 60 km A/R env. depuis Grand Baie.

Le matin, on file à **Port Louis** pour son bazar (marché) haut en couleur et l'Aapravasi Ghat, où a débuté l'histoire chahutée de tant d'Indo-Mauriciens. Déjeuner au Café de la Presse (p. 49) à Port Louis, ou à la Table du Château (p. 89) à Mapou. Le reste de l'après-midi sera consacré au **château de Labourdonnais**, la demeure d'une famille de planteurs superbement restaurée. Les *shopping addicts* écumeront le Quartier des Serres, tout proche.

Visites 1 et 4

Jour 5

TAMARIN

Sur la côte ouest.

Circuit de 120 km A/R env. depuis Grand Baie.

Journée en mer. Dans la **baie de Tamarin,** les dauphins *spinners* (« toupie ») font tout pour mériter leur surnom. Vous pouvez vous mettre à l'eau avec eux, mais respectez les consignes. On n'en fera pas moins un arrêt snorkeling avant le pique-nique prévu à l'**île aux Bénitiers**. Farniente sur la plage et retour en bateau sur fond de séga.

Visite 8

Jour 6

GRAND BASSIN ET CHAMAREL

Dans les Hauts de l'ouest et du centre de l'île.

Circuit de 160 km A/R env. depuis Grand Baie.

Dans les Hauts, à **Grand Bassin**, les temples hindous se mirent dans les eaux du lac de cratère. Macaques et pailles-en-queue sont au rendez-vous au point de vue qui domine les **gorges de la Rivière Noire**. Déjeuner à la Rhumerie de **Chamarel** (p. 149) avant de découvrir la **Terre des 7 Couleurs**, une curiosité géologique étonnante. Voici la Maurice verte que vous n'attendiez pas.

Visites 9 et 11

^ Terre des 7 Couleurs

Jour 7

L'ÎLE AUX CERFS ET BELLE MARE

Sur la côte est.

Circuit de 90 km A/R env. depuis Grand Baie.

Sea, sun and sand... On arrive le plus tôt possible sur **Trou d'Eau Douce** et l'île aux Cerfs, avant la foule de 11h. À moins que vous n'ayez opté pour une balade en bateau à la journée combinant **Grande Rivière Sud-Est** et l'île aux Cerfs. En tout cas, le retour vers Grand Baie se fera par la côte est: la longue **plage de Belle Mare** sous les filaos, Roches Noires et ses pêcheurs... Maurice ressemble plus que jamais à une carte postale.

Visite 7

Jour 8

CUREPIPE ET BLUE BAY

Circuit de 90 km avant de reprendre l'avion.

Consacrez cette ultime journée (l'avion est en début de soirée) aux derniers achats dans les *malls* ou les magasins d'usine le long de la M2 ou à **Curepipe**. L'occasion de voir ce fameux **Trou aux Cerfs** et les premiers champs de thé en déjeunant à La Potinière (p. 175). Ne partez pas non plus sans vous balader en bateau de verre dans le véritable jardin de corail qu'est **Blue Bay**, à deux pas de l'aéroport.

Visites 6 et 10

15 Maurice et Rodrigues en JOURS

Deux semaines vous permettent de vous immerger dans la vie mauricienne et de multiplier les expériences : plonger en sous-marin, réaliser l'ascension du morne Barbant, participer à une dégustation de rhum ou de thé, assister à une fête hindoue, lézarder sur la plage… Mais aussi de mettre un pied sur Rodrigues, africaine et catholique, si différente de l'île-mère.

Jour 1

ARRIVÉE À MAURICE ET TRANSFERT POUR RODRIGUES

11h de vol jusqu'à Maurice, puis 1h30 encore pour rejoindre Rodrigues.

Petite sieste réparatrice, trempette dans le lagon… Si vous vous en sentez le courage, allez admirer le coucher de soleil sur l'île au sommet du **mont Limon** (398 m). Le soir, dînez tôt au bord de la mer, à la terrasse du Marlin Bleu (p. 216) par exemple, où vous découvrirez la spécialité de l'île : l'ourite (poulpe).

Visite 13

Jour 2

RODRIGUES, PORT MATHURIN ET LA CÔTE NORD

Un petit circuit de 20 km si vous retournez à Port Mathurin.

Surtout si c'est un samedi, allez faire un tour dans la capitale, **Port Mathurin**. Tout Rodrigues s'y retrouve au bazar (le marché). Lancez-vous alors dans le *walking tour* de Rodrigues Friendly, une vraie mine d'or en matière de tuyaux sur l'île. Après avoir déjeuné à L'Atelier Gourmand (p. 214), partez explorer la côte nord-est et profitez de la plage à **Baladirou**. Revenez par les Hauts, en poussant jusqu'à Saint-Gabriel et sa cathédrale.

Visite 13

Rodrigues
PORT MATHURIN
Jour 2
00:45
Mont Limon
Saint-Gabriel
Trou d'Argent
Île aux Cocos
Jour 3
Port Sud-Est
Jour 4
Caverne Patate
Anse Quitor
Réserve François Leguat
Île aux Chats
5 km
OCÉAN INDIEN
Île Plate
Île Ronde
01:30
Île Maurice
Cap Malheureux
Jour 5
Grand Baie
Grand Gaube
Goodlands
Le nord de Maurice
Jours 6 à 10
L'Aventure du Sucre
Château de Labourdonnais
Roches Noires
Jardin de Pamplemousses
PORT LOUIS
Plage de Belle Mare
Trou d'Eau Douce
Rose Hill
Île aux Cerfs
Curepipe
Trou aux Cerfs
Jour 11
Tamarin
Grande Rivière Noire
Vallée de Ferney
Mahébourg
Grand Bassin
Bois Chéri
Jour 1
Morne Brabant
Arrivée à Maurice et transfert pour Rodrigues
556 m
Chamarel
Parc national des gorges de la Rivière Noire
Blue Bay
Le Souffleur
Bel Ombre
Souillac
Falaises de Gris-Gris
L'ouest et le sud de Maurice
Jours 12 à 15
Trajet en bateau
Trajet en avion
01:10
Durée du vol
Les incontournables
0
5
10 km
N

Jour 3

RODRIGUES, L'ÎLE AUX COCOS

À l'O de l'île. Départ Pointe du Diable, à 45 min de navigation.

C'est une journée Robinson type, sur cet îlot où nombre d'hirondelles de mer et d'oiseaux la Vierge ont trouvé refuge : ti punch, baignade dans une eau incroyablement cristalline, balade sous les filaos, sieste sur la plage immense... La vie rêvée, quoi.

Visite 13

Jour 4

RODRIGUES, PORT SUD-EST ET ANSE QUITOR

Dans le sud de l'île, à 10-20 km de Port Mathurin.

La descente sur **Port Sud-Est**, où tous les virages s'enchaînent, est sublime : on ne perd pas de vue le lagon et l'île aux Chats. La tyrolienne de **Montagne Malgache** vous réserve d'autres émotions fortes. Vous vous en remettrez au petit restaurant, savoureux, de la **réserve François Leguat**, avant de rendre visite à ses tortues géantes, qui quémandent une caresse.

Visite 13

Jour 5

MAURICE, GRAND BAIE

1h30 de vol depuis Rodrigues, puis 70 km de l'aéroport pour rejoindre le nord de l'île.

En matinée, direction Maurice, où vous aurez réservé deux hébergements, chacun dans une région différente, pour vous épargner de trop longs allers-retours. Votre première soirée à l'île Maurice, réservez-la pour **Grand Baie**, où les noctambules ont leur circuit qui finit toujours à N'Joy (p. 74).

Visite 3

Jours 6 à 10

LE NORD DE MAURICE

Balades en étoile autour d'un hébergement choisi à Grand Baie ou dans ses environs.

Jour 6 : découvrez les incontournables **jardin de Pamplemousses** et l'**Aventure du Sucre** (voir jour 3 du circuit 1).

Jour 7 : consacrez une journée à **Port Louis** et à ses environs : le bazar, l'Aapravasi Ghat (voir jour 4 du circuit 1), mais aussi le Caudan ou Eureka.

Jour 8 : participez à un *food tour* dans **Grand Baie** et glissez-vous dans un sous-marin de poche à **Trou aux Biches**.

Jour 9 : évadez-vous une journée entière, hors du temps, à l'**île Plate** ou à l'**îlot Bernache**.

Jour 10 : retrouvez enfin la Maurice de toujours au marché de **Goodlands**, au **château de Labourdonnais** et les filaos de la **plage de Belle Mare**.

Visites 1, 3, 4, 5 et 7

Jour 11

MAURICE, GRANDE RIVIÈRE NOIRE ET SES ENVIRONS

Env. 70 km S-O de Grand Baie.

Prenez possession de votre nouveau royaume sur la côte ouest (la **plage de la Preneuse et sa tour Martello**, les **salines de Yemen**...) avant de dîner face à l'océan à The Bay (p. 144).

Visite 8

Jours 12 à 15

L'OUEST ET LE SUD DE MAURICE

Balades en étoile autour d'un hébergement choisi dans le secteur de Grande Rivière Noire, env. 70 km S-O de Grand Baie.

Retour par avion dans la soirée du jour 15 (l'aéroport est à 56 km E).

Jour 12 : allez saluer les dauphins de bon matin dans la **baie de Tamarin** avant de filer dans les Hauts pour découvrir **Chamarel** et sa rhumerie, **Ebony Forest** et son Point Sublime...

Jour 13 : lancez-vous dans un *birding tour* dans le **parc national des gorges de la Rivière Noire** ou dans l'**ascension du morne Brabant** (555 m) pour une vue XXL au sommet.

Jour 14 : faites un peu de shopping à **Curepipe**, une dégustation de thé à **Bois Chéri**, beaucoup de rêveries à **Grand Bassin**...

Jour 15 : votre dernière journée sera pour le parc marin de **Blue Bay**, près de l'aéroport, avant de ranger palmes et tubas dans la valise.

Visites 6, 8, 9, 10 et 11

‹ Jardin de Pamplemousses

10 JOURS hors des sentiers battus à l'île Maurice

Out of the box, ou *Moris otreman* comme disent les Mauriciens, qui manient avec dextérité français, anglais et créole dans la même phrase. Ces dix jours, vous allez les passer au plus près des Mauriciens : dans le bus quand c'est possible, sur les marchés, lors d'un *food tour* ou autour d'une table d'hôtes. Et découvrir la fragilité de ce petit paradis à travers des balades nature.

Jour 1

ARRIVÉE À MAURICE

Arrivée à Maurice.

Nuit à Centre de Flacq ou ses environs.

D'abord, choisissez si possible un hébergement hors normes. Une cabane perchée dans un banian à l'est (p. 125)? Du « glamping » sur les bords de la Grande Rivière Sud-Est (p. 126) ou dans un bubble lodge (p. 124)? Voire une authentique maison coloniale (p. 89) ? Ceci dit, une simple chambre d'hôtes ou un petit hôtel peuvent se révéler la plus adorable des escales. Une fois installé, direction la plage la plus proche pour faire causette avec un pêcheur.

Visite 7

Jour 2

CENTRE DE FLACQ

Dans l'est de l'île, nuit à Centre de Flacq ou ses environs.

Circuit à vélo de 26 km.

Et si vous louiez un vélo auprès de Yemaya Adventures? Les petites **routes de l'est** sont paisibles. En quelques coups de pédale (2,5 km), on est au marché de **Centre de Flacq** (les mercredi et dimanche), un vrai **marché** mauricien avec tout un univers de fruits et de légumes aux noms cocasses. Arrêtez-vous pour déjeuner chez Ti Georges (p. 125) à Argy avant de faire une sieste sur la plage de **Belle Mare** (10 km), de pousser jusqu'au village pittoresque de **Trou d'Eau Douce** (17 km) et de rebrousser chemin.

Visite 7

Jour 3

PAMPLEMOUSSES ET SON JARDIN

Dans le nord de l'île, nuit à Centre de Flacq ou ses environs.

Circuit en voiture d'env. 60 km.

Vous découvrirez l'**Aventure du Sucre** avec les yeux (et les bras) d'un coupeur de canne. Une petite introduction très musclée, pour comprendre l'histoire et l'économie de l'île dans l'écomusée voisin. Après un déjeuner gourmand au Fangourin (p. 101), la journée se finira en beauté au **jardin de Pamplemousses**.

Visite 5

Jour 4

GRAND BAIE ET SES ENVIRONS

Dans le nord de l'île, nuit à Centre de Flacq ou ses environs.

Circuit en voiture d'env. 80 km.

Autour de Grand Baie, il y a 1000 façons d'explorer le lagon cristallin: se balader en catamaran jusqu'à l'**île Plate**, par exemple, ou rejoindre l'**île d'Ambre** en kayak (3h) pour sa forêt de mangroves. Après cela, vous méritez bien de déjeuner les pieds dans l'eau (gambas au barbecue) à **Cap Malheureux** (p. 87), avant de flâner dans **Grand Baie** en attendant le retour des pêcheurs.

Visites 3 et 4

Jour 5

TAMARIN

Sur la côte ouest, nuit à Tamarin ou ses environs.

Transfert entre le nord et l'ouest: 55 km env.

On déménage dans l'ouest! Profitez de votre transfert pour visiter à **Quatre Bornes** un temple tamoul perché sur le Corps de Garde, ou faire votre jogging sur la « piste » qui encercle le **Trou aux Cerfs**. Dans les deux cas, le panorama vaut le détour. Arrivé à destination, il sera encore temps de découvrir la **plage de la Preneuse**, si mignonne avec sa tour Martello et les **salines de Yémen**, qui se maintiennent contre vents et marées. Ou de grimper jusqu'au **plateau Resmousse** (260 m) pour admirer dans le parc national des gorges de la Rivière Noire un vol fascinant de roussettes noires. Dîner au Frenchie Café (p. 144) ou au Poivrier (p. 143).

Visites 8 et 10

Jour 6

PORT LOUIS

Sur la côte ouest, nuit à Tamarin ou ses environs.

Circuit en voiture d'env. 60 km.

Un ***food tour*** (3h) dans Port Louis vous en apprendra beaucoup sur les Mauriciens. Vous vous régalerez de boulettes, rôtis, dholl puris et gâteaux zinzli. L'après-midi, vous aurez tout le temps de rencontrer le dodo au **Musée d'histoire naturelle** et d'arpenter l'**Aapravasi Ghat**, où tant de migrants indiens ont débarqué. La visite vaut son pesant d'émotions.

Visite 1

Îlot Mouchoir Rouge à Mahébourg

Jour 7

TAMARIN ET CHAMAREL

Sur la côte ouest, nuit à Tamarin ou ses environs.

Circuit en voiture d'env. 60 km.

Les **dauphins de Tamarin** appartiennent à ceux qui se lèvent tôt! Avant la grande foule, allez-y vers 7-8h du matin, et pourquoi pas en kayak. Le soleil n'a pas encore réchauffé l'eau, mais ce tête-à-tête privilégié vaut tous les efforts. Réservez votre après-midi pour **Chamarel**, tant pour sa rhumerie que pour **Ebony Forest**, un vrai sanctuaire de la nature mauricienne, très accessible. Retour par le **Morne**, citadelle de pierre qui est tout un symbole de l'esclavagisme.

Visites 8 et 9

Jour 8

SOUILLAC ET LE SUD

Sur la côte ouest, nuit à Tamarin ou ses environs.

Balade à vélo électrique avec DunienZîl (Bel Ombre-Souillac env. 35 km A/R) ou circuit en voiture d'env. 90 km.

Encore une autre facette de Maurice : dans le sud, que l'on dit sauvage, la route se faufile entre plages et champs, égrenant des villages hors du temps, où des lavandières vont encore laver leur linge à la rivière. Une **balade à vélo** (p. 194) est tout indiquée pour découvrir au mieux ces paysages grandioses. En solo, à **Souillac**, allez déguster une langouste chez Rosy (p 192), baladez-vous sur les **falaises de Gris-Gris**, attaquées sans relâche par l'océan faute de barrière corallienne, cherchez la « Roche qui pleure » et visitez le petit musée du poète mauricien Robert-Edward Hart, dont les poèmes solaires ont puisé ici même leur inspiration.

Visite 12

Jour 9

MAHÉBOURG

Nuit à Mahébourg ou ses environs.

Transfert entre côte ouest et côte sud-est : 60 km env. (84 km avec le détour par Grand Bassin).

En route pour Mahébourg, vous déjeunerez chez Marie-Michèlle Kot, l'une des plus savoureuses tables d'hôtes de l'île (p. 182), où l'on vous proposera de mettre la main à la pâte. Autre arrêt (et détour) en chemin : **Grand Bassin** et sa kyrielle de temples. Terminus : **Mahébourg** et un nouveau pied-à-terre. Le soir venu, allez faire un tour sur la **pointe des Régates** pour y dîner.

Visites 6 et 11

Jour 10

BLUE BAY OU VIEUX GRAND PORT

Le retour par avion est prévu en soirée (l'aéroport est à 9 km S de Mahébourg).

Louez un vélo pour la dernière journée. **Mahébourg** mérite que vous lui consacriez du temps : Notre-Dame des Anges, la biscuiterie Rault... Ne manquez pas **Blue Bay** (6 km S de Mahébourg), un parc marin où les yeux s'emplissent de tous les bleus de la Terre, et l'extraordinaire **plage de Pointe d'Esny**, qui vous offre votre ultime bain du séjour. D'autres préféreront se replonger dans l'histoire franco-hollandaise de Maurice à **Vieux Grand Port** (8 km N de Mahébourg).

Visite 6

Sur la péninsule du morne Brabant, dans le sud-ouest de l'île

SOMMAIRE

ÎLE MAURICE
et Rodrigues

PRATIQUE

Arriver sur l'île Maurice

Aéroport Sir Seewoosagur Ramgoolam (SSR)
Plaine Magnien
☎ 603.80.00,
https://mauritius-airport.atol.aero.
Il est situé à Plaine Magnien, dans le S-E de l'île, à 48 km de Port Louis et à 3 km de Mahébourg. On y trouve des **bureaux de change** (ouv. à l'arrivée des vols internationaux), des **distributeurs automatiques de billets ATM**, un comptoir de l'**office de tourisme** (☎ 637.36.35, ouv. aux arrivées), des **boutiques hors taxes** et de nombreux **loueurs de voitures** (Avis, Budget, Europcar, First Car Rental, Hertz, Sixt, etc.).

Transferts
En général, hôtels et maisons d'hôtes assurent le transfert de leurs clients depuis l'aéroport. Ce service peut être gratuit ou payant (s'en informer).

Taxis
À l'aéroport, quelques chauffeurs de taxi vous sollicitent. Négociez le prix avant de monter. Vous pouvez aussi en réserver un sur www.taximauritius.com/fr. Les tarifs varient selon l'heure et la distance. Comptez entre 1000 et 2800 Rs pour rejoindre votre hôtel.

Bus
À la sortie de l'aéroport (dans le parking), vous trouvez l'arrêt des bus **n° 09** (Mahébourg-Curepipe), **n° 10** (Mahébourg-Rivière des Galets) et **n° 198** (Mahébourg-Port Louis). Attention, il y a un 198 express (5 arrêts contre 31 arrêts). Consultez **www.mauritius-buses.com** pour connaître les tarifs et les temps de trajet.

Se déplacer sur l'île Maurice

En bus
C'est le moyen le plus économique pour circuler dans l'île. Vous payez dans le bus, selon le nombre de « *stages* » (à la distance): entre 12 et 47 Rs. Par exemple, un trajet Port Louis-Curepipe revient à 44 Rs (moins de 1 €). Munissez-vous de monnaie.
Pour chercher sa ligne et les arrêts: **www.mauritius-buses.com**.
Très bon marché, les bus fonctionnent de 6h30 à 19h en région rurale et de 5h30 à 20h en ville. Ils sont très pratiques, parfois même confortables, le parc ayant été renouvelé en partie (bus climatisés ou électriques). Mais on ne les utilisera que sur de courtes distances. Sur de plus longs trajets, l'éparpillement du réseau (250 lignes) entre de multiples compagnies ou coopératives oblige à jongler avec des correspondances casse-tête. Autre inconvénient: les arrêts sont innombrables (les liaisons express sont rares). Enfin, les bagages encombrants peuvent être refusés.

Principales compagnies:

- **NTC (National Transport Corporation)** ☎427.50.00, www.buscnt.mu
Trajets entre Port Louis et les hauts plateaux ou entre Baie du Cap et Souillac.
- **TBS (Triolet Bus Service)** ☎261.65.16.
Ligne express climatisée n° 215 Port Louis-Grand Baie.
- **UBS (United Bus Service)** ☎212.20.26, www.ubsgroup.mu
Exploite notamment la ligne Mahébourg-Port Louis en passant par l'aéroport.

Gares routières

Port Louis possède une gare routière (bus, taxi et tramway) dernier cri: **Victoria Urban Terminal** (pl. Victoria, plan p. 40 / A2).
Curepipe a deux terminaux: Jan-Palach N (plan p. 171 / B1) et Jan-Palach S (plan p. 171 / B2), très proches l'un de l'autre, de part et d'autre du marché.

En Metro Express

☎460.04.60, https://mauritiusmetroexpress.mu
Ce métro – plutôt un tramway – circule entre Port Louis (station Victoria, plan p. 40 – A2) et Curepipe.
Des extensions jusqu'à Moka, voire jusqu'à l'aéroport, sont prévues. Actuellement, il comporte 19 stations et roule de 6h à 19h (21h ven.-sam.). Comptez 52 Rs pour un trajet Port Louis Victoria-Curepipe Central.

PRENEZ UN TRAIN !

Il n'existe plus de réseau de chemin de fer sur l'île. Et pourtant, Maurice a ses « trains ». Ce sont des taxis collectifs, qui effectuent des liaisons régulières sur certains parcours, et prennent des passagers, payants, en route. Parfois, rien ne les identifie.

Seul un Mauricien peut vous introduire dans le circuit et héler pour vous un « taxi-train ». Les tarifs sont bas et à fixer dans la voiture.

En voiture

Un véhicule est nécessaire pour les excursions dans l'île, mais pas pour toute la durée du séjour.
Les **agences locales de location** sont fiables, à l'instar de **A Plus Car Rental** ☎52.57.24.12 et 57.28.24.12 (port.), www.apluscar.mu. Comptez min. 20 €/j. pour 5 j. de location. Gros atout: le Wi-Fi dans la voiture (suppl. 2,50 €/j.).
Une caution, généralement sous forme d'empreinte de carte bancaire, est demandée. Un conseil: lisez attentivement les clauses du contrat (les loueurs ont le supplément facile).
Attention! la conduite se fait **à gauche**, mais la priorité reste à droite.
> Pour louer avant de partir, voir p. 259.

Le réseau routier

L'île comporte trois autoroutes. Les **M1** et **M2** relient l'aéroport SSR à Grand Baie.
La **M3** permet d'esquiver, en venant du nord ou de l'est, Port Louis et ses embouteillages monstrueux. Une M4 (Forbach-Plaisance) et une M5 (aéroport-Souillac) sont en projet.
Si, d'une manière générale, le réseau routier est bon, ne vous fiez pas aux distances. Ici, on compte en temps. Même pour une soixantaine de kilomètres, il faut bien compter 1h30: dépassements impossibles, bouchons dès que vous arrivez sur les hauts plateaux, ronds-points et feux de circulation sur les autoroutes...

Carburants

Moins élevés qu'en France, les prix sont fixés par le Petroleum Pricing Committee et ajustés fréquemment. En septembre 2023 : 54,55 Rs/1,07 € pour 1 l de gasoil et 69 Rs/1,36 € pour 1 l d'essence.

En taxi

La **location d'un taxi** au forfait à la demi-journée ou à la journée coûte plus cher (autour de 80 €/j.).
Cette formule présente malgré tout l'inconvénient d'une moindre indépendance, et le chauffeur de taxi risque de vous amener dans des boutiques où il perçoit des commissions sur les achats. Négociez avant le départ. En location ou maison d'hôtes, votre hôte saura vous recommander une personne de confiance.
• https://fr.taxiservicemauritius.com, ☎59.55.03.05 (port.).
• www.prixtaxiilemaurice.com, ☎59.40.10.00 (port.).

À vélo et en scooter

Dans les régions touristiques, on peut louer des **scooters** ou des **vélos**. Un moyen de locomotion sympathique pour rayonner ou découvrir de nouvelles plages. Comptez 450-800 Rs (9-15 €) pour la journée.

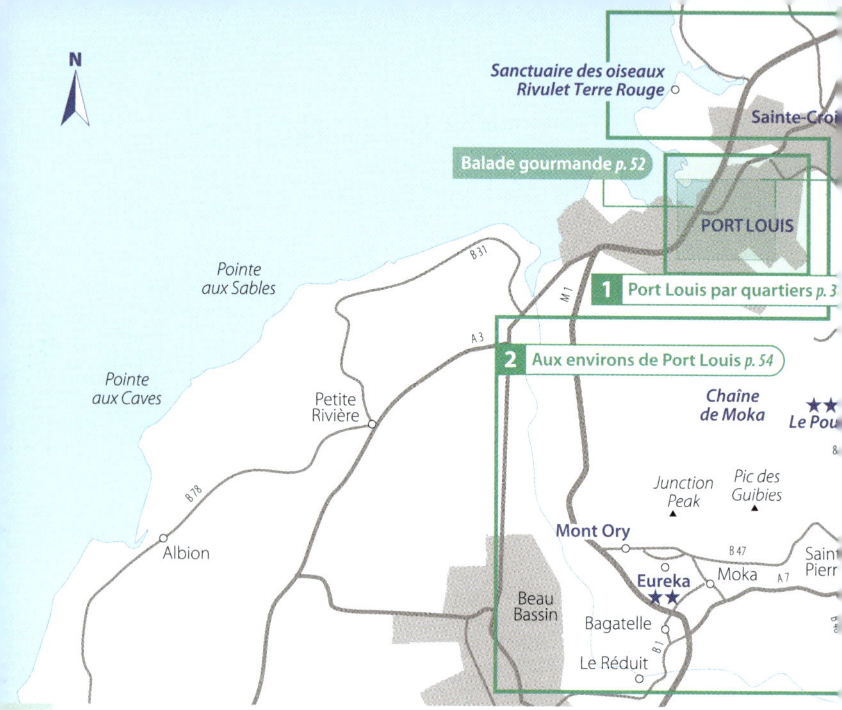

PORT LOUIS
et ses environs

Port Louis n'est pas une capitale comme les autres. Trépidante en journée, la ville se vide quand les bureaux ferment, beaucoup d'employés ou cadres regagnant les Hauts. Port Louis est une énigme. Elle a l'arrogance du Caudan, où le piéton fait du lèche-vitrine, la nostalgie d'une maison créole de la rue

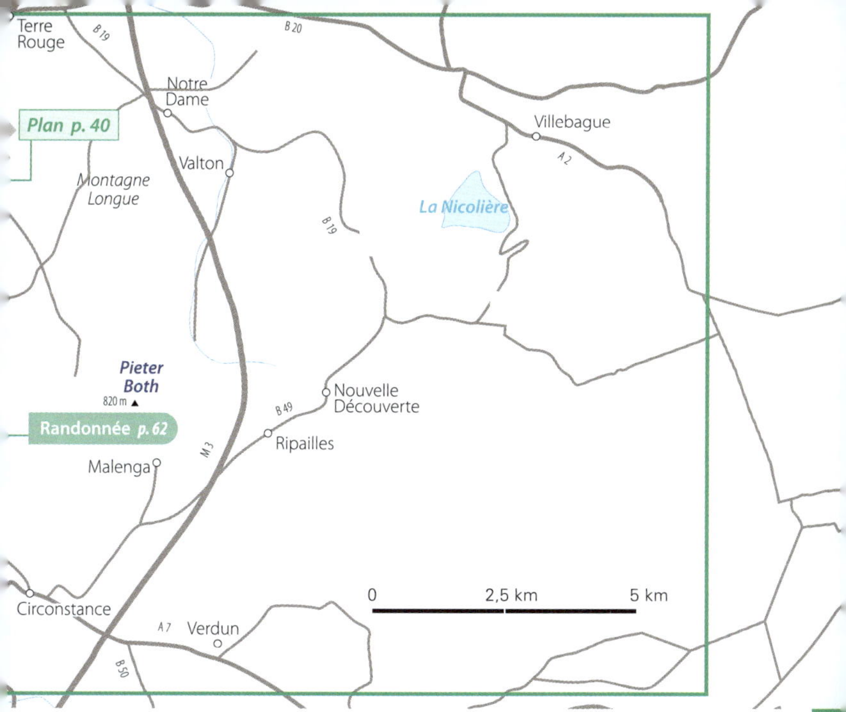

Saint-Georges, ou encore l'effervescence de son bazar (le marché central). Alors le touriste renonce souvent à la comprendre. Il part vite visiter la maison Eureka, un bijou de demeure coloniale chargée d'histoires de famille.
Là, la magie est immédiate.

1

PORT LOUIS par quartiers

Une capitale (autour de 150 000 habitants) qui se vide brutalement à partir de 16h... C'est l'image hallucinante qu'offre Port Louis, où se côtoient bazars à l'orientale et centres commerciaux, costumes trois-pièces et saris, vieilles maisons coloniales et gratte-ciel. Nichée dans une cuvette de 10 km², entre la mer et la chaîne de Moka, la ville, dont le véritable fondateur fut au XVIIIe s. le Français Bertrand François Mahé de La Bourdonnais, est tout en contrastes. Entre les buildings de sa « City » (le quartier des affaires) et les demeures en bois de la rue Saint-Georges, il y a quelques mètres et tout un monde. Mais le site qui emporte l'émotion est sans aucun doute l'Aapravasi Ghat, où tant d'immigrés ont débarqué.

PRATIQUE

- **Plan p. 40**
- **Nos adresses p. 49**

↓ Se déplacer

À pied

Le centre de Port Louis se découvre facilement à pied.

En bus

Une liaison express (et climatisée) existe entre Port Louis et Grand Baie (bus n° 215 de TBS).

↓ Adresse utile

MTPA (Mauritius Tourism Promotion Authority)

Plan A2 – Victoria House (2e étage), St. Louis St., près de l'intersection avec Barracks St. ☎ 203.19.00, www.mymauritius.travel. Lun.-ven. 9h-16h.

L'ESSENTIEL

À ne pas manquer

Une plongée dans l'histoire de l'immigration indienne à l'Aapravasi Ghat; une visite au dodo, qui s'est mis à l'heure numérique dans le musée d'Histoire naturelle.

Expériences

S'offrir un verre de jus de canne à sucre fraîchement pressée; découvrir la *street food* mauricienne lors d'un *food tour*.

Autour du marché ✧

Plan A1 – Depuis le parking du Caudan: accès à la place d'Armes par deux souterrains sous Trunk Rd (l'autoroute).

Ici, devant la place officiellement rebaptisée place Bissoondoyal, mais que tout le monde continue d'appeler **place d'Armes**, le premier contact avec la ville vous désarçonne: le marché (ou le « bazar ») est juste au pied de la « City », le quartier d'affaires, où les gratte-ciel se découpent sur la chaîne de Moka.

PLACE D'ARMES ✧

Plan B2.

Les flâneurs apprécient l'ombrage des palmiers royaux de cette majestueuse place. À l'entrée, la **statue de Bertrand François Mahé de La Bourdonnais** regarde la mer et domine, impavide, une autoroute souvent encombrée. Nommé gouverneur général des Isles de France (Maurice) et Bourbon (La Réunion), notre Malouin débarque ici en juin 1735 et trouve une cinquantaine de cases couvertes de feuilles de lataniers, bien que ce soit le chef-lieu de l'île, choisi par la Compagnie des Indes. En peu de temps, il en fait un port sûr et digne de ce nom, rebaptisé Port Louis, semble-t-il en l'honneur de Louis XV.

Conseils

- Quittez Port Louis avant 16h, sinon embouteillages monstres à prévoir. La ville se vide littéralement.
- Le mieux est de se garer au Caudan *(plan A2)* ou au Granary Park *(plan B1)*.
- Port Louis possède deux gares routières, l'une au sud, Victoria Urban Terminal, *(Victoria Square, plan A2)*, pour toutes les destinations du sud, l'autre au nord *(Immigration Square, plan B1)*, pour les destinations du nord.

Port Louis par quartiers

GRAND BAIE
SAINTE-CROIX
C
D
N
1
2
3
TROU FANFARON
CHINA TOWN
Venpin St.
Citadelle (Fort Adélaïde)
Cathédrale St-Louis
Cathédrale St-James
Champ de Mars
Mariamen St.
A1
Louis Xavier St.
Maharatta St.
Serang
St- François Xavier St.
G. Ambroisine St.
L. l'Oiseau St.
Abbé Déroulède St.
Sir A. R. Mohammed St.
Etienne Pellereau St.
Sir Edgar Laurent
Queen St.
Royal
Sun-Yat-Sen
R. Seeneevassen St.
Emmanuel
Calcutta
Madras
Magon St.
I. B. Soobadar
M. A. Rashid St.
Maulana Khustar St.
Dr J. Rivière
Rémy Ollier St.
Anquetil St.
Sir Virgile Naz St.
La Paix
East St.
Ghoon St.
Jummah Mosque
Arsenal St.
Epidariste St.
Sir S. Ramgoolam St.
Dioré St.
Sir Virgile Naz St.
Dauphine
Hatch
Geoffroy
Lislet
Church
Mgr Gonin
Suffren St.
Pope Hennessy
Eugène Laurent St.
China St.
Corneille St.
Inkerman St.
Destaing St.
Sébastopol St.
Shakespeare St.
Saint Denis
S. Bissoondoyal St.
Frère Félix de Valois St.
0
200 m

LA PAUSE

Marché central

Au **marché**, vous pouvez déguster un jus de canne frais, la canne à sucre étant « pressée » devant vous. Il peut être aromatisé : pomme rouge-gingembre, pomme-ananas-orange, goyave-ananas-orange, etc.

> **Marché central *(plan B1-2)***, Stand Coco Cabbana. 150 Rs le « cocktail ».

^ Épicerie à Port Louis

MARCHÉ CENTRAL (BAZAR) ✧

Plan B1-2 – Entre Trunk Rd et Queen St., de part et d'autre de la rue Farquhar, au N de la place d'Armes, sur votre g. en tournant le dos à la mer. Avr.-sept. : lun.-sam. 5h30-17h30, dim. et j.f. 5h30-11h30 ; oct.-mars : lun.-sam. 5h-17h30, dim. et j.f. 5h-11h30. Le sam., le marché déborde dans les ruelles avoisinantes. Poste de police à l'entrée principale dans Queen St.

Après sa rénovation (2004), le marché central (ou Grand Bazar) s'est métamorphosé en « bazar cinq étoiles » ! Seule la porte d'entrée principale, dans Queen St., a conservé son cachet originel (1845). À l'intérieur, le XXIe s. s'est imposé. Fini les allées exiguës : chaque étal dispose maintenant de l'électricité et d'un point d'eau. Malgré ces changements, le Grand Bazar, très touristique, reste néanmoins un lieu haut en couleur, en odeurs et en cris. Les pyramides de litchis, d'ananas, de bananes, les tas de christophines, de « pommes d'amour » (tomates) ou de feuilles de « brèdes songe » (p. 251) composent des tableaux rutilants.

Dans la partie réservée aux poissons, côté rue Farquhar, l'odeur âcre des ourites (poulpes) séchées prend à la gorge. Les âmes sensibles s'abstiendront également de rendre visite au pavillon boucherie.

> Voir aussi la balade gourmande : *Food tour* à Port Louis (p. 52).

MOSQUÉE JUMMAH ✧

Plan B-C1 – Entrée dans Royal St. ☎ 242.80.29. https://jummahmasjid.org. T.l.j. sf ven. matin, 9h30-11h30, 14h-15h30. Entrée libre. Tenue décente (jambes et épaules couvertes) exigée.

Toute blanche et verte, la plus ancienne mosquée de l'île (construite à partir de 1852) ouvre ses magnifiques portes en bois ciselé sur un patio frais, entouré de fines colonnades. Les non-musulmans n'ont pas le droit d'aller au-delà de la cour.

QUARTIER CHINOIS ✧

China Town

Plan C1.

Passé Jummah Mosque St., on entre dans le quartier chinois, aux boutiques clinquantes, enseignes rouge et or. Il a conservé quelques anciennes maisons de riches commerçants, avec leurs galeries couvertes à l'étage, des pharmacies traditionnelles aux comptoirs en bois, des quincailleries de bric et de broc, des pagodes… Et même une tireuse de cartes, Mme Kwok, qui a pignon sur rue, rue Rémy-Ollier (plan C1).

La New Chinatown Foundation se démène pour redonner vie et couleurs à ce quartier, où les « boutiquiers » disparaissaient, concurrencés par les *malls* (centres commerciaux) rutilants. Ainsi, entre Emmanuel Anquetil St. et Sun-Yat-Sen St., **Venpin St.** (plan C1), si petite soit-elle, comporte nombre d'œuvres de street art. Elle est même surnommée Manga Pop Art Street! De jeunes artistes – Dragon Ball, Naruto, One Punch Man, etc. – sont invités à « réactualiser » leurs œuvres régulièrement.

Quartier créole ✧✧

Plan A-B2.

Au sud de la **place d'Armes**, dans ce quartier datant de l'époque coloniale (XVIIIe et XIXe s.), les bâtiments publics sont en pierre, matériau difficile à travailler, et les maisons particulières en bois, celui-ci n'emmagasinant pas la chaleur. Dévorée par le feu, saccagée par les cyclones à maintes reprises, la capitale a néanmoins gardé quelques-unes de ses belles maisons créoles du XVIIIe s. et du XIXe s., notamment rue Saint-Georges.

PALAIS DU GOUVERNEMENT

Government House

Plan B2 – Angle Intendance St. et La Chaussée (Royal Rd). Ne se visite pas.

Hier résidence d'hiver du gouverneur, aujourd'hui siège du Parlement mauricien, c'est le plus ancien bâtiment de l'île. Maussade, la reine Victoria statufiée campe dans le jardin, rappelant, si besoin était, que Maurice fut une colonie anglaise de 1810 à 1968. Construit sous Mahé de La Bourdonnais, l'édifice ne comportait qu'un étage au départ, tout en bois et pierre de taille. Le général Decaen, le dernier gouverneur français, en fit ajouter un second en 1807-1808 dans la ville rebaptisée « Port Napoléon ». La cour d'honneur, plantée de flamboyants, a tout entendu: *La Marche des rois*, *La Marseillaise*, *God Save the Queen*. On peut toujours rêver aux fêtes somptueuses qu'y donnèrent la belle Mme Poivre, courtisée par Bernardin de Saint-Pierre, et Lady Gomm, la femme du gouverneur. Imaginez les salons illuminés, les voiliers qui dansaient dans la baie...

MUSÉE D'HISTOIRE NATURELLE ✧✧

Natural History Museum

Plan B2 – Au fond de la place d'Armes, partir à dr. (en tournant le dos à la mer), devant le palais du Gouvernement, emprunter La Chaussée. L'entrée du musée est côté jardin de la Compagnie. Chaussée St. ☎ 211.77.94 ou 211.64.15, https://mauritiusmuseums.govmu.org. Lun.-ven. 9h-16h (mer. 11h-16h), sam. 9h-12h, f. j.f. Entrée gratuite.

Sur Chaussée St., construite sur un marécage par le vicomte de Souillac, gouverneur de l'île (1779-1787), vous repérez à votre gauche les arcades jaunes du Natural History Museum. La grande attraction de ce musée, rénové à grands frais en 2019, reste la **galerie du dodo** (encadré p. 44), un oiseau aujourd'hui disparu. Un squelette reconstitué de ce volatile, à partir d'ossements retrouvés à Mare-aux-Songes, dans le sud-est de l'île près de Mahébourg, y figure en bonne place. Mieux: une appli,

HERBORISTERIE *Plantes médicinales*

Sur le marché de Port Louis, il n'y a plus qu'un tisanier. Les vertus de plus de 75 plantes n'ont plus de secrets pour Jay Mootoosamy. « Une partie de mes recettes vient du livre de mon arrière-grand-père; il date de 1882 », explique ce très médiatique herboriste. Au top des demandes: aphrodisiaques et remèdes pour maigrir.

> **Maison Mootoosamy & Fils**, Stand 244, marché de Port Louis ☎ 52.58.24.55 (port.). Lun., mer., ven.-sam. 7h-13h.

téléchargeable sur son smartphone (Dodo Expedition AR) permet désormais de s'introduire dans le « monde perdu » du dodo. Un prodige de la réalité augmentée!

JARDIN DE LA COMPAGNIE ✧

Plan B2 – Poudrière St. En accès libre.

À côté du musée, on peut lézarder sur les bancs du jardin de la Compagnie à l'ombre des multipliants (banians), en mangeant sur le pouce un *roti* (voir AKA, p. 53). Allées tracées au cordeau, petit kiosque, statues d'Adrien d'Épinay (1794-1839), qui a fondé en 1832 le premier journal de l'île, *Le Cernéen*, ou de Ti Frère (1900-1992), le plus célèbre des ségatiers (p. 242)... C'est une halte rafraîchissante en journée mais, bruissante des cris des roussettes (chauves-souris) que vous pouvez confondre avec ceux des oiseaux. La nuit transforme l'ancien potager de la Compagnie des Indes en lieu mal famé.

ST GEORGE ST. ✧
Rue Saint-Georges

Plan A-B2 – Reprendre Chaussée St., que prolonge Barracks St.; tourner à g. dans Saint George St.

La rue Saint-Georges, qui héberge l'**ambassade de France** et le siège du quotidien *Le Mauricien*, est l'une des rues les plus anciennes de Port Louis. En 1820, sur un kilomètre, elle comptait une quinzaine de demeures. Aujourd'hui, à l'ombre des gratte-ciel, les manguiers s'épanouissent dans les jardins et les bougainvillées escaladent les pergolas. Mais la pression immobilière rend très précaire la survie d'une poignée de maisons créoles. Au n° 4, la belle maison créole, qui a abrité un temps un restaurant, rend l'âme. Au n° 14, le bâtiment de l'ambassade de France a été heureusement classé. Proche, du même côté de la rue, la cure de l'église de l'Immaculée Conception est d'allure plus rustique. Au n° 25, la plus belle de toutes se dissimule aux regards derrière murs et portail; elle est devenue la propriété d'une société d'investissement. Parfois, les portes s'ouvrent...

OLD COUNCIL ST. ✧✧
Rue du Vieux-Conseil

Plan B2.

Ce passage piétonnier pavé, préservé du béton, vous immerge dans le Port Louis d'autrefois. Au XVIIIe s., la rue a accueilli les réunions du Conseil supérieur de l'île de France. Pierre Poivre et Charles Baudelaire ont hanté ces lieux. Amusé, on découvrira, accrochées aux lampadaires, quelques belles sentences, surréalistes, de l'écrivain mauricien Malcolm de Chazal: « Les vallées sont le soutien-gorge du vent. »

MUSÉE DE LA PHOTOGRAPHIE ✧

Plan B2 – Old Council St. ☎ 211.17.05 ou 59.70.14.40 (port.). Lun.-ven. 10h-15h. Entrée: 300 Rs.

INSOLITE Le cri du dodo

Feu le **dronte** *(Raphus cucullatus)*, appelé aussi « dodo » (du néerlandais *dodoors*, paresseux), était un gros oiseau clair qui pesait le poids d'un dindon (20 kg). Ses ailes atrophiées le rendaient incapable de voler, ce qui en fit une proie facile pour les premiers colons de l'île, qui l'exterminèrent. Le dernier dodo serait mort en 1681. Emblème de l'île Maurice, il fait partie des quelque 24 espèces d'oiseaux, spécifiques aux Mascareignes, éteintes à cause de l'homme. Au musée d'Histoire naturelle de Port-Louis (p. 43), on peut désormais, grâce à la réalité augmentée, voir ce dodo marcher dans son habitat. Et même l'entendre crier!

^ Le Caudan

Il possède la plus **importante collection de daguerréotypes**, de photos et de films de tout l'océan Indien : Port Louis 1857, place d'Armes, Curepipe 1850... Avec en réserve quelque 9000 cartes postales et 200000 tirages photographiques, une grande partie de la mémoire de l'île est dans ce musée, qui n'en finit pas de repartir courageusement de zéro, entre toit éventré par une grue et inondation.

THÉÂTRE MUNICIPAL

Plan B2 – Jules Koenig St., en face de la rue du Vieux-Conseil. www.operamauritius.com.

Fermé depuis 2008, le plus vieux théâtre de l'hémisphère sud attend toujours sa rénovation complète. Il a toutefois bénéficié d'un coup de pinceau extérieur, mais sa nouvelle couleur blanche est très controversée ! Construit à l'italienne par Pierre Poujade, il fut inauguré le 11 juin 1822, dans une chaleur étouffante, à la lueur de lampes à l'huile de coco. Au départ, les non-Blancs n'avaient pas accès aux loges, ni au parterre ! Après l'abolition de l'esclavage, les hommes de couleur furent autorisés à emprunter l'entrée principale. La bonne société en fit l'un de ses lieux de rendez-vous favoris. Dans la première moitié du XXe s., les riches de Beau Bassin, dans les Hauts, prennent le train de nuit de 18h30 pour écouter le ténor Max Moutia ou un débutant à la voix haut perchée, Claude Piéplu. Certains louent même une maison pour la saison lyrique, de juin à septembre.

Front de mer ✧✧

Plan A1 – Parking du Caudan. Entre mer et Trunk Rd (autoroute) ; dépasser le centre commercial si vous venez du N. Pour les 4 premières heures en extérieur : 50 Rs au total (couvert 80 Rs).

Depuis les années 1980, l'autoroute sépare le front de mer du centre-ville. Erreur monumentale d'urbanisme... Sur 9 ha, la construction du **centre Caudan** a marqué la volonté des autorités de rouvrir la capitale sur la mer. Inauguré en 1996, ce centre commercial se veut la vitrine rutilante de la réussite économique de l'île. Au-delà de l'esplanade Bissoondoyal, plus au nord, vous découvrirez un site chargé d'émotion, inscrit au patrimoine de l'humanité : l'**Aapravasi Ghat**, où tant d'immigrés ont débarqué. Pour Maurice, c'est l'équivalent, toutes proportions gardées, d'Ellis Island aux États-Unis.

CAUDAN WATERFRONT ✧

Plan A1-2 – Marina Quay ☎ 211.95.00, www.caudan.com. Boutiques lun.-sam. 9h30-19h (20h30 ven.-sam.), dim. et j.f. 9h30-14h. Boutiques *tax refund* (encadré p. 262). Animations régulières : battles de hip-hop, miniconcerts, coin des artistes, Food Festival, etc.

Boutiques luxueuses, cinémas, restaurants, hôtels et casino (p. 50)

PERSONNAGE

L'homme des bois

Avec sa tignasse blanche et sa barbe envahissante, Pem – **Philippe Edwin Marie** pour l'état-civil – est une figure familière du centre Caudan. Sous vos yeux, sur le pavé, ce sculpteur nature travaille des bois morts qu'il a ramassés en se promenant. Teck, acajou, eucalyptus, goyave… tout est bon. Il dit « écouter » le bois avant de commencer à l'attaquer et à le « ressusciter ». Sous le ciseau, il fait naître des personnages tous plus éloquents les uns que les autres.

ont été aménagés là où autrefois se dressaient poudrière, batteries, observatoire météorologique et astronomique, entrepôts coloniaux et une trémie à sel. Le nom, Caudan, est d'ailleurs celui d'un saunier français, Jean-Dominique-Michel de Caudan, né en Languedoc et arrivé à Maurice en 1726.

D'une architecture atypique avec ses tourelles, le Caudan et ses 170 magasins englobent quelques vieux murs de pierres sombres, qui suintent la nostalgie.

Blue Penny Museum ✧✧✧

Plan A1-2 – Caudan Waterfront ☎ 210.92.04, www.bluepennymuseum.com. Lun.-sam. 10h-17h; f. j.f. Entrée: 325 Rs. Visite audioguidée. Expositions temporaires (en accès libre). Boutique.

Le centre commercial s'est offert un supplément d'âme en 2001 avec l'ouverture de ce Blue Penny Museum. Sa fondatrice, la Mauritius Commercial Bank, a décidé d'ouvrir ses collections patrimoniales, où figurent les célèbres « Post Office », les premiers timbres-poste mauriciens (1847). Le Blue Penny Museum s'est d'ailleurs installé dans l'ancien siège de la New Mauritius Dock Company (1913), dont il a conservé les murs en pierre de taille.

Attention, les timbres ne sont visibles que 10 min par heure afin d'assurer leur conservation. Ils figurent parmi les timbres les plus chers du monde, bien que leur valeur faciale soit dérisoire (1 penny pour le vermillon, 2 pence pour le bleu indigo). Ces deux joyaux ont été rachetés en 1993 par un consortium de 16 firmes mauriciennes pour la modique somme de 2,2 millions de dollars.

Ce qui fait leur rareté? Ils portent la mention « Post Office », qui fut remplacée, huit mois plus tard, par « Post Paid ». Il s'agirait de « l'erreur la plus

⌄ Entre le Caudan et Port Louis Waterfront

colossale et la plus célèbre de toute la philatélie ». Leur graveur, Joseph Osmond Barnard, n'aurait pas osé retirer les premières séries du marché. Ces timbres ont notamment affranchi toutes les invitations lancées par Lady Gomm, la frétillante épouse du gouverneur, pour son bal du 30 septembre 1847.

Usant avec maestria de toutes les nouvelles technologies, le musée comporte bien d'autres trésors. Il nous plonge dans l'**histoire de Port Louis**. Il a aussi sa séquence *Titanic*, une salle où est évoqué, sur fond de ressac, le **naufrage du *Saint-Géran***. La sculpture en marbre de Prosper d'Épinay représentant Paul et Virginie y figure en bonne place (il s'agit de l'original).

LA PAUSE

Ice Hut

Sur le front de mer, ce kiosque vend les glaces du Domaine de Labourdonnais. Parmi la bonne demi-douzaine de parfums exotiques (goyave, letchi, etc.), découvrez-en un plus insolite : le sorbet tamarin.

> Waterfront (plan A2). 80 Rs pour une boule, 150 Rs pour deux boules.

PORT LOUIS WATERFRONT

Plan B2 – Au N et à l'E du Caudan, entre la mer et Trunk Rd.
Parking Granary dans un ancien entrepôt de céréales : lun.-sam. 7h15-20h45 ; f. j.f. ; 25 Rs/h (gratuit après 17h30).

Hérissé de canons pointés sur la mer, Port Louis Waterfront (« front de mer ») offre de beaux points de vue sur le port, avec cargos et porte-conteneurs en toile de fond. À pied, la balade ne manque pas de charme ni d'escales. Sur le chemin, un musée de poche peut intéresser les curieux philatélistes. Mais, formidable lieu de mémoire, l'Aapravasi Ghat est un incontournable.

Musée postal ✧

Plan B1 – Trunk Rd (autoroute) ☎ 213.48.12, www.mauritiuspost.mu. Lun.-ven. 9h15-17h, sam. 9h15-12h45. Entrée : 150 Rs.

Ce petit musée affiche ses ambitions : raconter l'histoire de la poste à Maurice, avec ses premiers facteurs qui étaient des esclaves et ses 33 bureaux installés dans les gares (fin XIXe s.). Évidemment, les philatélistes trouveront des timbres de collection en vente.

AAPRAVASI GHAT ✧✧✧

Plan B1 – Continuer vers le N, le long de Trunk Rd. 1, Quay St., Trou Fanfaron ☎ 217.77.70 ou 52.56.36.00 (port.), https://aapravasi.govmu.org. Lun.-ven., 9h-16h, sam. 9h-12h ; f. j.f. Accès libre. Activités proposées sur rés. aux enfants (6-14 ans).

Le site, inscrit en 2006 au patrimoine mondial de l'humanité par l'Unesco, a enfin un centre d'interprétation digne de son histoire, avec ce qu'il faut de reconstitutions et de technologie pour intéresser tous les publics. Ici débarquèrent, à partir de 1849, plus de 450 000 « engagés » *(indentured)* sous contrat, recrutés principalement en Inde (95 %), mais aussi en Chine, en Afrique de l'Est ou à Madagascar (p. 227), pour venir travailler sur les plantations de sucre en remplacement des esclaves affranchis. Les deux tiers d'entre eux restèrent sur place après l'expiration de leur contrat de cinq ans. On estime aujourd'hui que près de 70 % des Mauritiens actuels sont issus de ces « engagés ».

Imaginez... Hommes et femmes arrivaient ici, au bout d'un voyage exténuant qui durait entre 8 et 10 semaines. On voit sur leurs visages photographiés l'effarement, la fatigue. Ces immigrants (*aapravasi* en hindi) restaient 48h dans les lieux, le temps que les formalités administratives soient accomplies et que leurs employeurs les récupèrent. En 1922, la Grande-Bretagne met fin officiellement à cette « grande expérience » *(great experiment)*. Une bonne partie du site a disparu sous les pelleteuses lors de la construction de l'autoroute dans les années 1980.

Vers la citadelle ✧

Plan A1-B2 – Du parking du Caudan, reprendre l'autoroute dir. S pour retourner vers le centre au premier rond-point; repasser par la place d'Armes et partir sur la g. pour grimper à dr. dans Sir William-Newton St.

Cette partie orientale de la capitale compte encore quelques hauts lieux historiques. La cathédrale Saint-Louis, où est enterrée la première épouse de La Bourdonnais; le Champ de Mars, où flotta pour la première fois le drapeau mauricien le 12 mars 1968 et où l'on célèbre la fête de l'Indépendance.

CATHÉDRALE SAINT-LOUIS ✧

Plan C2 – Entre Jules Koenig St., Lislet-Geoffroy St., Mgr Gonin St. et George-Guibert St. Diocèse ☎ 208.43.96. Messes avec chorale le sam. à 17h30 et le dim. à 8h et 9h30.

Si l'extérieur de la cathédrale, en pierres grises, est austère, la messe du dimanche matin, avec chorale, attire la foule. L'édifice actuel, doté d'une **charpente métallique**, date de 1933. En face de Saint-Louis, la **Cour suprême** a toujours ses juges en perruque.

CHAMP DE MARS ✧

Plan C-D3 – Contourner la cathédrale Saint-Louis, remonter Pope-Hennessy St. ☎ 212.22.12, www.mtcsportsandleisure.com et wwwpeopleturfclubcom. Entrée gratuite sur la « plaine » où l'on est debout; payante dans les tribunes (200 Rs), gratuite pour les femmes.

Le Champ de Mars est un ancien terrain de manœuvres militaires, transformé en hippodrome en 1812, ce qui en fait le plus vieil hippodrome de l'hémisphère sud. Il est actuellement (2023) en plein chantier et au cœur d'une bataille entre MTC Sports and Leisure et People's Turf Pic, deux associations chargées d'organiser les courses. Si le cœur vous en dit, si vous vous sentez l'âme d'un *zougadère* (ayant la passion du jeu), les courses se déroulent entre fin mars et début décembre, le week-end. Et si vous ne deviez assister qu'à une seule course, privilégiez le grand prix du Maiden, disputé sur 2 400 m le premier dimanche d'octobre. Cette course réunit encore la foule des grands jours dans une atmosphère électrique et pittoresque.

CITADELLE (FORT ADÉLAÏDE) ✧

Plan C2 – ☎ 242.22.50. Lun.-ven. 9h-16h, sam. 9h-12h; f. dim. et j.f. Accès libre.

Dominant le Champ de Mars de sa masse sombre, la **Citadelle** (baptisée « fort Adélaïde » en l'honneur de l'épouse du souverain britannique William IV, par ailleurs tante de la reine Victoria) a été édifiée par les Anglais entre 1834 et 1840. La crainte d'un soulèvement des colons hostiles à l'abolition de l'esclavage n'est pas étrangère à sa construction. Elle pouvait accueillir en garnison quelque 200 soldats, capables de soutenir un siège de trois mois. Siège qui n'a jamais eu lieu!

PANORAMA

Prendre de la hauteur

Des **remparts de la citadelle**, on jouit d'une vue magnifique sur toute la **rade de Port Louis**. Mais la ville semble ne savoir que faire de ce monument historique, perché à 75 m sur une petite éminence. Ponctuellement, il accueille spectacles et manifestations.

• NOS ADRESSES •

PORT LOUIS

OÙ DORMIR

Le choix en hébergements à Port Louis est limité. On trouve néanmoins à proximité des adresses charmantes à moindre prix.

Le Suffren Hôtel & Marina

Plan A1 – Le Caudan ☎ 202.49.00, www.lesuffrenhotel.com. 102 ch. Spa. Autour de 10 750 Rs, petit déj. inclus.

Cet hôtel design, aux allures de bateau de croisière, possède une plage avec paillotes et cocotiers, ce qui est franchement insolite en pleine ville ! Pour une clientèle qui mêle loisirs et travail.

Villa Anakao

154, Royal Rd, Pointe aux Sables, à 9 km O de Port-Louis ☎ 234.20.35 et 59.81.41.79 (port.), www.mauritius.villa-anakao.com. Autour de 6 500 Rs, petit déj. inclus.

Dix chambres à la déco pétillante dans une villa les pieds dans l'eau (mer, piscine) et *eco friendly* : le mobilier est en bois recyclé, l'eau est chauffée à l'énergie solaire. La villa dispose d'un restaurant. Bus à proximité.

Les Cocotiers

Royal Rd, Baie du Tombeau, à 9 km N de Port-Louis ☎ 206.86.00, www.cocotiers-hotel-mauritius.com. Restaurant. Autour de 7 250 Rs en demi-pension.

Excentré, ce petit hôtel est situé sur une mini-plage. La piscine est chauffée, ce qui est rarissime pour sa catégorie deux-étoiles ; pédalo et paddle sont à disposition. Bémol : ce boutique-hôtel mériterait un rafraîchissement. Les chambres vue mer sont évidemment plus chères.

OÙ MANGER

Attention, la plupart des restaurants sont fermés le week-end et le soir. Et quelques-uns donnent leur prix hors VAT (TVA locale de 15 %). Voir aussi nos adresses *street food* p. 53.

Côté Jasmin

Plan A2 – 9 bis, St George St., en face de l'église de l'Immaculée-Conception ☎ 213.11.65 et 57.98.25.73 (port.). Lun.-sam. 8h-23h (18h lun.). Soirées live ponctuellement le ven. Plats 300-450 Rs.

Une oasis en pleine ville ! Dans ce bar-restaurant-jardin sans chichis, le menu du jour affiche mine poulet, cari d'agneau et riz, poisson grillé et légumes. Une pause agréable, sans se ruiner.

Café de la Presse

Plan B2 – 5, La Chaussée ☎ 212.85.90 et 52.53.85.90 (port.). Lun.-sam. 10h-16h (15h le sam.). Plats 400-700 Rs.

Au 1er étage, une adresse sympa dans un décor post-industriel où les ampoules pendent, nues, et les ventilateurs tournent. On peut y siroter un milk-shake, combler une petite faim avec une part de cheese-cake ou s'attabler pour du plus lourd : marlin grillé, crevettes fondantes (avec frites !) ou tandoori d'agneau.

The Deck

Plan A1 – Cinema's Coaster Shed, Caudan Waterfront ☎ 59.40.80.05 (port.). Lun.-sam. 10h-17h (23h ven.). Plats 800-1 200 Rs.

On respire l'air du large dans ce restaurant flottant, installé sur une barge. Ses spécialités ? Les poissons et fruits de mer, moules marinières à la mauricienne, vindaye de poulpe, filet de thon rouge à la plancha…

Le blogueur de l'île Maurice

Il adore manger, faire la cuisine, mais pas la vaisselle ! Pendant le confinement, en 2021, le Mauricien Ashvin Pothano a lancé un blog culinaire : PothaKnows. Allusion à sa propension à trouver réponse à tout. Le blog affiche plus de 50 000 followers. Si vous voulez connaître les derniers bons plans, passez sur sa page Facebook !

^ Marché

The Courtyard

Plan A-B2 – Angle Chevreau St. et Saint Louis St. ☎ 210.08.10, www.le-courtyard.com. Déj. lun.-ven. 11h-15h, sam. sur rés. 11h30-14h; dîner ven. 17h30-23h. Attention, VAT non incluse. Possibilité de vente à emporter (*take away*). Plats 1100-2250 Rs.

Dans le quartier des affaires, un cadre élégant (le patio est particulièrement prisé) et une cuisine fusion créative: magret de canard et ananas rôtis, saumon et brèdes « Tom pouce »... C'est un chef mauricien, Alankalee Vasoo Mootoosamy, formé par Patrice Dumont (deux étoiles Michelin dans une autre vie), qui vous régale.

VIE NOCTURNE

Port Louis s'assoupit dès 17h. Les activités nocturnes y sont rares. Seules solutions: cinémas, casino, pubs et bars du **Caudan Waterfront** (www.caudan.com).

Casino

Plan A2 – Au Caudan Waterfront, Marina Quay ☎ 210.17.59, www.casinomauritius.mu.

Salle de machines à sous (ouv. 10h-2h) et salle de jeux (ouv. 20h-4h).

Cinéma

Le Star et ses 3 salles

Plan A1 – Le Pavillon, Caudan Waterfront, ☎ 211.68.66, https://caudan.aucinemastar.com. Place: 220 Rs (1 000 Rs en premium). Séances à partir de 11h, dernière séance à 21h.

L'une des salles, comportant seulement 24 sièges, est la première du genre à Maurice: elle possède entrée privée, salon réservé aux clients et sièges qui peuvent être convertis en lits! On y accède au tarif premium.

Pub

Keg & Marlin

Plan A2 – Au Caudan Waterfront, Dias Pier ☎ 210.20.50. T.l.j. 11h-22h (dim. 17h). Cocktails autour de 300 Rs, shot 145 Rs.

Musique live le vendredi soir à partir de 19h30. Cocktails ravageurs (vodka, tequila, rhum, curaçao, sprite, grenadine et jus d'orange pour le Keg Schawaba-Waba), séga, rock... Tous les goûts sont dans la nature et au Keg!

SHOPPING

Centre commercial

Caudan Waterfront

Plan A1-2 – Information Counter ☎ 211.95.00, www.caudan.com. Lun.-jeu. 9h30-19h, ven.-sam. 9h30-20h, dim. et j.f. 9 h30-14h. Boutiques *tax refund* (encadré p. 262). Certains magasins, comme le Craft Market, peuvent avoir des horaires différents.

Ce centre commercial comporte deux entités principales: le Caudan I *(Barkly Wharf)* et le Caudan II *(Dias Pier,* le plus proche de la place d'Armes). Vous y trouverez une foule de boutiques de mode, comme Must. Le Craft Market (centre artisanal), au Caudan I, vend de nombreux souvenirs : peinture sur soie, paniers en vacoas, savons aux parfums insolites, tel pumpkin-vanilla (potiron-vanille), et autres produits faits main.

Bijoux

Adamas

Plan A2 – Caudan Waterfront, Pavillon ☎ 210.14.62, www.adamasltd.com. Lun.-sam. 9h30-17h30. Magasin *tax refund* (encadré p. 262).

Rivière ou solitaire, diamant blanc, noir, cognac ou rose, tailles princesse ou marquise… chacun(e) pourra trouver le bijou de ses rêves.

Poncini

Plan A1 – Caudan Waterfront, Barkly Wharf ☎ 211.69.21, www.poncini.com. Lun.-sam. 9h30-17h30. Magasin *tax refund* (encadré p. 262).

À l'origine de cette autre belle *success story* mauricienne, un petit horloger suisse de 23 ans arrivé à Port Louis en 1925, Alfred Poncini. À côté de la bijouterie, l'horlogerie reste toujours son point fort.

Magasin d'usine

Hémisphère Sud

Hors plan par A2 – Imm. Romisco, Plaine Lauzun. À 8 km O de Port Louis. Dépasser le Caudan, prendre l'autoroute vers le sud et l'A1 (Old Moka Rd) sur 2 km env. ☎ 208.14.72 et 58.00.13.92 (port.). Lun.-ven. 8h30-17h.

Le maroquinier le plus glamour de Maurice ! La marque, créée par Anne-Christine Levigne-Fletcher, joue dans la cour des grands. On trouvera ici des fins de série et des nouvelles collections à des prix plus abordables.

Marché

Market

Plan A2 – Victoria Urban Terminal (VUT), Pl. Victoria ☎ 214.32.00. Lun.-sam. 9h-18h, dim. et j.f. 9h-14h.

Restaurée, l'ancienne gare ferroviaire (1864) s'est transformée en bijou pour accueillir bus et taxis, ainsi qu'un centre commercial. Dans celui-ci, Market regroupe quelque 600 marchands en fruits, légumes, *gadjaks* (tapas mauriciennes), mais pas que… Un pont sur l'autoroute, le Rainbow Bridge, permet d'accéder à un arrêt du Metro Express (le tram), qui relie Port Louis à Curepipe.

> Voir aussi le marché central de Port Louis (p. 42).

Pharmacie chinoise

Chinese Store

Plan C1 – Dazzling Star, 14 Dr Sun-Yat-Sen St., près de Royal St. ☎ 242.13.71. Lun.-ven. 8h30-16h30, sam. 8h30-12h30, dim. 8h-12h.

C'est « la » pharmacie chinoise traditionnelle, avec ses tisanes, ses guêpes au miel, ses cafards aplatis, ses hippocampes ! Rien ne vous empêche de demander conseil.

SPORTS ET LOISIRS

Courses

Hippodrome

Plan C-D3 – Champ de Mars ☎ 212.22.12, www.mauritiusturfclub.com et wwwpeopleturfclubcom.

Les courses ont lieu le samedi et quelques dimanches entre fin mars et début décembre, de 12h40 à 16h55 (voir aussi p. 48).

Food tours

DunienZîl

☎ 58.28.86.85 (port.), https://explore nouzil.com. Vis. 8h30-13h. Min. 4 pers. 1 880 Rs/pers. (dégustations incluses).

Avec Laurent, la balade à pied dans les ruelles pavées de Port Louis démarre à l'Aapravasi Ghat, où les premiers « engagés » indiens ont débarqué. On découvre aussi le bazar (le marché central), Chinatown et ses pharmacies aux bocaux mystérieux, et bien d'autres endroits.

Taste Buddies

☎ 266.74.96, https://tastebuddies.mu. Port Louis : lun.-sam., 3h env., 2 000 Rs/pers. ; Chinatown : mar., 3h30 env., 2 450 Rs/pers.

Régalez-vous de *faratas* et de boulettes dans ces *food tours*, qui sont aussi une découverte historique de Port Louis.

> Voir aussi la balade gourmande : *Food tour* à Port Louis (p. 52).

Balade gourmande

FOOD TOUR À PORT LOUIS
C'EST BON ET... BON MARCHÉ

Taste Buddies vous fait découvrir la vraie *street food* mauricienne avec ses ascendances indienne, chinoise, créole. Entre boulettes et dholl puri, du marché central au quartier chinois, on savoure aussi la petite histoire de la capitale.

DHOLL PURI OU ROTI ?

À Maurice, l'un et l'autre – des crêpes salées pour simplifier – sont des incontournables en matière de *street food*, l'équivalent de nos sandwichs. Jamais un Mauricien ne les confondra. « On est l'un ou l'autre », affirme Ashvin, notre guide – qui est un gourmand. À la différence du roti, réalisé avec de la farine de blé, le dholl puri est à base de pois cassés jaunes. Les deux sont servis fourrés de caris divers et variés, de rougail de tomate, de chutneys de coriandre ; ils sont chapeautés éventuellement d'un piment à croquer (attention aux palais sensibles). Pour le roti, rendez-vous chez AKA, où Sardha, Meryline ou Samira, entre autres, n'ont guère le temps de souffler. Étaler la pâte, plier, étirer à nouveau... Ce petit bataillon sert 1000 *faratas* (ou rotis à consistance feuilletée) par jour. Quant à Ahmed, installé avec son triporteur dans une petite cour intérieure de Sir William Newton St. (c'est le plus difficile à trouver), il se lève chaque jour à 3h du matin pour préparer 300 paires (car elles sont friables) de dholls puris. Il a même une clientèle de députés du Parlement mauricien.

Des boulettes en tout genre

Avec Benny, au BDON B, on fait une incursion dans la cuisine chinoise. Depuis presque 20 ans, c'est une référence à Port Louis ! Dans une grande bassine mijotent des boulettes dont la composition est affichée sur un tableau : Sao Mai (au poulet), chouchou (un légume connu aussi sous le nom de christophine ou chayote), poisson... Faites votre choix !

⌄ Près du marché central

À manger évidemment avec des baguettes sur l'une des petites tables de ce fast-food ayant pignon sur rue.

C'EST DU GÂTEAU

Chez Mister Chu, en plein quartier chinois, les gâteaux sont à se damner. Les ingrédients laissent pourtant songeur : farine de riz gluant et pâte de lentilles pour les gâteaux *gingeli* ou *zinzli*, qui sont saupoudrés de graines blanches de sésame (*zinzli*). D'une consistance feuilletée, les Tow Sa (ou Teosa) se retrouvent fourrés, eux, avec une pâte de lentilles noires. Il y a aussi le fameux poutou, couleur rouge, celle des fêtes. Cette pâtisserie familiale, fondée par le grand-père en 1936, est littéralement dévalisée lors des fêtes, celle de Divali en particulier (p. 80).

‹ Fabrication de rotis chez AKA

Disel pima

Dernière étape au marché central, où le « cocktail » à base de jus de canne à sucre, pressée devant vous, est le bienvenu. Surprise : les Mauriciens consomment les petits ananas Victoria, juteux et succulents à souhait car cueillis à maturité, avec sel et piment (*disel pima* en créole). Tout une expérience...

⌄ Boulettes de BDON B Snack

PRATIQUE

Taste Buddies

☎ 266.74.96, https://tastebuddies.mu. Lun.-sam. 2 000 Rs, 3h et 4 km env., dégustations comprises.

Départ et retour

Caudan à Port Louis.

- **AKA Roti**, Jardin de la Compagnie, côté rue Révérend Lebrun (plan B2) ☎ 489.17.59. Ouv. 7h30-15h30. Végétarien 30 Rs, avec viande 75 Rs.
- **Dhol Puri Mimosa**, Maison Moorgate, Sir William Newton St. (plan B2) ☎ 59.74.53.87 (port.). 18 Rs la paire.
- **BDON B Snack**, angle Leoville L'Homme St/ Bourbon St (plan B2). Boulettes 14 Rs l'unité.
- **Mister Chu**, angle 17 Emmanuel Anquetil St/ François A. Venpin St. (plan C1) ☎ 242.39.84 et 59.12.32.20 (port.). Lun.-sam. 9h-16h (13h le sam.). 30-35 Rs l'unité pour les petits gâteaux.
- **Coco Cabbana** (encadré p. 42), Marché central (plan B1-2).

2 AUX ENVIRONS de Port Louis

À quelques kilomètres du Caudan et de l'agitation de Port Louis, on retrouve l'atmosphère de la « vieille Maurice » avec ses maisons coloniales au bois qui chante. Parmi elles, Eureka, l'une des plus anciennes demeures de l'île avec le château du Réduit, devenue résidence des chefs d'État mauriciens. Mais on peut aussi aller se promener sur les « toits » de l'île : le Pouce (812 m !) est l'une des montagnes les plus accessibles qui soient pour le randonneur très moyen. Du sommet, la vue sur Port Louis est incroyable.

PRATIQUE

- **Carte p. 36-37**
- **Nos adresses p. 60**

↓ Se déplacer

En voiture

Les autoroutes M2 (nord de Port Louis) et M1 (sud de Port Louis) sont gratuites, mais comportent feux rouges et ronds-points.

En bus

• Tous les bus allant au nord de Port Louis partent d'Immigration Square *(plan p. 40/B1)* dans la capitale ; ceux pour le sud démarrent de Victoria *(plan p. 40/A2)*. C'est aussi à Victoria que se trouve le Metro Express.

• Si vous voulez visiter l'église du Père Laval à Sainte-Croix, prenez à Port Louis le bus n° 70

L'ESSENTIEL

À ne pas manquer

La maison créole Eureka.

Expérience

L'ascension du Pouce.

Au sud de Port Louis

EUREKA ✧✧

Moka. À 11 km S de Port Louis. Prendre la M1, dir. S (Curepipe, Mahébourg) ; sortir à Mount Ory ou Moka. Av. Dr Georges-Leclézio ☎ 433.84.77. Lun.-sam. 9h-16h30. Accès : 300 Rs, billet incluant maison, parc, cascades. Vis. guidée ou libre pour la maison. Le domaine avec ses cascades se visite librement. Eureka accueille régulièrement des petits concerts dans l'une de ses dépendances, la Maison de l'Étoile. Restaurant (p. 60).

Être au plus près du pouvoir, installé au Réduit... Cela incita sans doute M. Carr, britannique, à faire construire Eureka en 1836.

Depuis 1863, elle est intimement liée à l'histoire de la famille Le Clézio, qui s'en rend acquéreur à cette date. Originaire de Lorient, celle famille est toute-puissante à Maurice : Eugène Le Clézio fut le créateur du *Mauricien* en 1833, qui est aujourd'hui un quotidien du soir ; Fernand Le Clézio fonda Flacq United Estates Limited (FUEL), une grande compagnie sucrière, en 1947. Eureka a aussi accueilli deux futurs rois d'Angleterre, George V en 1901 et George VI en 1926.

Port Louis-Cité la Cure (arrêt à l'église).

• Pour rejoindre Eureka, montez dans le bus n° 103 Port Louis-Eau Bouillie et descendez à Junction Leclezio/Bois Chéri Rd (400 m à pied). Le même bus poursuit jusqu'à Saint-Pierre. Alternative : le n° 12/12A (Individual Operator) Port Louis-Pellegrin.

Info

Des travaux sont en cours pour prolonger le Metro Express jusqu'à Moka Smart City d'ici fin 2024. Il desservira Saint Pierre.

BON PLAN

Baignade

Il est conseillé d'apporter son maillot de bain si l'on a l'intention de visiter le **domaine d'Eureka**. La baignade est possible dans les bassins naturels au pied des cascades.

Cette vieille **demeure coloniale** blottie au pied du **mont Ory**, transformée en musée, a conservé son piano Pleyel dans le salon de musique, ses tables en palissandre et ses bureaux en tamarin. Les parquets craquent, les portes (109!) ne claquent plus, le gong qui appelait les serviteurs s'est tu.

Dans le **jardin**, le parfum du jasmin est toujours aussi suave. Bruissant d'oiseaux, le domaine, lui, ménage sur 20 ha de longues promenades à l'ombre des badamiers, des bibassiers, des eucalyptus, des aloès et d'ébéniers vieux comme Mathusalem (l'un d'eux a 900 ans). C'est simple, il regorge de plantes endémiques : bois de pomme, bois-de-fer, etc. Si vous avez de bonnes chaussures, descendez jusqu'à la **rivière Moka** et ses cascades, dont les bassins ont été creusés par les esclaves de Pierre Poivre : aujourd'hui, Eureka englobe en effet une partie de **Bagatelle**, domaine qui a appartenu à l'intendant de Louis XV.

Son histoire ne manque ni de cyclones dévastateurs ni d'âpres querelles de succession. Aujourd'hui, Eureka est gérée par les Maroussem, descendants de la dernière fille Le Clézio. Quant à l'écrivain Jean-Marie Gustave Le Clézio, né à Nice, il est le petit-fils de Léon Le Clézio, décrit dans *Le Chercheur d'Or* ou *Voyage à Rodrigues,* perdu dans ses rêves, « dépouillé par ses proches ».

« CHÂTEAU » DU RÉDUIT

Moka. Sur l'autoroute, prendre dir. S et sortir une bretelle plus loin à Bagatelle ; traverser l'autoroute pour prendre au 2e rond-point la 1re sortie à g., State House Av. ☎ 454.30.21. Jardins ouv. 2 j. autour de la Journée internationale des monuments et sites, en avr.

En 1749, le gouverneur et successeur de Mahé de La Bourdonnais, Pierre Félix Barthélémy David, décida de s'installer à l'intérieur de l'île, en vue de se protéger d'une attaque ennemie (anglaise) : c'est ce qu'on appelle aujourd'hui le « château » du Réduit. Si vous vous trouvez à Maurice lors des journées portes ouvertes de ce petit « Versailles des tropiques », ne ratez pas l'occasion. Non loin du centre commercial Bagatelle et de l'université s'élève cette belle maison « coloniale », construite entre deux gorges. Depuis l'accession de Maurice au statut de république (1992), le locataire en est le chef de l'État (Prithvirajsing Roopun depuis décembre 2019). Seuls les jardins, qui sont magnifiques, se visitent. Ils possèdent leur temple de l'Amour.

⌄ Vue du Pouce sur Port Louis

CHAÎNE DE MOKA ✧

Depuis Eureka, continuer sur la B47, dir. Saint-Pierre. Env. 9 km entre Eureka et Malenga.

Une petite route longe la chaîne de Moka et ses sommets aux silhouettes oniriques : le pic des Guibies, le Pouce, le Grand Pic, le Pieter Both, qui inspirèrent à l'écrivain-poète Malcolm de Chazal (1902-1981) ses plus belles pages.

Pour vous promener sur les « toits » de Maurice, équipez-vous de bonnes chaussures : le sol, pentu, est parfois glissant.

Ascension du Pouce ✧✧

À 15 km S de Port Louis (M1, sortie Mount Ory/Moka, B47). Sur la B47, dir. Saint-Pierre ; après la mosquée (à g.) et un virage à angle droit, commence à g. un chemin goudronné. Panneau explicatif délavé à l'entrée. Au-delà de la rivière Moka, au bout du chemin, un sentier balisé mène au sommet. Dénivelé : 432 m. Compter 3h-3h30 A/R. Emporter eau et protection solaire.

L'ascension du Pouce (812 m) est une **excursion facile** à la portée d'un randonneur moyen. Aujourd'hui, il existe même un **sentier balisé** qui relie Saint-Pierre à Port Louis, via le Pouce (6 km au total, aller simple). La seule réelle difficulté que vous rencontrerez sera au moment de donner l'assaut final… par l'arête. À peine 30 m dans une tranchée bordée de buissons. Attention, sujets au vertige s'abstenir !

> Voir aussi la randonnée : Le Pouce, sur les toits de Maurice (p. 62).

BRASSERIE

Flying Dodo

À côté de **Bagatelle Mall**, l'un de ces centres commerciaux dont les Mauriciens sont friands, impossible de rater la première brasserie artisanale de l'île : la Flying Dodo, fondée par un Mauricien, Oscar Olsen. On peut y déjeuner.

> Bagatelle ☎ 468.88.10, www.flyingdodo.com.

^ Lac de la Nicolière

Ascension du Pieter Both

À 21 km S-E de Port Louis (M1, sortie Mount Ory/Moka, B47 et B49). Après avoir dépassé Saint-Pierre, prenez dir. La Laura-Malenga. Attention, contrairement à celle du Pouce (p. 62), cette ascension nécessite du matériel et l'assistance d'un guide. Pour les grimpeurs expérimentés. Pour les guides, voir p. 60.

La silhouette du **Pieter Both** (820 m) intrigue : imaginez un bilboquet dont la boule semble tenir par l'opération du Saint-Esprit.

Le sentier, où l'on se fraie au départ un passage dans un maquis dense, démarre à l'entrée de **Malenga**. Le final en à-pic est éprouvant : il faut des cordes, un harnais et un casque. Le retour peut se faire par le même chemin ou par des descentes en rappel.

LAC DE LA NICOLIÈRE ✧

À 32 km E de Port Louis, 16 km N-E de Saint-Pierre.

Au pied de la chaîne de Moka, c'est l'un des sept réservoirs de l'île, créé en 1929 par le pont-barrage de Paul Le Juge de Segrais. Avec une capacité de 5,26 millions de mètres cubes, il constitue la principale source d'approvisionnement en eau du nord de l'île. Fin 2022, La Nicolière était à la moitié de sa capacité, témoignant du déficit hydrique qui affecte Maurice en raison des changements climatiques. Il est très prisé des pêcheurs et des… photographes.

Au nord de Port Louis

SANCTUAIRE DES OISEAUX RIVULET TERRE ROUGE ✧

À 3 km N env. de la place d'Armes, à Port Louis. Prendre la M2, dir. Grand Baie. Fléchage sur la g. Rivulet Terre Rouge Estuary Bird Sanctuary (RTREBS) ☎ 217.28.86, http://pes.govmu.org/pes-sites. Visitor's Centre : lun.-ven. 8h-15h, sam. 7h-10h45. Télescope sur demande. Accès libre.

Quasiment en pleine zone industrielle, vous tombez sur ce « sanctuaire », qui accueille en novembre-décembre nombre d'oiseaux migrateurs, le pic se situant en décembre. Guignettes *(common sandpiper)*, pluviers *(grey plover)*, bécasseaux, chevaliers trouvent refuge dans ce no man's land qui couvre 26 ha de part et d'autre du ruisseau de Terre Rouge, qui rejoint la mer. On peut les observer surtout à marée basse, quand ils cherchent leur nourriture.

SAINTE-CROIX, L'ÉGLISE DU PÈRE LAVAL ✧

À 4 km N-E de la place d'Armes (A1 qui prolonge Royal St.), fléchage sur la dr.

Dans la banlieue N de Port Louis, Sainte-Croix est un peu le Lourdes de l'océan Indien, avec son commerce de médailles et de crucifix. On y vient pour se recueillir sur le tombeau du père Jacques-Désiré Laval, le « saint » national, en suivant un parcours immuable. Le père Laval (1803-1864) fut d'abord médecin avant de devenir le curé d'une petite paroisse de Normandie. Comme missionnaire, il débarque sur l'île Maurice en 1841. Entièrement dévoué à une population à peine libérée de l'esclavage, prêchant en créole, il évangélise autant qu'il soigne, faisant oublier la misère et la ségrégation. Dans la cathédrale Saint-Louis, sa « messe des Noirs », où les anciens esclaves, affranchis, s'assoient aux places réservées aux Blancs, fait scandale.

L'**église**, reconstruite en 1968 après le passage du cyclone Carol, est de facture très moderne.

Tout à côté, un **minicentre** (☎ 242.21.29 ; lun.-sam. 9h-15h30, dim. et j.f. 10h-15h30 ; f. 12h-13h ; entrée gratuite) est consacré à l'histoire de ce saint homme, béatifié en 1979, mais pas encore canonisé. On en apprend bien peu.

Le **caveau** (ouv. 5h30-17h30) est la dernière étape. Dessiné par l'architecte mauricienne Sylvie de Leusse, il peut accueillir 250 personnes. Les fidèles piétinent pour caresser la pierre sur laquelle repose le sarcophage enfermant la dépouille du saint prêtre. Sarcophage surmonté d'un gisant en plâtre sous une cloche de verre.

PÈLERINAGE

Sur la route de Sainte-Croix

À pied, en bus ou en voiture, chaque année, dès le 8 septembre au coucher du soleil, une foule bigarrée converge vers **Sainte-Croix** pour honorer le père Laval. On fête l'anniversaire de sa mort, le 9 septembre 1864. Des tentes surgissent au bord de la route, entre Port Louis et Sainte-Croix, pour accueillir les pèlerins, offrir boissons et repos. Musique, lumières, *Ave*, *Pater*... Le 9, des messes sont célébrées toutes les deux heures. Certains passent la nuit sur place, dans une ambiance à la fois joyeuse et recueillie.

• NOS ADRESSES •

MOKA

OÙ DORMIR

Joubarbe Résidence

Norbert Barbe Av., Mont Ory ☎ 57.35.40.66 et 52.50.46.90 (port.), www.joubarberesidence-ilemaurice.com/fr. Autour de 2000 Rs (studio) sans petit déj. (à rés.).

Si vous voulez commencer aux aurores l'ascension du Pouce ou du Pieter Both, comme nous le conseillons, choisissez cette résidence au pied du mont Ory. Le confort y est des plus correct (machine à laver à disposition). Elle dispose de studios, d'appartements 2 ou 3 ch. et d'un pavillon.

OÙ MANGER

Ti Chevrette

Rte de Bois Chéri (restaurant signalé sur la route) ☎ 58.10.26.80 (port.). T.l.j. au déj. à partir de 11h30, mer. et ven.-sam. au dîner à partir de 18h (autres soirs sur rés.). Plat principal autour de 500 Rs.

Au bout d'un chemin improbable descendant dans la ravine, apparaît ce joli restaurant ombragé, qui se veut *tipik morisien*. Nombre de spécialités mauriciennes sont à la carte : cari ourite papaye vert, cari cerf Jacques, chatini chevrette (petites crevettes d'eau douce), gato arouille (appelé taro en France)...

La Maison Eureka

Voir p. 55. Av. Dr Georges-Leclézio ☎ 433.16.76 ou 433.84.77. Plat à partir de 450 Rs.

Sous la varangue, on peut se sustenter d'un plat principal – par exemple un « riz cari » avec les grains – ou d'une salade, voire d'un croque-monsieur!

Escale Créole

Rte de Bois Chéri. Après Eureka, prendre la 1re route à g., 800 m à dr., panneau indicateur ☎ 433.16.41 et 54.22.23.32 (port.), www.escalecreole.net. Lun.-ven. (+ 1 sam./mois) à midi seulement, sur rés. Menus de 650 à 950 Rs.

Cari poulet ou zourite, rougail saucisse... Une cuisine mauricienne goûteuse, le *vrai manzé lacaze* (« maison ») dans un beau jardin.

SHOPPING

Souvenirs

Boutique de la maison Eureka

Voir p. 55. À l'entrée, près de la billetterie.

Dans cette boutique, vous trouverez tout aussi bien du rhum arrangé et du café de Chamarel que des livres ou d'autres objets à rapporter.

SPORTS ET LOISIRS

Ascension du Pouce

Wes Aventure Randonnées

Vacoas-Phénix ☎ 54.90.37.81 (port.), www.wesaventurerandonnees.com. 1750 Rs/pers. Min. 2 pers.

Wes et ses compagnons d'aventure maîtrisent vraiment leur sujet. Voir aussi avec Otelair (ci-dessous).

Ascension du Pieter Both

Otelair

83, rue Charles-Regnaud, Eau Coulée ☎ 52.51.66.80 (port.), www.otelair.com. À partir de 3000 Rs. Comptez une journée (7h-16h).

Fou de grimpe, Olivier Bourquin a créé cette agence où les activités s'inscrivent entre eau, terre et air.

Vertical World Adventures

PO Box 289, Curepipe ☎ 697.54.30 et 52.51.11.07 (port.), www.verticalworldltd.com. Comptez 5000 Rs/pers. la journée.

Si vous voulez tenter l'ascension en toute sécurité et avec des professionnels de la montagne la plus « technique » de Maurice. Niveau: difficile. Durée: entre 7h et 9h.

Restaurant sous la varangue de la maison Eureka

Randonnée

LE POUCE,
SUR LES TOITS DE MAURICE

Près de Port Louis, c'est la troisième plus haute montagne de Maurice (812 m), après le Pieter Both (820 m) et le Piton de la Petite Rivière Noire (828 m), dans le sud. Et l'une des plus belles randonnées à faire sur les toits de Maurice, accessible à tous ou presque.

À DROITE, TOUTE !

Large comme un boulevard, la piste en terre commence par monter doucement. Si le soleil cogne, l'ombre de jamrosas ou d'eucalyptus est bienvenue. Un vieux panneau en bois se dévoile : le sommet du Pouce est indiqué à 2h10 (ce qui est surévalué, même pour un randonneur moyen). Très rapidement, le sentier se rétrécit en s'attaquant au flanc sud de la montagne. Les cailloux malmènent les chevilles. Là, à découvert, ça grimpe. S'il a plu la veille ou le matin, le terrain se révèle glissant. Quelques suées et sueurs froides plus tard, vous tenez votre récompense, en émergeant sur un replat, où la vue embrasse Port Louis et ses gratte-ciel. D'ailleurs, la bifurcation, qui peut vous ramener à la capitale, est là. Vous, vous continuez sur le Pouce. À droite, toute !

‹ Ascension vers le sommet

Sur « l'épaule » du Pouce

Maintenant, la pente est plus douce. Mais il faut parfois frayer son chemin dans un maquis entre goyaviers ou longoses : cette dernière plante est devenue envahissante, mais en été, sa fleur jaune dégage un parfum suave. Sur cet épaulement, par grand beau, la vue est imprenable sur le nord-est de l'île et la chaîne de Moka, notamment sur le Pieter Both. Le Pouce, avec sa forme si caractéristique, est là devant vous, mais plus vous vous en rapprochez, plus il semble hors d'atteinte ! Attention aux macaques (*jacquots* en créole), que l'on aperçoit éventuellement. Certains inconscients les nourrissent: ils peuvent alors s'en prendre à votre pique-nique si vous le sortez imprudemment. Vous voilà au pied du mur, pardon du Pouce. Les derniers 30 m, littéralement sur une arête, dans des blocs de rochers qui paraissent instables, sont à réserver à des grimpeurs aguerris. Un vent violent peut aussi vous dissuader d'entreprendre ce final.

PRATIQUE

Accès
Le Pouce est bien indiqué dans Saint-Pierre (15 km au S-O de Port Louis). On rejoint un tout petit parking, dont la capacité est de 4-5 voitures.

Fléchages
Vert, c'est le sentier classique du Pouce, que vous suivrez. Mais vous croiserez aussi du jaune : Le Dauguet (Port Louis) ; du rouge : le Grand Pouce ; du noir : Moka Range Challenge (trail de 29 km). Ces trois-là vous orientent à gauche sur Port Louis à l'unique bifurcation du parcours.

Durée
3h-3h30 h A/R.

Dénivelé
432 m.

Difficultés
La boue s'il a plu récemment, le vent, l'arête finale.

Équipement
Si cette randonnée est donnée comme familiale (à partir de 7 ans), les chaussures de marche n'en sont pas moins primordiales. À emporter : eau et protection solaire.

Variante
La randonnée peut se faire au départ de Port Louis (Le Dauguet).

Guides
- **Wes Aventure** Randonnées ☎ 54.90.37.81 (port.), www.wesaventure randonnees.com
- **Otelair** ☎ 52.51.66.80 (port.), www.otelair.com.

GRAND BAIE
et le nord

Des kilomètres de sable à perte de vue, des plages bordées de filaos et quelques rochers noirs... La côte nord concentre une bonne partie de l'activité touristique de l'île avec son petit Saint-Trop' des tropiques : Grand Baie. Sur le rivage s'égrènent palaces, villas somptueuses ou campements (résidences secondaires en bord de mer) plus modestes. Ici, chacun trouvera un hébergement à la mesure de ses moyens et des plaisirs aquatiques en tout genre. On peut tâter de la marche sous l'eau, du kayak, du paddle, du parachute ascensionnel, de la plongée en sous-marin... Les plongeurs expérimentés peuvent même approcher les squales du « bassin aux requins », un site confidentiel. Les romantiques se lanceront sur les traces de Paul et Virginie entre l'île d'Ambre et Poudre d'Or.

N
Île Plate ★★
Îlot Gabriel
OCÉAN
INDIEN
4 L'extrême Nord p. 82
3 Grand Baie et ses environs p. 66
Cap Malheureux ★★
Anse La Raie
Pointe aux Canonniers
La Cuvette
Pereybère
Calodyne
Anse de Mont Choisy ★★★
Grand Baie ★★
Grand Gaube
Îlot Bernache
Trou aux Biches ★★
Fond du Sac
Goodlands
Temple Maheswarnath ★★
Île d'Ambre
Château de Labourdonnais ★★★
Poudre d'Or
Triolet
Coup de cœur p. 80
Rivière du Rempart
Coup de cœur p. 90
Pointe aux Piments
Ruines de Balaclava
Mapou
5 Autour de Pamplemousses p. 94
L'Aventure du Sucre ★★★
Parc marin de Balaclava
Beau Plan
Pamplemousses
Jardin de Pamplemousses ★★★
Roches Noires
Notre Dame
Valton
PORT LOUIS
Nouvelle Découverte
Eureka
Malenga
Circonstance
0
5
10 km
B 13
B 36
B 38
B 11
A 4
A 5
M 2
A 6
A 2
B 19
B 20
B 49
M 3
B 55
A 7
B 47

3 GRAND BAIE et ses environs

Nichée dans une baie en forme de croissant de lune, Grand Baie est devenue au fil du temps la capitale touristique de Maurice. Rien ne manque : la mer, Sunset Boulevard et ses petites boutiques, ses DJ qui réveillent la nuit… Entre sable blanc et rochers noirs, la côte nord-ouest, abritée du vent, ne manque pas d'attraits même si la route se faufile parfois entre deux murs qui protègent hôtels de luxe et résidences huppées. Le développement s'y poursuit tambour battant. Ouf, il reste quelques belles plages, ouvertes à tous, comme à Mont Choisy, où Maurice joue la carte postale.

PRATIQUE

- **Carte p. 65**
- **Nos adresses p. 71**

Se déplacer

À pied

On se déplace à pied dans Grand Baie.

À vélo

C'est le moyen de locomotion idéal (loué ou mis à disposition dans certains hébergements) pour de courts déplacements et pour rejoindre les plages un peu éloignées.

En bus

• À Grand Baie passe le bus n° 82 (TBS) Port Louis-St Antoine, qui dessert Mont Choisy, Trou aux Biches, Triolet au sud et Pereybère (les plages notamment) au nord.

Port et plage de Grand Baie

L'ESSENTIEL

À ne pas manquer

Le temple de Maheswarnath ; l'île Plate.

Expériences

Embarquer dans un sous-marin pour quelques lieues sous l'océan Indien ; plonger dans la nuit électrique de Grand Baie à N'Joy.

Les plus belles plages

Mont Choisy ; îlot Gabriel.

Grand Baie ✧✧

À 26 km N-E de Port Louis via la M2.

Blottie au fond d'une immense rade turquoise où dansent de nombreux voiliers, Grand Baie est « la » **station balnéaire** de l'île. Un rien tapageuse, un brin m'as-tu-vu avec ses **boutiques luxueuses** et ses restaurants qui débordent sur les trottoirs. Saint-Trop' sous les tropiques, même si la comparaison est un peu exagérée... En quelques décennies, ce petit village de pêcheurs s'est métamorphosé, et son plan d'urbanisme, assez anarchique, s'en ressent, même si les nouveaux centres commerciaux s'en tiennent à l'écart. Grand Baie n'en est pas désagréable pour autant, mais la station se prête surtout au shopping ou au farniente. Néanmoins, il y a toujours un petit **marché aux poissons** au retour des pêcheurs vers 16h (vers le restaurant Palais de Chine, sur la baie). Autre élément pittoresque : le **temple tamoul**, à l'entrée de Grand Baie en venant de Port Louis, dont les couleurs sont ravivées régulièrement.

Vous pouvez aussi monter dans le n° 95 (TBS) Pamplemousses-Saint Antoine, ou le n° 228 (TBS) Grande Pointe aux Piments-Saint Antoine (il n'y a pas d'arrêt à Triolet).

Attention, sur le site Internet des bus mauriciens, Saint Antoine est orthographié « Ste Antoine ».

• Le bus n° 215 (TBS), entre Grand Baie et Port Louis, est climatisé et presque sans arrêt (tarif unique : 48 Rs).

Île Plate ✧✧

À 12 km N et 1h15 env. de Grand Baie par catamaran. Accès via certains opérateurs (p. 75).

Jusque dans la première moitié du XXe s., l'île Plate (263 ha) fut une station de quarantaine. Au moindre soupçon de choléra ou de variole, les bateaux transportant ou non des *coolies* « engagés » (p. 227) se voyaient imposer une réclusion sur cette île perdue.

Sur place, vous trouverez les ruines d'une demi-douzaine de bâtiments, en pierres noires volcaniques. On reconnaît difficilement le dispensaire. Dans *La Quarantaine*, roman fiévreux et initiatique de Jean-Marie G. Le Clézio, tous les passagers de l'*Ava* sont parqués sur cet îlot.

Aujourd'hui, on peut y passer une journée paradisiaque, loin de tout, et se prendre pour Robinson, langouste en prime, en partageant l'île avec un petit nombre de scinques (lézards).

Excursion vers l'îlot Gabriel ✧

À 12 km N et 1h15 env. de Grand Baie par catamaran. Accès via certains opérateurs (p. 75).

Il y a parfois du rififi sur le minuscule îlot Gabriel (42 ha), très proche de l'île Plate ! Qui a le droit d'accoster ou pas ? Quelquefois, une vingtaine de catamarans stationnent à la queue leu leu, crachant à plein tube des flots de séga. Mais l'eau est si claire, le sable si blanc... On oublie tout.

Pereybère ✧

À 2 km N de Grand Baie via la B13 et 30 km N-E de Port Louis.

Où se termine Grand Baie ? Où commence Pereybère ? Sur la Royal Road, les deux localités se

⌄ Vers Pointe aux Canonniers

touchent. Pereybère joue la carte d'un tourisme plus accessible et bon enfant. Les palaces laissent la place à des lodges, des campements (résidences secondaires en bord de mer) et des locations en tout genre. À défaut d'être paisible (surtout le week-end, où il y a de la musique et de nombreux food-trucks), la petite plage publique est idéale pour une baignade.

ATTENTION

Nage avec les tortues

Depuis 2022, nager avec les tortues marines n'est plus autorisé à l'île Maurice. Au large de Trou aux Biches (et du Beachcomber), des opérateurs continuent à proposer cette excursion. Peu scrupuleux, certains appâtent les tortues avec du pain, qui peut les étouffer.

La côte, vers Turtle Bay

De Grand Baie à Pointe aux Piments, une route très urbanisée, appelée Coastal Road ou Royal Road, permet de longer la côte pour ensuite filer vers Turtle Bay. Quelques hôtels de luxe ont remplacé les fours à chaux et les champs de canne à sucre. Ruisselants de marbre, ils ont tous comme un air de famille : grand hall, piscine prolongée par la mer… Néanmoins, cette partie de la côte fourmille encore d'anciens ouvrages de défense, enfouis sous la végétation, dont la toponymie garde la mémoire.

ANSE DE MONT CHOISY ✧✧✧

À 5,5 km O de Grand Baie via B13. Loc. de transats et parasols.

En arc de cercle, l'anse de Mont Choisy (on écrit aussi Mon Choisy) abrite une superbe plage blonde, publique, de 2 à 3 km de long, protégée par une forêt épaisse de filaos (ou *casuarinas*). C'est l'une des plages préférées des Mauriciens, joggeurs, baigneurs, footballeurs en herbe, rêveurs ou familles. Le dimanche, on s'y retrouve pour le pique-nique. Ambiance joyeuse au milieu des vendeurs ambulants.

À l'entrée, un monument est consacré à deux aventuriers de l'air, Maurice Samat et Paul-Louis Lemerle, qui ont effectué le 10 septembre 1933 le premier vol entre La Réunion et l'île Maurice.

TROU AUX BICHES ✧✧

À 8,5 km S-O de Grand Baie via la côte ou Chemin Vingt Pieds.

Plus qu'un village, c'est une succession de grands hôtels, de bungalows et de villas privées, le long d'une immense plage de lagon (il y a toujours un chemin de sable qui mène à la plage publique). Ce qui vous donne envie, selon une formule locale savoureuse, de « faire comme p'tit lézard ».

TEMPLE MAHESWARNATH ✧✧

Triolet, près de la gare routière. À 7 km S-O de Grand Baie. Parking.
T.l.j. 5h45-17h55. Entrée libre. Se déchausser avant d'entrer.

Au nord de Triolet, le temple Maheswarnath, construit vers 1890, est le plus ancien et l'un des plus grands temples hindous du pays. Vapeurs d'encens et fleurs d'hibiscus, on peut y observer, le cas échéant, le rituel hindou et repérer les différentes divinités représentées par des statuettes polychromes : Ganesh à la tête d'éléphant, qui est le dieu des voyageurs, le taureau

FARNIENTE

Plage discrète

Au nord de Grand Baie, entre les hôtels Veranda et Royal Palm, vous avez une jolie petite plage, publique, discrète, où se mêlent sable doré et rochers noirs. **La Cuvette**, c'est son nom, est néanmoins très fréquentée le week-end.

Nandi, etc. Le temple est principalement dédié à Shiva (dit aussi Maheswarnath, « grand seigneur »). Dieu à la fois de la création et de la destruction, il est représenté par le shiva linga, symbole phallique, sur lequel on déversera de l'eau recueillie à Grand-Bassin (p. 179) lors de Maha Shivaratree.

PARC MARIN DE BALACLAVA ✧

À 13 km S-O de Grand Baie par la côte. Accessible en plongée en apnée depuis la plage publique de Balaclava ou celle de Pointe aux Piments. En croisière depuis Grand Baie.

Totalement méconnu, et pour cause rien ne le signale, s'étendant sur 485 ha entre la Baie aux Tortues et Petite Pointe aux Piments, ce parc marin est pourtant plus grand que celui de Blue Bay, dans le sud. Un recensement maintenant ancien faisait état de 118 espèces de coraux et 289 espèces de poissons. D'une profondeur moyenne de 1,80 m, le parc se prête bien à la plongée en apnée pour admirer « dominos » (poissons noirs et blancs) et sergents-majors rayés.

RUINES DE BALACLAVA

À env. 14 km S-O de Grand Baie ☎ 204.10.00, www.ruinsofbalaclava.mu. T.l.j. 9h-17h. Accès gratuit en passant par l'hôtel.

L'hôtel Maritim compte sur son domaine (25 ha) des bâtiments en ruine datant du XVIIIe s. On se balade près des cascades de la rivière Citron. Un restaurant (p. 79) s'est ouvert dans les murs noirs en basalte de l'ancien moulin à poudre.

^ Ruines de Balaclava

• NOS ADRESSES •

GRAND BAIE

OÙ DORMIR

Hôtels

Esprit Libre Restaurant & Guesthouse

Pointe aux Canonniers ☎ 269. 11.59 ou 59.74.31.93 (port.), https://espritlibremaurice.com. Piscine (non chauffée). Massages (balinais, réflexologie, etc.) sur place et sur demande. Restaurant. Autour de 5200 Rs.

Dans cette guesthouse à l'abri des regards, les 12 chambres aux styles très différents sont toutes douillettes. Dans le jardin, le restaurant (ouvert aux non-résidents) mixe cuisine européenne et locale, tartare de thon et ananas Victoria, dorade et risotto.

La Maison du Nord

Rte des Lauriers, Pointe aux Canonniers ☎ 260.19.00, www.maisondunord.com. Piscine. Navette gratuite pour la plage de Mont Choisy (3,5 km). Activités nautiques payantes. 2 nuits min. en haute saison. Autour de 5500 Rs.

Ce petit hôtel design de 24 chambres, calme et à la déco soignée, a beaucoup de charme. Le petit déjeuner, avec omelette et crêpes, fait des heureux.

Sous le Badamier

X-Club Rd (route côtière), Pointe aux Canonniers ☎ 263.43.91 et 54.87.90.17 (port.), www.souslebadamier.mu. Restaurant. Piscine. Autour de 6750 Rs.

Non loin de la mer, les 11 chambres de cette guesthouse récemment rénovée composent une adresse ensoleillée par quelques peintures colorées de Vaco (1940-2023). Pas de TV, pour une déconnexion assurée ! Les plages sont à 10 min à pied ou en bus. Que demander de plus ?

Veranda Grand Baie

Royal Rd, à la sortie N de Grand Baie ☎ 209.80.00, www.veranda-resorts.com. 95 ch., dont 8 appart. 2 restaurants, 2 bars. Spa mauricien Seven Colours. Autour de 10 000 Rs en réservant tôt.

Les chambres de cet hôtel récemment rénové, en bord de plage, ont vue sur la piscine à débordement ou sur le jardin luxuriant. Nombreuses activités nautiques offertes. Loc. de vélos.

Lux* Grand Baie

Royal Rd ☎ 209.22.00, www.luxgrandbaie.com. 3 restaurants (dont l'étonnant japonais Ai Kisu), 5 bars dont Bisou, un bar en rooftop avec piscine qui est le chouchou d'Instagram. Plage. Spa (ligne Lux* Me). Night-club. À rés. de préférence avec un forfait vol+hôtel (30 000 Rs en rés. directe).

En plein centre, caché aux regards par un mur, le dernier-né des hôtels Lux* se met progressivement au diapason ludique des autres hôtels de la chaîne (encadré ci-contre). Il a déjà ses propres « expériences », comme le Food Lab (passer en cuisine pour découvrir l'envers du décor). D'un design aux teintes neutres, les 86 suites ont vue sur la mer et un jardin luxuriant, tournant le dos à la circulation de Royal Rd. Faute d'y séjourner, allez y faire un tour pour découvrir un Grand Baie extravagant et les pâtisseries de Marie Meunier (p. 74).

DOMAINE DE GRAND BAIE

Résidence hôtelière

Résidence Peramal

À 2 km du centre-ville. Royal Rd, près du restaurant Le Capitaine (entrée O) ☎ 263.81.09 et 57.56.94.47 (port.), www.residence-peramal.com. 10 studios et 4 appart. de 2 ch. Entre 2 250 et 3 200 Rs/ studio/nuit. Clim. payante (250 Rs/j.). Sorties payantes avec un bateau.

Au fond d'une impasse, la coquette résidence donne sur la mer. La sortie (gratuite) à Grand Baie pour faire les courses le premier jour et la location de vélos (200 Rs/j.) séduisent tout le monde.

OÙ MANGER

Beaucoup de restaurants sont fermés le lundi à Grand Baie.

Ti Kouloir

School Lane. Au fond du parking de Sunset Boulevard, partez à dr. dans la petite rue ☎ 263.56.45 et 57.43.51.62 (port.). Lun.-sam. 11h-15h et 18h-21h, dim. 10h-21h. Moins de 500 Rs.

Ce boui-boui, installé dans un espace tout en longueur de 4 m², se cache derrière un autre restaurant, La Rougaille créole (ci-contre). Il n'en produit pas moins les meilleures boulettes de l'île, selon les connaisseurs. Poulet, porc, calamar... 8 Rs la boulette, c'est donné ! La carte s'étend à d'autres plats populaires de la cuisine chinoise, comme les mines frits (nouilles sautées). À emporter ou à consommer sur place.

Otentik

Aujourd'hui, le groupe **Attitude**, « 100 % mauricien », a dans son escarcelle **huit hôtels** (plus la gestion du Paradise Cove Hotel à Anse la Raie). Rachetés, ils ont adopté des **concepts originaux**. Certains peuvent être réservés aux adultes, d'autres sont *family friendly*. Le groupe joue à fond la carte de l'authenticité. Repas chez l'habitant, sortie avec un pêcheur, cours de créole... Autant d'expériences « otentik » qui séduisent.

Le **groupe Lux***, lui, est dans la transgression. Dans ses hôtels, on n'est pas au bout de ses (bonnes) surprises : message caché dans une bouteille à découvrir, bar baladeur qui apparaît/disparaît, cabine téléphonique d'où l'on peut appeler gratuitement son domicile, cinéma sur la plage...

Karaï Kreol

La Salette Rd (dir. Super U) ☎ 59.72.91.01 (port.). Mar.-sam. 11h-15h. Plats 270-290 Rs.

Du mauricien (et du créole) pur sucre dans cet estancot pétillant de couleurs et ouvert à tout vent. Sur des tables en bois, on dévore vindaye de poulet, rougail saucisse, « touffé » thon (on laisse cuire à la vapeur), cari poisson. En famille, Paul, Cristelle et sa cousine font tourner ce mini-restaurant.

Cocoloko

Royal Rd ☎ 263.12.41, https://cocoloko.net. T.l.j. dès 10h (cuisine jusqu'à 22h30 ven.-sam). Musique live ven.-sam. Plats 550-995 Rs.

Sacrée ambiance lors des *happy hours* dans ce bar à cocktails-restaurant, installé sous les palmiers dans un renfoncement de Royal Rd. On y mange bien, la cuisine piochant dans tous les registres (tapas mauriciennes, poke bowl, burgers, pizzas, pâtes). Commandez une salade de palmiste ou une assiette de marlin fumé pour rester couleur locale.

La Kaza

Sunset Bd ☎ 57.40.75.45 (port.), https://la-kaza.mu. Lun. et mer.-dim. 11h-23h (chanteur 18h30-22h). Plats 590-850 Rs.

De la mer à l'assiette, c'est le mantra de l'établissement. Si vous voulez manger des fruits de mer, vous êtes à la bonne adresse. Du gratin du lagon au plateau de fruits de mer marinés et grillés, en passant par camarons, homards ou crabes (250 Rs/100 g), il y a le choix. Terminez par le rhum maison, offert !

La Rougaille créole

Sunset Bd, School Lane (à l'arrière du parking de Sunset Bd) ☎ 263.84.49. Lun.-sam. 10h-22h, dim. 12h-22h. Plats 375-1050 Rs.

♥ L'adresse est sympa et la cuisine mauricienne a un goût de revenez-y : daubes, rougails et caris en tout genre. Fasciné, on suivra la « cérémonie » des bananes (ou ananas) flambées !

Eden Beach

Royal Rd (entrée ouest) ☎ 263.11.23. T.l.j. 9h-23h (18h le dim.). Plats 760-1750 Rs.

Un lounge bar-restaurant en bord de mer, les pieds dans le sable sur fond de ressac. Dans ce cadre paradisiaque, la cuisine est raffinée, plutôt axée fruits de mer (mais les carnivores ne sont pas oubliés) : tartare de poisson, pêche du jour, camarons et gratin de chouchou, mais aussi burgers de poisson (thon, daurade, vieille rouge).

Le Capitaine

Royal Rd (entrée ouest) ☎ 263.68.67, www.lecapitaine.mu. Lun.-sam. 11h-15h et 17h45-23h, dim. 10h30-16h. Plats 900-1800 Rs.

En face : la mer que l'on voit danser. Sur la table : langouste au sabayon vanille, huîtres, filet de poisson avec crème au pistil de safran. Il y a aussi des plats végétariens ou vegan tel un gratin de palmiste et d'asperges. On peut aussi se contenter de boire un verre au bar en acajou. Attention, certains poissons sont au poids.

Governor's House

Île Plate au large de Grand Baie ☎ 411.53.81 et 59.36.38.42 (port.), www.oazure.com. Forfaits 5500 Rs ou 6500 Rs (avec langouste) incluant croisière vers l'île, petit déj., apéritif, déjeuner BBQ, vins et boissons. Comptez la journée sur place (9h-17h30).

D'une trentaine de couverts, le « restaurant » est installé dans les ruines du XIXe s. de cette île, où l'on consignait en quarantaine les passagers des navires suspectés d'apporter des maladies.

BARS

Sunset café & trattoria

Royal Rd, près du grand carrefour B13/B11 ou La Salette Rd 263.96.02 et 263.90.69. T.l.j. 8h-22h. Petite restauration. Cocktails 380 Rs (sans alcool)-450 Rs.

Le plus beau poste d'observation sur la baie. S'y rendre pour siroter un ti-punch au coucher du soleil et consulter ses courriels (Wi-Fi). *Happy hours* 17h-19h.

The Beach House

Royal Rd, côté O de Grand Baie entre poste de police et église 263.25.99, www.thebeachhouse.mu. T.l.j. 12h-22h. Restauration. Cocktails 300-500 Rs. DJ, musique live.

L'enseigne n'est pas usurpée : c'est vraiment face à la mer et quelques escaliers mènent à la plage.

N'Joy

La Cuvette Beach 55.00.86.01 (port.), https://njoy.mu. Lun. et mer.-dim. 11h-minuit ou 1h selon les jours. Cocktails 200-400 Rs.

C'est l'adresse in-con-tour-na-ble de Grand Baie, juste derrière la plage de la Cuvette. On s'y rend pour *chiller* les pieds dans le sable, boire un verre, picorer, écouter de la bonne musique, voire danser. C'est déjà un vrai spectacle de voir le barman jongler avec bouteilles ou shakers pour réaliser des cocktails tous plus surprenants les uns que les autres. Enjouée, la cuisine bistronomique est au diapason : sélection de *gadjacks* (amuse-gueule mauriciens), carpaccio d'ourite, mais aussi panier de frites aux épices. La programmation musicale est dans le même registre, éclectique.

PÂTISSERIES

Pains & Moulins

Richmont Hill Complex (Super U), La Salette Rd 263.25.90 et 58.00.75.75 (port.), https://painsetmoulins.mu. T.l.j. 6h30-18h30 (dim. 6h30-13h). Autres boutiques à Curepipe, Bagatelle, Tamarin et Port Louis.

Une boulangerie-pâtisserie ! C'est un *Frenchie*, Manu Glize, qui a eu cette idée savoureuse. On s'y procure des pains complets, des pains au seigle, des pains aux olives... Vendus au poids entre 40 Rs et 100 Rs les 100 g. Les pâtisseries, comme les éclairs citron, caramel ou pistache sont à se damner.

La Pensée gourmande

Ch. Vingt Pieds 58.30.73.15 (port.). Mar.-ven. 10h-18h, sam. 9h-17h.

Eva Harel, chef à domicile, a installé sa petite boutique sur cette déviation de Grand Baie. On y trouve ses pâtisseries du jour, comme un cake aux pistaches et noisettes, mais aussi des glaces et sorbets de la maison Ducarouge, à base de fruits locaux. Quelques tables permettent de déguster sur place une salade ou un sandwich.

Maison Lux*

Royal Rd, Hôtel Lux* (p. 72) 209.22.00. Café-pâtisserie dans le grand lobby. T.l.j. 7h-22h. 325 Rs le gâteau.

Entrez dans l'hôtel pour acheter (ou déguster sur place), les pâtisseries de Marie Meunier, une Lyonnaise passée chez Christophe Michalak. Le muscovado (sucre mauricien) donne à ses glaces et gâteaux un petit goût irrésistible de caramel. Hyper régressif, le « coquille vanille » est l'un de ses best-sellers. Elle a à cœur d'utiliser des produits locaux : le café de Chamarel, la vanille de Vanill'art (p. 162), le tulsi, ou basilic sacré, qui donne un goût un peu poivré... Pour les gâteaux, venez entre 10h et 14h (ils disparaissent vite !).

SHOPPING

Établies de part et d'autre de Royal Rd (la rue principale), les boutiques de mode ne manquent pas à Grand Baie : c'est ce qu'on appelle « **Sunset Boulevard** ». Autre temple pour fashion addicts et cette fois sur trois étages : le **Grand Bay Store**, sur Royal Rd (263.05.56 ; lun.-sam. 8h30-17h, dim. 8h30-13h). Excentrés, **Super U/ Cœur de Ville** (La Salette Rd, 263.05.32, www.coeurdeville.mu) et **La Croisette** (ch. Vingt-Pieds 209.20.00, www.gblc.mu) lui font de l'ombre. Certaines boutiques sont *tax refund* (encadré p. 262).

Épicerie fine

L'Épicerie

Royal Rd, sortie N de Grand Baie, sur la dr. 59.19.17.08 (port.), www.epicerie.mu. Lun.-sam. 9h-17h, dim. 8h-12h30. Autres boutiques à Floréal, Tamarin et Trou d'Eau Douce.

On y trouve tout ce qu'il faut pour un pique-nique ou un repas improvisé.

Mode

The Show room by Goyave

The Vale (1er rond-point sur M2 après La Croisette) 55.03.11.30 (port.), www.goyave.mu. Mar.-ven. 9h30-17h, sam. 10h-17h.

Vous y trouverez les fameuses sandales Goyave, taillées dans des chutes de cuir récupérées ou dans le vacoas (1 500 Rs env.). Elles portent toutes le nom d'un village mauricien : Bel Air, Arsenal, Le Morne... La petite entreprise, créée en 2019 par Inès Cervello, est vraiment un succès.

Le Rendez-vous

La Croisette (Cinéma Mall) 54.56.74.55 (port.), www.lerendezvous.mu. Lun.-jeu. 9h30-19h30, ven.-sam. 9h30-20h30, dim. 9h30-16h.

Un concept-store où tout est « 100 % Moris ». Ce label regroupe une cinquantaine de marques locales, que ce soient les tops de Saskia ou les pulls de Riverwalk, la papeterie de The Little Big People ou les baumes de Koko Dezil.

SPORTS ET LOISIRS

Croisières

Centre nautique de Grand Baie

Sunset Bd, vers le grand carrefour, B13/Salette Rd 263.80.17/269.15.18, https://coralbelle.cruises. T.l.j. 8h-17h. À partir de 1000 Rs.

En catamaran : croisière d'une journée à destination de l'îlot Gabriel, avec 2h30 env. sur l'îlot. Comptez 1500 Rs pour cette excursion des plus classique (dont les prix varient, ailleurs, entre 2000 Rs et 2500 Rs). En semi-submersible avec le Nessee : le bateau doté d'une coque à fond de verre de 30 places vous emmène sur la barrière de corail. Attention les yeux ! Balade d'env. 1h45 (1000 Rs).

Food tour

Taste Buddies

266.74.96, https://tastebuddies.mu. Jeu. et sam., 4h env., 2450 Rs/pers. 2,5 km env. Départ et retour : Super U Grand post office.

Plus qu'un *food tour*, il s'agit d'un « home-made » tour avec des petites adresses goûteuses, qui vous révèle un autre Grand Baie, moins clinquant.

^ Noix de coco fraîches sur la plage

Location de vélos et scooters

E-Lab Mauritius

Royal Rd, près de l'hôtel Mauricia 57.13.72.63 (port.), www.e-labbikes.com. 500 Rs/j. pour un vélo classique, 800 Rs/j. pour un vélo électrique ou un e-scooter.

Vous pouvez aussi vous lancer dans une rando accompagnée dans le nord de l'île (6h et 3000 Rs).

Marche sous l'eau

« Solar » Under Sea Walk

Royal Rd, près de la plage publique 263.78.19 et 52.53.69.61 (port.), www.solarseawalk.com. Dép. 5 fois/j. Rés. Tarif unique : 2000 Rs env. Durée : 1h30 env. À partir de 7 ans.

Emportez maillot de bain et serviette, le reste est fourni, à savoir le casque-boîte, qui enveloppe tête et épaules et vous alimente en oxygène. Transparent, il vous permet de marcher à 3 ou 4 m de profondeur.

Pêche au gros

Sport Fisher

Sunset Bd, Royal Rd 263.83.58 et 57.42.79.15 (port.), www.sportfisher.com. Pour 6 pers. (dont 3 pêcheurs).

Les bateaux sont loués à la demi-journée ou à la journée. À partir de 25000 Rs.

MONT CHOISY

OÙ DORMIR

Mystic Lifestyle Boutik Hotel

Royal Rd ☎ 204.55.00, www.newmarkhotels.com. Piscine. Bar en rooftop. Restaurant de plage #36 (entre 600 Rs et 1500 Rs le plat principal). Autour de 11500 Rs.

Sur l'une des plus belles plages de Maurice, avec 33 chambres (spacieuses) et suites, il fait partie de la génération de boutiques-hôtels à taille humaine. Le groupe sud-africain Newmark, qui l'a repris en main, entend bien en faire l'un de ses fleurons. À proximité des bus et de Grand Baie, c'est un point de chute idéal pour explorer le nord de l'île. Choisissez si possible une chambre éloignée de cette fameuse Royale Rd, très passante.

Flowers of Paradise

Royal Rd ☎ 265.63.56, https://hotel-paradise-mauritius.mu. Petite piscine. Autour de 15000 Rs.

Les pieds dans l'eau, voici un petit hôtel indépendant avec bungalows et lits baldaquins rétro. Ouvert à tous, son restaurant (plats 900-1500 Rs), logé sous un toit en paille de canne à sucre, offre un menu gastronomique (3600 Rs) qui sort des sentiers battus : poisson cuit dans une feuille de bananier, babafigue (fleur de bananier), etc.

PEREYBÈRE

OÙ DORMIR

Hôtels

Dodola Lodge

Royal Rd, Corner Jolicoeur ☎ 263.81.40, https://dodolalodge.com. Massages sur place et sur rés. Autour de 3000 Rs (min. 2 nuits en haute saison).

Pas besoin de piscine, la plage est à deux pas! Voilà une adresse sans chichis et calme (en retrait de la B13), où certaines des 18 chambres proprettes possèdent une kitchenette. Ce qui permet de contrôler son budget.

Bleu de Toi guest house

Coastal Rd ☎ 269.17.61 et 57.54.44.29 (port.), www.bleudetoi.mu. 11 ch. et 4 studios avec kitchenette. Piscine. À partir de 7000 Rs.

Vous hésitez entre le charme d'un petit hôtel et la convivialité d'une chambre d'hôtes ? À 6 min à pied de la plage et à l'écart de la route, l'adresse, enfouie sous les bananiers et les palmiers, offre les deux. Et en plus, elle est coquette.

Ocean V Hotel

Corner Royal Rd & Old Mill Rd ☎ 260.22.00, https://searesortshotels.com/ocean-v/. Piscine à débordement en rooftop. Prêt de vélos. Plage (de l'autre côté de la B13). 2 restaurants, l'un en rooftop, l'autre chinois (dîner exclusivement). Spa. Autour de 7500 Rs. Adultes seulement.

Récent, ce boutique-hôtel de 38 chambres à la déco très océanique n'autorise entre ses murs que les adultes (plus de 16 ans). Le petit déj. et la piscine en rooftop sont vraiment un bonheur.

Résidence hôtelière

Le Beach Club

Coastal Rd ☎ 263.51.04 et 263.52.02, www.le-beachclub.com. 9 studios et 7 appart. sur la plage publique. Autour de 6000 Rs (min. 2 nuits en haute saison).

Studios et apparts (2 ch.) à la décoration épurée sont spacieux (min. 50 m^2). Certains ont vue sur mer (plus chers, évidemment). Le bar-restaurant peut assurer le petit déj. (inclus dans le tarif) et un panier-repas pour les dîners (BBQ certains soirs). Bémol pour les nomades numériques: le Wi-Fi a des problèmes récurrents.

OÙ MANGER

Un bon plan: les marchands ambulants de la plage publique (dholl puris, samoussas, etc.).

Bloom

Chemin du Vieux Moulin Cassé (Old Mill Rd) ☎ 268.30.36, https://bloommauritius.com. Ouv. 7h30-15h30. Plats 400-700 Rs.

Un petit creux vers midi? Cet établissement lumineux, branché et hyperconnecté concocte une cuisine *healthy*. Commandez bowls, burgers ou salades: tout est issu d'une agriculture locale, souvent bio. Les jus vous requinquent: ananas-gingembre, pomme-concombre, orange

Simple comme un clic

Pour un **hôtel** ou une **résidence hôtelière**, il y a les prix officiels. Et puis les tarifs qui peuvent être affichés en **promotion sur le site Internet** (inférieurs de moitié, parfois) ou donnés au téléphone. Surtout dans le nord, où la concurrence est vive.

(225 Rs). On y trouve aussi un concept store, Goyco (mode).

TROU AUX BICHES

OÙ DORMIR

Hôtels

Le Grand Bleu Hôtel

Coastal Rd ☎ 265.58.12, www.legrandbleu hotel.com. 62 ch. dont 28 ont vue sur la mer. 2 piscines. Activités incluses: pédalo, kayak, tennis de table, billard. Autour de 6000 Rs, petit déj. inclus.

Les familles opteront pour l'un des bungalows de cet hôtel sans prétention, où la plage est de l'autre côté de la route. Centre de fitness.

La Tonnelle

Coastal Rd ☎ 54.99.68.55 (port.), https:// latonnellehotel.com. Piscine. Centre de plongée sur place. Masques et tubas prêtés. Restaurant. Autour de 6000 Rs (min. 3 nuits en haute saison).

Entre maison d'hôtes et petit hôtel familial (ou guest house), La Tonnelle tire son épingle du jeu dans le très touristique Trou aux Biches. Si une route la sépare de la plage, son centre de plongée sur place (le Dive Spirit de Thierry) et les repas partagés le soir, où l'on fait connaissance avec ses hôtes, sont un vrai plus.

Le Sakoa Boutik Hotel

Royal Rd ☎ 265.52.44, www.lesakoa.com. 16 ch. dont 6 avec vue sur la mer. Restaurant, bar. Piscine. Massages et soins sur place. Autour de 13500 Rs en demi-pension.

♥ Avec 7 bungalows coiffés de chaume, ce boutique-hôtel sur la plage offrirait le plus beau coucher de soleil de l'île, à admirer de sa terrasse. Activités offertes: pédalo, paddle, wake board et kayak. Bon à savoir: l'hôtel dispose à 5 min d'une annexe, Be Cosy Apart Hotel, avec studios et appartements pourvus de kitchenettes (jusqu'à 5 pers.).

Maison d'hôtes

La Sorellina

Coastal Rd ☎ 265.62.47 et 57.58.23.22 (port.), www.lasorellina.net. 1 studio. Autour de 3500 Rs, petit déj. inclus.

À 15 min à pied de la mer, une adresse discrète et conviviale, celle du skipper, Thierry, de *La Sorellina* (p. 78). Piscine dans le jardin, parking privé.

Locations

C'est Ici

Coastal Rd ☎ 265.52.31, www.cest-ici.com. 2 studios, 5 appart., 1 bungalow, 1 villa. Autour de 7500 Rs (sans petit déj.).

L'ensemble, coquet, est sur la plage. Atout: le bus à 200 m pour Port Louis, Pamplemousses ou Grand Baie.

OÙ MANGER

La Plage

Coastal Rd ☎ 260.75.07 et 54.51.71.32 (port.), www. evaco-laplage.mu. T.l.j. 9h-22h. Plats 500-800 Rs. Loc. transats et parasols (400 Rs la demi-j., 800 Rs la j.)

♥ Vous pourrez déguster les pieds dans le sable aussi bien un gratin de palmiste au canard qu'un vindaye d'ourite ou une pizza.

Le Pescatore

Coastal Rd, près de l'hôtel Trou aux Biches, dir. Grand Baie ☎ 265.63.37 et 265.69.73, www.lepescatore.com. Mar.-sam. 12h-14h et 19h-22h. Menus 1880 Rs et 4200 Rs, plats 900-2900 Rs (langouste).

Une table réputée (mais chère). La cuisine raffinée à base de produits de la mer, qui ose des associations originales du type langouste/sauce bergamote ou canard au fangourin (jus de canne à sucre) et le cadre romantique, face au lagon, justifient l'addition.

SPORTS ET LOISIRS

Croisières

La Sorellina

Coastal Rd ☎ 265.62.47 et 57.58.23.22 (port.), www.lasorellina.net. 4000 Rs env. pour la journée (9h-16h).

Dans le parc marin de Balaclava (p. 70), l'escapade à bord du voilier permet d'accéder aux lagons de faible profondeur, et ceci en petit comité (6-7 pers. max). Le plus: chacun peut apprendre à barrer le bateau. Bref, du tourisme hors des sentiers battus.

Pêche

La Rochelle Fishing Charters

22, Coastal Rd ☎ 265.79.67 et 59.10.59.29 (port.), www.larochellepeche.com. 16000 Rs pour la journée.

Alain Marie-Jeanne vous emmène à la pêche au gros ou à la petite traîne... Le matériel, le repas et les boissons sont compris dans les deux cas.

Plongée

Blue Water Diving Center

Coastal Rd, vers le restaurant Le Pescatore (p. 77) ☎ 265.67.00, 265.71.86 ou 58.58.22.26 (port.), http://bluewaterdivingcentre.com

♥ Il s'agit du centre d'Hugues Vitry, plongeur et photographe de renom. L'homme, qui danse avec les requins, se bat aujourd'hui pour leur survie à l'île Maurice (encadré ci-contre). Ici, lors des baptêmes de plongée, on respecte strictement les règles: un moniteur, un plongeur (3 650 Rs, bouteille et plombs sont fournis). Sorties à la demi-journée ou à la journée. L'observation des baleines et des cachalots fait aussi partie des attributions du centre (5600 Rs).

Plongée en sous-marin ou en scooter

Blue Safari Submarine

Coastal Rd, vers le restaurant Le Pescatore (p. 77) ☎ 263.33.33 et 59.42.33.10 (port.), www.blue-safari.com. T.l.j. 8h30-16h30 (en été) ou 15h30 (en hiver). Sous-marin 5670 Rs (env. 2h), scooter sous-marin 7500 Rs/2 pers. (env. 30 min sous l'eau).

Pendant cette plongée en sous-marin, jusqu'à 35 m de profondeur, on reste scotché, fasciné devant les hublots, même si la profondeur fait disparaître certaines couleurs, comme le rouge. Les places sont limitées à 10 personnes. Il y a même des sorties pour les amoureux avec champagne à bord! On peut aussi conduire un scooter (dans une vraie bulle) à 3 m sous la mer. L'invention a d'ailleurs un succès fou: se retrouver parmi les poissons est jouissif.

POINTE AUX PIMENTS

OÙ DORMIR

Villas Mon Plaisir Hôtel

Royal Rd ☎ 261.79.80 et 261.74.71, https://villasmonplaisir.com. 48 ch. Piscine. Autour de 6500 Rs en demi-pension.

Avec la plage en face, niché sous les filaos, cet hôtel trois-étoiles offre des activités comme billard, pétanque, pédalos, kayak ou planche à voile. Un bon rapport qualité-prix malgré des salles de bains un tantinet vieillottes.

Des requins et des hommes

En plongée, la région nord a des spots réputés, comme l'épave du *Silver Star* ou le fabuleux mur du Whale Rock. Mais les requins à queue noire, dits requins manzelles, ont déserté leur fosse, près de l'île Plate: la faute à une pêche intensive. Depuis, un plongeur comme Hugues Vitry (ci-contre) garde obstinément le secret sur les nouvelles fosses à requins qu'il découvre.

Récif Attitude Hôtel

Royal Rd ☎ 204.38.20, www.recif-hotel-mauritius.com. 70 ch. Restaurants, bar, piscine, spa. Autour de 10000 Rs en demi-pension. Adultes seulement.

♥ Sur la plage, ce petit trois-étoiles, qui fait partie du groupe Attitude (encadré p. 73), a choisi une déco contemporaine épurée (rarissime). Il possède même un *food truck*, Taba-J, où l'on peut déguster la *street food* locale. *Eco friendly*, il a banni l'usage du plastique à usage unique. Activités offertes: kayak, pédalo, plongée en apnée. Le spa Poz utilise des produits mauriciens (café de Chamarel, huile de moringa, etc.).

BALACLAVA

OÙ MANGER

Anno 1743

Maritim Resort & Spa, Baie aux Tortues ☎ 204.10.00, www.maritimresortandspa.mu. Ven. seulement 19h-22h. Plats 500-1500 Rs.

C'est l'un des six restaurants de l'hôtel, ouvert parcimonieusement comme les autres aux non-résidents. Dans le décor « industriel chic » et hors du temps d'un ancien moulin à poudre du XVIIIe s., on savoure une cuisine de brasserie. Le bar The distillery possède une collection exceptionnelle de rhums, annoncée comme la plus importante de l'île Maurice.

‹ Sortie en voilier dans le parc marin de Balaclava

Coup de cœur de l'auteure

DIVALI, LA FÊTE DES LUMIÈRES

Divali, qui marque le début de l'été austral, est la fête de la Lumière. Selon la mythologie, elle célèbre la victoire du bien sur le mal. Mais c'est aussi une fête de partage, où l'on offre des gâteaux à ses parents, amis... ou passants.

^ Gâteaux moutaille pour Divali

Mille feux

Pour l'occasion, Maurice brille de mille feux. Des lumières partout. Des guirlandes lumineuses de toutes les couleurs. Ou simplement des lampes en argile, allumées aux quatre coins des maisons. À coups de feux d'artifice, de pétards et de concerts, on célèbre la victoire mythologique du bien contre le mal, l'anéantissement du démon Ravana, aux 10 têtes et 20 bras, et le triomphe du seigneur Rama. Cet avatar du dieu Vishnu s'en revient dans son royaume d'Ayodhya après 14 ans d'exil. Toutes ces lumières sont destinées à éclairer son chemin (*divali* signifiant une rangée de lampes). Partout, on entend « Om shanti, shanti, shanti » traduit imparfaitement par un « Que la paix soit ! ».

À Maurice, Divali est une fête nationale, qui n'est pas sans répercussions économiques. Les entreprises arrêtent leurs comptes, les centres commerciaux lancent pour l'occasion des soldes monstres.

PRATIQUE

Quand ?

Selon le calendrier hindou, en octobre ou novembre, dans le mois de kartika. La fête coïncide avec la « nouvelle lune », amāsvāsyā. Elle dure cinq jours, deux jours avant, deux jours après. Le jour même est fête nationale.

En 2024 : 1er novembre

En 2025 : 20 octobre.

Où ?

À Triolet (près de Grand Baie), qui compte une importante communauté hindoue. Ou à Port Louis, toute illuminée.

^ Des centaines de lumières sont allumées pour la fête

UNE GRANDE AFFAIRE

Dans les familles indo-mauriciennes, même catholiques, la fête se prépare bien en amont. Une semaine avant, dans la maison, les familles attaquent le ménage du sol au plafond. « Tout doit être nickel », résume Ashvin Pothano, notre blogueur culinaire (encadré p. 49). Autre grande affaire : les emplettes de Divali. Des petites lampes, des bougies, bien sûr. Mais aussi toutes les provisions qui serviront à la préparation des gâteaux : farine de pois chiches ou de pois cassés, lait concentré, etc. Ce jour-là, on doit aussi porter des habits neufs.

Des gâteaux pour présents

La veille ou le matin même de Divali, l'entrée de la maison se pare au sol d'un *rangoli* tout aussi éphémère que haut en couleur. À base de riz pigmenté, de grains, de perles, de pétales de fleurs, ce motif vous signifie tout simplement que vous êtes les bienvenus. Dans la cuisine, dès 7h du matin, on s'affaire. « Chez nous, on prépare cinq variétés de gâteaux, une cinquantaine pour chaque variété », précise Ashvin. « Tous ces gâteaux, on va les porter, en cadeau, aux voisins. On fait le tour de ses amis... », reprend-il. Les passants s'en voient offrir. N'hésitez pas à accepter l'un de ces gâteaux emblématiques de Divali comme « le gâteau patate », beignet de patate douce à la noix de coco, parfumé à la cardamome.

4 L'EXTRÊME Nord

Loin de l'agitation de Grand Baie, la route musarde au bord de la mer ou bien s'aventure dans les champs de canne à sucre, dominés par d'imposantes « pyramides créoles » de blocs basaltiques, arrachés pour faire place nette. Il y a tant à faire ! Attendre le retour des pêcheurs. Flâner sur les marchés comme celui de Goodlands. Mettre le cap sur l'île d'Ambre, qui n'est qu'à 400 m de l'île mère, pour y croiser en chemin de rares tortues marines. Défier le vent en kite. Ou s'offrir un petit shoot de nostalgie sur la plantation de Labourdonnais.

PRATIQUE

• Carte p. 65
• Nos adresses p. 86

Se déplacer

En bus

• Pour rejoindre la plage de Cap Malheureux, empruntez le n° 95 (TBS) Pamplemousses-St Antoine ou le n° 82 Port Louis-St Antoine. L'arrêt est devant l'église. Grand Gaube est accessible par les mêmes bus.

• Pour le marché de Goodlands, il faut aller jusqu'au terminus des lignes n° 228 (TBS) Grande Pointe aux Piments-St Antoine ou n° 231 (TBS) Grande Pointe aux Canonniers-St Antoine.

• Pour Poudre d'Or, cela nécessite un changement à St Antoine avec le 26 (Individual Opérateur) ou le 53 (NTC) Saint Antoine-Central Flacq.

Notre-Dame-Auxiliatrice

L'ESSENTIEL

À ne pas manquer

Le château de Labourdonnais ; l'église de Cap Malheureux.

Expériences

Découvrir l'e-foil à Anse La Raie ; manger les pieds dans l'eau à Cap Malheureux ; bivouaquer sur l'îlot Bernache.

Les plus belles plages

Plage de Cap Malheureux ; plage de Bain Bœuf.

À vélo

Location Yemaya Adventures (p. 87).

Conseil

Se garer un jour de marché à Goodlands ? Il y a souvent des places sur le parking de l'église Sainte-Claire (de l'autre côté de l'A5).

Vers Cap Malheureux ✧✧

Cap Malheureux… Le site est pourtant idyllique. D'où lui vient ce nom fâcheux ? Des nombreux naufrages qu'il aurait enregistrés par le passé ? Du débarquement sur le site des troupes anglaises en 1810, qui sonna le glas de « l'isle de France » ? Allez savoir… Au large se profile le **Coin de Mire**. Cet îlot, sur lequel on ne peut pas accoster, a l'allure caractéristique de ces cales que l'on posait pour ajuster la visée d'un canon. Ce cadre fait le charme des jolies plages de Bain Bœuf et Cap Malheureux, mêlant sable et rochers noirs.

CAP MALHEUREUX ✧✧

À 5,5 km N-E de Grand Baie par la côte (B13).

Après le cap du même nom, le petit village de Cap Malheureux, avec ses quelques pêcheurs et sa plage publique, intéressera tous les amateurs de photos. Faisant face à l'océan, **Notre-Dame-Auxiliatrice**, une église au toit rouge flanquée d'un flamboyant, est sur tous les catalogues de tourisme. Lors des offices (sam. 18h, dim. 9h30), une petite foule se presse dans l'édifice dépouillé où volettent des oiseaux et où ronfle un ventilateur. La carte postale s'anime !

Anse La Raie

À 7 km N-E de Grand Baie par la côte (B13).

À Anse La Raie, un sanctuaire en l'honneur de Kali, Shiva et Parvati contemple la mer, avec l'île Ronde en toile de fond. Des corolles dansent dans le ciel : nous sommes dans l'un des hauts lieux du kite à Maurice. On y découvre même l'e-foil (le surf électrique volant). On se sent déjà loin de l'agitation touristique, même si de nouveaux hôtels-clubs

^ Petit sanctuaire hindou à Anse La Raie

sortent du sable. Sur la gauche, des chemins partent vers **Butte à l'Herbe** ou **Calodyne**. Ce littoral encore sauvage et venté annonce la transition avec la côte au vent.

Grand Gaube ✧

À 12,5 km E de Grand Baie par l'intérieur des terres.

Quelques boutiques, une plage en eau peu profonde, voici le village de **Grand Gaube**. Majoritairement créole, il n'a rien d'autre à offrir que son authenticité et son apparente tranquillité (des arrestations pour drogue font assez régulièrement la une des journaux mauriciens)... et c'est déjà beaucoup! On peut aller flâner dans le pittoresque **quartier Saint-Michel** (route à g. après le stade en allant vers le centre) pour visiter l'église Saint-Michel avec son chemin de croix très coloré, revisité par le peintre mauricien Vaco (1940-2023).

Si les pirogues traditionnelles du Nord ont adopté le plastique, Grand Gaube n'en a pas moins conservé ses régates, début octobre, à la Saint-Michel. Entre pique-nique et concerts, il y a de l'ambiance sur la plage publique d'où l'on suit cette compétition (Nelson Rd).

INSOLITE *Sentier sous-marin*

Unique à Maurice, un sentier sous-marin a été aménagé au cœur de la zone volontaire de Conservation d'Anse La Raie. En échange de la fermeture d'une partie du lagon à la pêche, les pêcheurs, qui ont suivi une petite formation, sont autorisés à emmener les touristes sur le site de la zone protégée (rétribution à prévoir). Celle-ci est à 10 min en bateau du littoral. Là, un chemin émaillé de panneaux, que l'on peut suivre avec masque, palmes et tuba, a été aménagé sous l'eau *(longueur du parcours : 250 m ; durée : 20 min env.)*.

ÎLE D'AMBRE ✧

À 400 m de l'île Maurice. Accessible par bateau, kayak, paddle.

Entourée de mangrove, l'île est un confetti (126 ha). Elle fut le théâtre du célèbre naufrage du *Saint-Géran* en 1744, qui inspira son *Paul et Virginie* à Bernardin de Saint-Pierre. Cette histoire d'amour chaste qui finit mal, Virginie mourant dans ce naufrage, a fait couler des millions de larmes depuis sa parution en 1787! On décida, pour éviter le retour d'une telle tragédie, d'y planter quelques cocotiers et de faire venir une poignée de colons sur l'îlot.

Aujourd'hui, l'île, englobée dans le parc national des Islets (huit îles au total), est inhabitée, et tout est fait pour protéger sa forêt de mangliers (palétuviers). Aménagé, un sentier de 2,2 km, l'**Amber Trail**, la traverse de part en part. Mais on ne trouve plus dans ses parages de l'ambre gris, substance précieuse produite dans l'intestin des cachalots avant d'être rejetée à la mer.

Poudre d'Or ✧

À 14 km S-E de Grand Baie via Goodlands Bypass Rd.

Poudre d'Or a la nonchalance des villages oubliés. Les trains ne s'y arrêtent plus et l'on cherche en vain des chercheurs d'or qui n'ont sans doute jamais existé. Les romantiques iront se recueillir sur les lieux du naufrage du *Saint-Géran*.

Tout au fond du village, au bord d'une mangrove, dans un fouillis végétal, un petit monument, élevé en 1944, en garde le souvenir (fléchage). Difficile d'imaginer cette tragédie dans la paix du soir, quand le navire fut projeté par une tempête sur les récifs de l'île d'Ambre alors qu'il touchait presque au terme de son voyage de cinq mois depuis Lorient (France). Sur les 121 passagers et membres d'équipage, neuf hommes et une femme survécurent en nageant jusqu'à l'île.

LA PAUSE

Sur le pouce

N'hésitez pas, pour quelques roupies, à déguster sur le **marché de Goodlands** des gâteaux piments, qui ne sont pas vraiment pimentés. Recette typiquement mauricienne... À base de pois cassés (*dholls*) écrasés ou mixés, ces beignets peuvent être parfumés au cumin ou à la coriandre. On peut aussi les emporter pour l'apéritif, mais ils se dégustent de préférence chauds!

Goodlands

À env. 10 km S-E de Grand Baie, via The Vale.

Goodlands et son **marché** aux fruits et légumes, qui se tient le mercredi et le samedi, c'est un monde plein de couleurs, de sourires et de mots chantants! Il y a foule sous le toit en tôle ondulée. Des Mauriciens, presque exclusivement. On s'interpelle d'un « *ki manyer?* » (ça va?) et on navigue entre margozes (des légumes condiments aux formes plutôt torturées), bringelles (aubergines), chouchous (christophines) et autres calebasses.

Autres intérêts de cette grosse bourgade: l'atelier de fabrication de maquettes de bateaux **Historic Marine** (p. 89), où certaines commandes spéciales peuvent demander 18 mois de travail. Et deux ou trois magasins d'usines en prêt-à-porter.

Château de Labourdonnais ✧✧✧

Mapou. À 10 km S de Grand Baie, via M2 ☎ 266.30.07, https://domainedelabourdonnais.com. **Visite**: t.l.j. 9h-17h; entrée: 650 Rs, incluant le château, le musée souterrain, la ferme et ses animaux, et une dégustation de rhum, pâte de fruits et jus de fruits. **Visite du château seul et dégustations**: 500 Rs. **Visite du jardin et des animaux de la ferme uniquement**: 200 Rs.

C'est une belle histoire et quasiment une résurrection. Le « château » (1859) de la famille Wiehe – d'origine danoise – gardait ses volets obstinément clos. Chahuté par les cyclones, il a été entièrement restauré, des parquets à la toiture, retrouvant même sa varangue d'origine. Un travail de titan ou de fourmi, qui a mobilisé nombre d'artisans, de charpentiers, ébénistes, ferronniers, tapissiers tant européens que mauriciens. Budget global estimé: 2300000 €!

Aujourd'hui, le château a ouvert un petit **musée sucrier** souterrain, près de la cheminée ancestrale. À l'arrière, et toujours sur le domaine, a surgi un tout nouveau quartier, à la fois d'affaires et de boutiques: le **Quartier des Serres** (p. 89).

> Voir aussi le coup de cœur de l'auteure: Le château de Labourdonnais (p. 90).

• NOS ADRESSES •

CAP MALHEUREUX

OÙ DORMIR

The good life Mauritius

Royal Rd ☎ 54.89.26.63 (port.), www.thegoodlifemauritius.com. 8 ch. Piscine. Restaurant sur place (8h-15h, même pour les non-résidents). Plat principal 425-525 Rs. Adultes seulement. Autour de 10500 Rs.

♥ Dans un jardin luxuriant où les arbres à pain cohabitent avec les bananiers, on découvre huit écolodges où l'eau est chauffée par le solaire, la climatisation sur minuteur et le plastique à usage unique, banni. Sur place, la cuisine est *healthy* avec ses jus détox, ses smoothies et ses accents végétariens, même si l'on trouve un summer poke bowl avec du thon. Antoine et Estelle, les propriétaires, sont de bons conseils pour organiser les loisirs.

OÙ MANGER

Le Capre

Pavillon (avant l'église en venant de Grand Baie, au niveau du terrain de foot, tourner à dr.) ☎ 262.64.38 et 57.97.40.90 (port.). Lun.-sam. midi et à partir de 18h30. Animation musicale le soir. Plats autour de 400 Rs.

Une cuisine de poissons, simple, familiale, mauricienne: poisson à la créole, cari de poulpe... et langouste (1250 Rs pour 500 g). Le p'ti rhum arrangé offert par la maison achève votre conquête.

Lakaz Sandrin

Sur la plage ☎ 57.50.98.46 et 57.42.24.23 (port.). Mar.-dim. 11h30-16h. 500-1000 Rs.

♥ La table, ici, peut être dressée dans l'eau face au Coin de Mire pour un pique-nique royal de poisson grillé, gambas et langouste. Ti-punch de rigueur pour ouvrir l'appétit.

Excursion vers l'île d'Ambre >

ANSE LA RAIE

SPORTS ET LOISIRS

Ion Club

Près de l'hôtel Paradise Cove ☎ 59.72.95.68 (port.), www.ion-club.net/fr/anse-la-raie. T.l.j. 9h-17h. À partir de 17000 Rs pour 6h de cours de kite. Loc. de matériel.

À Maurice, le kitesurf est le sport dans le vent, dans tous les sens du terme. À Anse La Raie, ce vent souffle près de 300 jours par an, la meilleure période restant mars-décembre. Les tarifs de ce club présent aussi au Morne incluent combinaison, harnais, leash, gilet et casque. Sachez qu'un débutant a besoin de 10 à 20h et qu'une initiation peut être faite dès 6 ans. Autre sport de glisse: l'e-foil (surf électrique volant).

CALODYNE

OÙ DORMIR

Hôtel

Zilwa Attitude Hôtel

Royal Rd ☎ 204.98.00, http://zilwa-hotel-mauritius.com. 214 ch. dont 43 ch. communicantes. Autour de 15000 Rs.

Ce quatre-étoiles est un peu le « laboratoire » du groupe Attitude (encadré p. 73). Il développe ici grandeur nature son concept, où le client se voit proposer de vivre, de l'intérieur, la condition de *zilwa* (îlien)... mais le confort et le farniente en plus! De style rustique, les chambres ont le béton ciré des campements (maisons typiques du bord de mer) mauriciens, et leurs murs affichent des *sirandanes* (devinettes créoles, p. 243). L'hôtel n'en offre pas moins 4 piscines, 7 restaurants, 1 spa Poz et une foule d'activités gratuites: paddle, kayak, planche à voile, plongée en apnée, bateau à fond de verre, etc. Il est également doté d'une école de kitesurf. De plus, il dispose de deux îlots privés, ce qui constitue le rêve de Robinson! Les enfants ont leur miniclub. Possibilité de sortie avec un pêcheur, d'un dîner chez l'habitant... Autant d'expériences « otentik » qui comblent le *zilwa* d'adoption.

SHOPPING

The Body Bar by In'Fusion

Royal Rd, Saint-François ☎ 57.47.72.31 (port.). Lun.-ven. 8h30-16h30, sam. 9h30-12h30.

Dans une boutique vintage, au bord de la route (B 13), on trouve une mine de cadeaux – savons artisanaux parfumés coco, gingembre, miel ou chocolat, huiles essentielles, crèmes – au packaging séduisant. À l'arrière se trouve le labo de Nathalie Marot, qui a réussi à se faire une belle clientèle d'hôtels de luxe et d'amateurs avertis.

SPORTS ET LOISIRS

Kayak de mer

Yemaya Adventures

Calodyne ☎ 57.52.00.46 (port.), www.yemayaadventures.com. 2500 Rs.

Il est possible de rejoindre l'île d'Ambre (p. 85), à 300 m de la côte, à la force du

poignet et de la pagaie *(3h l'A/R)*. Ex-champion cycliste, Patrick Haberland est aussi un spécialiste des balades-rando à vélo.

> Voir aussi la balade sportive: À VTT dans le parc de Bras d'Eau (p. 128).

Sorties en mer

Isabelle Tuffigo

Calodyne 57.88.88.78 (port.), www.isa-mauritius.com. Destinations: l'îlot Gabriel et l'île Plate en catamaran.

Cette Mauricienne d'adoption, que tout le monde connaît comme « Isa », propose l'îlot Gabriel (p. 68) en catamaran (la journée à partir de 3 000 Rs/pers., barbecue et boissons compris), ainsi qu'une virée pour admirer les tortues de mer si elles veulent bien se montrer (15 000 Rs pour 2 pers.) dans une sortie axée sur la flore et la faune du nord.

GRAND GAUBE

OÙ DORMIR

Hôtels

Veranda Paul et Virginie

Royal Rd 209.24.00 et 260.51.01 (rés.), www.veranda-resorts.com. 81 ch. 2 restaurants, 2 bars. Piscines. Spa Seven Colours. Autour de 13500 Rs en demi-pension. Couples seulement.

Ici, toutes les chambres ont vue sur la mer. Romantique, avec des hamacs pouvant être à double place, l'hôtel situé sur la plage est parfait pour les lunes de miel ou les « renouvellements de vœux »! Activités offertes: aquagym, planche à voile, plongée en apnée.

Locations

Les Banyans

Saint Michel Rd, près de l'église Saint-Michel 454.92.31 et 52.57.15.39 (port.), https://villasbanyanmauritius.com. 6 bungalows de 3 ch. (jusqu'à 6 pers). Piscine. Acompte demandé par virement bancaire au moment de la rés. 10000 Rs la villa/nuit hors petit déj. (min. 5 nuits en haute saison).

Dans un beau verger, l'ensemble, caché par de hauts murs, donne sur la mer.

OÙ MANGER

L'Atelier

Mythic Suites et Villas, Disa Lane 282.42.42, www.mythic-resort.com. T.l.j. 8h-22h (17h lun.). Ouv. aux non-résidents. Plats 600-1490 Rs.

À l'entrée d'une résidence de location de villas, ce petit restaurant à l'esprit bistrot sert salade de palmiste et marlin fumé, filet de poisson grillé ou burgers, classique ou veggie. Les gourmands se réservent pour le dessert Victoria (ananas rôti et caramel...). L'adresse, en pleine campagne, vaut un petit détour.

SPORTS ET LOISIRS

Barque traditionnelle

King Seggae Groove

54.91.81.87 et 54.78.60.19 (port.). Départ (9h30) près de l'hôtel Paul et Virginie. 2550 Rs (pique-nique et boissons compris). Retour 16h.

Au rythme du seggae, mix entre sega et reggae, on s'embarque *(10 passagers max.)* pour la journée sur l'îlot Bernache avec le capitaine Wes et/ou son neveu. Précision utile: la barque est équipée d'un moteur!

POUDRE D'OR

SPORTS ET LOISIRS

Le Grand Bleu Excursion

Rue du Débarcadère 59.03.16.09 (port.), www.grandbleuexcursionilemaurice.com. Départ de Poudre d'Or à 9h, retour vers 16h. Entre 4 et 16 pers. 2000 Rs, repas compris (4500 Rs avec langouste).

Au programme : îlot Bernache et île d'Ambre, avec baignade dans le lagon. Patrick Karia, fils de pêcheur et pêcheur lui-même, propose aussi des sorties pêche et, aux aventuriers dans l'âme, un bivouac sur l'îlot Bernache.

> Voir aussi le coup de cœur de l'auteure: Camping ou glamping, en version roots ou en version luxe (p. 126).

GOODLANDS

OÙ DORMIR

Chambres d'hôtes

La Demeure Saint-Antoine

Royal Rd, St-Antoine, à la sortie de Goodlands en dir. de Poudre d'Or, fléchage sur la g. ☎ 282.18.23, et 59.31.71.97 (port.), http://lademeuresaintantoine.com. 4 ch. Autour de 13 700 Rs.

La nostalgie est toujours ce qu'elle était sur cette plantation, où la demeure, construite par Edmond de Chazal en 1830, ne fait pas son âge respectable. Lits à baldaquin et connexion Internet coexistent. Le jardin est magnifique.

OÙ MANGER

La Demeure Saint-Antoine

Voir ci-dessus. Mar.-sam. 12h-14h30 et sur rés. le soir 18h30-21h30. Plats 980-1200 Rs. (service non compris).

♥ Sur un domaine sucrier, l'une des plus belles demeures coloniales de l'île propose une cuisine de marché aux accents créoles. Argenterie en main, on savoure cari de cochon marron, rôti de cerf...

SHOPPING

Magasins d'usine

IN'AM Factory Shop

À la sortie de Goodlands vers Petit Raffray, à dr. sur la B14 ☎ 282.17.00. Lun.-ven. 9h15-17h, sam. 9h15-13h. Boutique *tax refund* (p. 262).

C'est le magasin d'usine de la marque mauricienne IN'AM. Spécialisée au départ dans la maille, elle travaille aussi le lin et le coton. On y trouve aussi des cachemires, un produit tendance sur l'île.

Maquettes de bateaux

Historic Marine

Z.I. Saint-Antoine ☎ 283.93.04, www.historic-marine.com. Lun.-ven. 9h-17h, sam.-dim. et j.f. 9h-12h.

Vous trouverez en maquette des bateaux mythiques, comme le *Santa Maria* qui a participé à la découverte de l'Amérique ou l'*Astrolabe* de La Pérouse lors de son expédition autour du monde (1785-1788). Ou encore les bateaux de Tintin. Certaines commandes peuvent demander 18 mois de travail.

MAPOU

OÙ MANGER

La Table du Château

Domaine de Labourdonnais ☎ 266.71.72, www.tableduchateau.com. T.l.j. au déj. et lun.-sam. au dîner. À la carte et 4 menus de 1500 Rs (uniquement au déj.) à 3000 Rs (uniquement le soir).

En terrasse avec vue imprenable sur le château de Labourdonnais, le contenu de l'assiette est à la hauteur du cadre. Les plats sont tous créatifs: langouste déglacée à la vanille ou arouille en purée sur une souris d'agneau. Le chef, Fabio de Poli, utilise à merveille le potager et le verger du domaine.

SHOPPING

La Corbeille

Domaine de Labourdonnais, Quartier des Serres ☎ 26630.04. Lun.-ven. 8h-18h, sam. 8h-17h.

Dans cette épicerie fine, on achète fruits du domaine, pâtes de fruits, rhum Labourdonnais... Mais pas que: la Corbeille, qui fait désormais partie du Jardin des Serres, a triplé de volume.

Le Quartier des Serres

Domaine de Labourdonnais. Lun.-ven. 7h45-18h, sam. 8h-17h.

Sur plus de 15000 m², à l'arrière du château, cet ensemble de bureaux et de boutiques occupe les terrains laissés par les anciennes serres du Domaine de Labourdonnais. **La Corbeille** (ci-dessus) et **La Terrasse** (le café du Domaine, qui offre une petite restauration ainsi que sandwichs et smoothies) ont rejoint le Quartier. Ce n'est pas juste un centre commercial de plus à Maurice: on y trouve deux galeries d'art et des enseignes qu'on ne rencontre (presque) nulle part ailleurs, comme **Bel Ami** (bijouterie, www.belami.mi), la **Papeterie du Village** ou une boutique de prêt-à-porter, **Must** (www.must.mu).

Coup de cœur de l'auteure

LE CHÂTEAU DE LABOURDONNAIS

On se croirait en Louisiane. Une majestueuse allée de *ficus microcarpa* mène à cette demeure coloniale du XIXe s. magnifiquement restaurée. Au-delà du perron en basalte, on découvre que la varangue est tout un art de vivre.

Une histoire de famille

Dans le nord-est de l'île, Labourdonnais, le château et son domaine, appartiennent à la même famille depuis plus de 150 ans. Et les grandes réunions familiales s'y déroulent toujours à l'ombre de ces gigantesques « **intendances** », ficus aux troncs torsadés *(Ficus microcarpa)*, qui veillent sur toutes les maisons coloniales à Maurice. C'est l'étendue de cette histoire que ressent le visiteur dans ce château devenu musée, où les meubles... parlent!

Allée principale >

< La varangue du château de Labourdonnais

PRATIQUE

Accès

Situé à Mapou, le château est facilement accessible tant de Port Louis (visite 1) que de Grand Baie (visite 3).

Horaires

T.l.j. 9h-17h.

Budget

500 Rs (château et dégustation); 650 Rs (château, musée, ferme et dégustation).

UN TRAVAIL DE FOURMI

Malmené par les cyclones, les termites et le temps, le château a bénéficié d'une restauration dans les règles de l'art, qui s'est étalée sur plus de trois ans. Le toit en bardeaux a été refait. À nouveau, la **varangue** – mot qui dériverait de véranda – ceinture sur deux étages tout le bâtiment, d'inspiration néoclassique italienne : on l'avait condamnée en partie pour ajouter quelques pièces. Emblématique de l'**architecture créole**, la varangue protège la maison du soleil, de la pluie, procure fraîcheur et sert de pièce à vivre.

^ Bureau

^ Chambre à coucher

Le panoramique de Zuber

C'est Christian Wiehe (1807-1878), né à Maurice d'un père danois, qui a fait construire ce « château » (1856-1859). La propriété s'appelait déjà Labourdonnais quand il en racheta les parts à sa belle-famille. Au rez-de-chaussée, la salle à manger, de style victorien, donne une idée du train de vie de cette famille de planteurs. En palissandre, la table, venue d'Angleterre, peut accueillir 25 couverts. On s'y asseyait sous un papier peint panoramique de Zuber, commandé à la manufacture alsacienne, un de ces « paysages à chasse » rarissimes, dont la restauration a mobilisé cinq personnes, la plupart venues de France, pendant deux mois.

^ Jardin tropical entourant la propriété

LES MEUBLES PARLENT

Eh oui ! On leur a donné la parole. Ils nous racontent les femmes en crinoline, les distractions dans cette bonne société (les soirées musicales, les jeux, etc.). Ils taisent pourtant une chose : à 300 m de l'usine se trouve une sucrerie que l'on dit « modèle ». En effet, Labourdonnais était aussi un complexe agro-industriel au moins six mois par an, pendant la coupe de la canne, tout autant qu'une maison d'agrément.

Rhum et mangues

Labourdonnais reste un domaine sucrier, avec 500 ha encore réservés à la canne à sucre. Si la cheminée, qui domine le paysage, s'est éteinte dès 1960, le domaine produit néanmoins son rhum. Aujourd'hui, c'est aussi, diversification oblige, la plus grande exploitation fruitière du pays. Ses vergers (50 ha) ont **la plus belle collection au monde de manguiers**, entamée avec Christian Wiehe, passionné d'horticulture ; elle comporte quelque 55 variétés. On trouve aussi pruniers de Cythère, sapotiers, jamalacs...

5 AUTOUR DE Pamplemousses

Il se dit que le village de Pamplemousses doit son nom aux agrumes introduits dans l'île par les Hollandais. Et cela avant qu'il fasse son entrée dans l'histoire littéraire par la grande porte avec Bernardin de Saint-Pierre et son roman à l'eau de rose *Paul et Virginie*. Aujourd'hui, le nom Pamplemousses est associé à l'un des plus beaux jardins tropicaux, qui doit beaucoup à Pierre Poivre. Il est lié aussi à l'Aventure du Sucre, écomusée des plus passionnant.

PRATIQUE

- **Cartes p. 65 et p. 97**
- **Nos adresses p. 101**

Se déplacer

En bus

Que ce soit pour le Jardin de Pamplemousses ou l'Aventure du Sucre, grimpez dans le bus n° 95 (TBS) Pamplemousses-St Antoine. Attendez-vous à un peu de marche (800 m après l'arrêt Beau Plan) pour l'Aventure du Sucre.

Conseil

Au jardin de Pamplemousses, on peut louer une voiturette de golf (300 Rs par personne), appréciable en cas de forte chaleur.

Jardin de Pamplemousses

L'ESSENTIEL

À ne pas manquer

Le jardin de Pamplemousses ; L'Aventure du Sucre.

Expériences

Se mettre dans la peau d'un coupeur de canne à sucre.

Jardin de Pamplemousses ✧✧✧

À 12 km N-E de Port Louis et à 14,7 km S de Grand Baie par la M2. Parking dans un grand virage à la sortie de l'autoroute (et non devant la grille principale) ☎ 243.94.01, https://.ssrbg.govmu.org. T.l.j. 8h30-17h30. Accès payant (300 Rs). Conseils : prendre un guide (100 Rs par pers.) ; se munir d'une lotion antimoustique.

Sur 37,5 ha, le **jardin botanique Sir Seewoosagur Ramgoolam** reste, malgré les cyclones et un entretien négligent ces dernières années, l'un des plus beaux du monde. Il offre senteurs inconnues, sifflements hauts et clairs des martins (un oiseau aux pattes et au bec jaunes, grand dévoreur de sauterelles) et trilles des boulbouls aux moustaches rouges. C'est Mahé de La Bourdonnais qui acheta le terrain en 1736, situé à Mon Plaisir, mais celui-ci fut revendu deux ans plus tard à la Compagnie des Indes. Le domaine fut repris en 1767 par l'intendant Pierre Poivre, qui tenta d'y acclimater muscadiers et girofliers. Jean Nicolas Céré poursuivit son œuvre en créant des lacs ornementaux et des allées bordées de palmiers.

Le jardin a connu beaucoup d'expériences : plantations de manioc importé du Brésil ou d'eucalyptus, introduction de nouvelles variétés de canne à sucre. Aujourd'hui, il réunit plus de 600 espèces de plantes.

L'entrée se fait côté **parking**. La première avenue à gauche (Shrimati Indira Gandhi Ave.) vous emmène jusqu'au **château Mon Plaisir**, imposante demeure coloniale bâtie par les Anglais en 1823, actuellement en cours de restauration (f. au public).

Prenez le temps en chemin de jeter un coup d'œil au **moulin à sucre**, que l'on a reconstitué. Il était autrefois actionné par deux bœufs pour broyer la canne.

Devant Mon Plaisir se trouve le **mausolée de Seewoosagur Ramgoolam** (1900-1985), que tous les Mauriciens considèrent comme le « père de la nation » (p. 228). En 2022, on y a ajouté celui de sir Anerood Jugnauth (1930-2021), « le père du développement économique », qui fut plus d'une fois Premier ministre et président de la République.

De Mon Plaisir, l'avenue Sir John Pope Hennessy file sur le **bassin aux lotus**. Il s'agit du *Nelumbo nucifera* aux fleurs blanches ou jaunes, le lotus sacré des hindous.

L'**étang des nénuphars** est tout proche : on procède chaque matin à sa toilette. Les touristes mitraillent les *Victoria amazonica* (nénuphars géants d'Amérique du Sud), aux feuilles d'environ 2 m de diamètre à bords relevés, dont les fleurs vivent 48h. Blanches à l'éclosion, elles rosissent et se fanent. Autres stars du jardin : les fameux **tallipots**, à l'angle des avenues Cossigny et Telfair. On guette la floraison du prochain palmier (encadré p. 98) : l'événement est rarissime (tous les quatre ou cinq ans environ). L'avenue Poivre, elle, a ses **palmiers royaux**, droits comme des i, majestueux. Une vraie colonnade… Tout au bout, vous apercevez l'imposante grille en fer forgé peinte en blanc. Primée à la première Exposition universelle de Londres en 1851, elle fut offerte à l'île Maurice par Liénard, ardent naturaliste.

Si vous voulez revenir rapidement à votre point de départ, empruntez l'avenue Paul-et-Virginie, qui a conservé quelques beaux mahoganis (acajous), mais perdu le monument dédié aux deux amoureux, transféré dans le jardin de l'église de Pamplemousses (p. 98).

Tout au bout de l'avenue bordée de noyers d'Inde et de palmiers-bambous, vous trouverez deux **bancs** en pierre qui se font face (près de Queen Mother Av.),

Le jardin de Pamplemousses

‹ Mon Plaisir, dans le jardin de Pamplemousses

‹ La statue de Paul et Virginie

près de l'endroit où sont censés être enterrés les deux tourtereaux. Laissez à main gauche le parc aux cerfs. Le **parc à tortues** de terre voisin accueille une vingtaine de tortues, principalement d'Aldabra, une île des Seychelles; certaines pèsent 250 kg. Elles restent groupées en tas, ressemblant à s'y méprendre à des pierres. Vous longez maintenant le **Grand Bassin**, piqueté d'îlots inaccessibles. Ce lac héberge des anguilles et des tilapias (petits poissons). Dernière curiosité botanique vers l'angle des avenues Rochon et Mon Plaisir: un énorme *Ficus religiosa*, un **figuier sacré**; il aurait été planté par Pierre Poivre.

Pamplemousses ✧

En sortant du parking, tourner à g. vers l'av. Mapou. Aller jusqu'à la grille principale et tourner à dr. dans Poivre St. L'église est à dr., le cimetière à g.

Les incurables romantiques rendront une petite visite à l'**église Saint-François d'Assise** (t.l.j. 6h-18h). En pierres grises, c'est le plus vieux bâtiment religieux de l'île (1756). D'après le roman de Bernardin de Saint-Pierre, qui a séjourné à la cure de Pamplemousses, Paul et Virginie s'y retrouvaient à la messe. Juste en face, dans le **vieux cimetière**, repose pour l'éternité Émelina de Carcenac, morte en mer à 39 ans: c'est la belle « dame créole » du poème de Charles Baudelaire. Adrien d'Épinay, le fondateur du premier journal de l'île, y a aussi sa dernière demeure, tout comme Jean Nicolas Céré, l'un des créateurs du jardin de Pamplemousses.

INSOLITE

Fleurs fatales

Le **tallipot** est l'une des 80 espèces de palmiers du jardin de Pamplemousses. Doté d'énormes feuilles en éventail, ce palmier ne fleurit qu'une fois dans son existence, entre 40 et 60 ans, puis agonise. Les millions de petites fleurs, de couleur vert pâle, qui le chapeautent alors offrent un spectacle extraordinaire pendant six mois. Les dernières floraisons ont eu lieu en 2018 et 2022.

L'Aventure du Sucre ✧✧✧

Beau Plan, Pamplemousses. À 12 km N-E de Port Louis et à 15,5 km S de Grand Baie par l'autoroute M2; sortie à dr. et suivre le fléchage ☎ 243.79.00, www.aventuredusucre.com. Lun.-sam. 10h-16h (dernière entrée 15h15). F. 1er-2 janv., 24-26 déc., 31 déc. Entrée avec dégustation incluse de sucres spéciaux et rhums: 675 Rs (à l'accueil, demandez pour les enfants le parcours-jeu, gratuit, où deux mascottes, Raj le martin et Florise la mangouste, leur servent de guides). Vis. guidées lun.-jeu. 10h30 et 14h, ven. 14h (+ 300 Rs). Audioguide gratuit avec son smartphone (application, en Wi-Fi). Expositions temporaires.

Il s'agit d'un écomusée ludique et interactif, installé dans une ancienne usine sucrière qui a fermé ses portes en 1999. Dans ce qui ressemble fort à une cathédrale industrielle, toute l'histoire de Maurice défile, à l'ombre de l'ancienne cheminée en pierres taillées datant de 1895. La mise en scène est particulièrement réussie. Films et clips vidéo s'enchaînent, d'énormes classeurs se laissent feuilleter pour qui veut en savoir davantage. L'immersion est totale.

L'AVENTURE EN MODE CLASSIQUE

On chemine le long d'énormes moulins de broyage, on entre dans les « vides » où se faisait la « cuisson », le petit train des cannes siffle une dernière fois. À la sortie, on n'ignore plus rien des petits secrets de la fabrication du sucre, ni du « temps margoze », celui de l'esclavage. Et il est difficile d'oublier que La Bourdonnais fut aussi un négrier.

Votre billet inclut une dégustation au Village Boutik du musée. Sont proposées 12 variétés de sucre roux et 9 variétés de rhum ! À ne pas rater (encadré p. 100).

L'AVENTURE EN MODE COUPEUR DE CANNE

Le mer. à partir de 10h30 ; 800 Rs en suppl. de la visite. Sur rés. Réservé aux + de 15 ans.

Vous glisser quelques instants dans la peau d'un coupeur de canne, c'est l'expérience, insolite, dans laquelle vous plonge l'Aventure du Sucre. C'est Jean-Alain, l'un des anciens « laboureurs » de la plantation, qui se charge de votre initiation dans un champ

˅ L'Aventure du Sucre

MODE D'EMPLOI *Fabrication du sucre*

Les cannes doivent être pressées pour que le jus soit extrait. C'est le **broyage**. Un pied de canne peut fournir jusqu'à 20 l de jus, dont on va tirer 2 kg de sucre. On procède ensuite à la **clarification du jus** par addition de lait de chaux, qui précipite les boues au fond des décanteurs, puis à l'**évaporation** (jusqu'à 80 % du liquide). Enfin arrive ce que l'on appelle la cristallisation, réalisée sous vide pour éviter la caramélisation (la température d'ébullition est plus basse).

DÉGUSTATION

À chacun son sucre

Déguster une douzaine de sucres bruns, non raffinés... Drôle d'idée! C'est ce que propose l'**Aventure du Sucre**, à la sortie. Avec étonnement, on s'aperçoit qu'ils ont chacun leur caractère et une utilisation bien spécifique. Le **muscovado brun**, par exemple, doit être réservé pour les cakes à fruits ou les sauces aigres-douces. Le **demerara**, au goût prononcé de caramel, fait merveille avec les muffins ou les cookies...

proche de l'écomusée. Panga (coupe-coupe en mauricien) en main, vous allez d'abord enlever les feuilles, ce dont se chargeaient les femmes, avant de procéder d'un coup sec à la section de la tige. Sous un soleil de plomb, rares sont ceux qui prolongent l'exercice au-delà de deux ou trois pieds. Payé au rendement (145 Rs la tonne), le coupeur professionnel, lui, doit abattre cinq à six tonnes par jour.

La séance se termine au **pavillon du Rhum** (au Village Boutik) pour une mini-session mixologie afin d'apprendre à faire son cocktail maison, bien mérité. Feuilles de menthe, citron, jus de canne, sucre muscovado et rhum entrent dans sa composition.

L'Aventure du Sucre

• NOS ADRESSES •

PAMPLEMOUSSES

OÙ MANGER

Chez Tante Athalie

Mon Repos. À 2,5 km du jardin botanique ; au bout de l'av. Mapou, prendre à g. la dir. de Centre de Flacq sur l'A2. Après la mosquée, sur la g. ☎ 243.92.66. Lun.-sam. 12h-14h, le soir sur rés. Menu à 550 Rs.

Dans un beau jardin où se prélassent de rutilantes voitures de collection, vous dégustez vindayes et terrine de poisson, fricassée de bringelles (aubergines)... Créole, le menu unique change tous les jours.

Le Fangourin

À L'Aventure du Sucre (p. 98), Beau Plan ☎ 243.79.00. T.l.j. 9h-16h30. Plats 400-800 Rs.

♥ Une cuisine mauricienne qui tient la route : fruits jacques ou légumes oubliés, comme le pipengaille, pour des plats végétariens, cari de cerf... Ne ratez surtout pas les desserts ! On vient pour son moelleux au cœur tendre de chocolat noir, coulant à souhait, ou sa glace au fangourin (jus de canne). Cafés et thés sont évidemment proposés avec les sucres spéciaux mauriciens. Ayant son potager, travaillant avec des locaux, c'est certainement l'un des restaurants les plus écoresponsables de Maurice.

SHOPPING

Village Boutik

Dans le musée de L'Aventure du Sucre (p. 98), Beau Plan. T.l.j. 10h-17h.

Cette boutique est bien approvisionnée : sucres de l'île aux noms suaves (muscovado, tolodura...) dans un conditionnement original, ligne de papeterie déclinée dans les tons bleu indigo, beau rayon de livres, rhums, CD de séga.

^ Sucres de l'île

CALEBASSES

SHOPPING

Chocolats

Van Ann

Royal Rd. ☎ 243.40.00, www.vanann.net. Lun.-ven. 8h30-17h, sam. 9h30-16h15.

Un chocolatier sous les tropiques ! Ann Van den Bergh produit des chocolats aux épices à se damner. Coco, ananas, caramel, café... cette liste est loin d'être exhaustive. Une douzaine de parfums au total. Boutique dans la chocolaterie.

LA CÔTE est

Offerte aux alizés mais abritée de la houle par une barrière de corail presque ininterrompue, la côte au vent possède de beaux atouts. Ses joyaux, Blue Bay et l'île aux Cerfs, ont été mis à mal, l'un par une marée noire, l'autre par le surtourisme ; mais l'on découvre aussi Mahébourg, une petite ville bigarrée presque hors du temps, et des villages où la vie ressemble encore à un long fleuve tranquille. À partir de Trou d'Eau Douce, cependant, en remontant vers le nord, on bascule dans un autre univers. On retrouve de longues plages de sable blanc et un lagon éblouissant, avec leur cohorte de palaces. Les amateurs de golf, de spa, de grande cuisine et de plongée seront comblés. Mais pas uniquement, puisqu'il suffit de faire quelques pas de côté pour découvrir ici un temple posé sur l'eau, là un marché coloré…

7 Trou d'Eau Douce et ses environs p. 118
N
OCÉAN
INDIEN
Rivière
du Rempart
Roches
Noires
Poste Lafayette
Balade sportive p. 128
Parc national
de Bras d'Eau
Pointe de Flacq
Poste
de Flacq
Montagne
e la Nicolière
Bon Accueil
Plage de
Belle Mare
★★★
Argy
Centre
de Flacq
Palmar
rtier
taire
Trou d'Eau Douce
Coup de cœur p. 126
Bel Air
Île aux
Cerfs
★★
Montagne Blanche
Deux-Frères
Grande Rivière Sud-Est
Grand Sable
Pointe du
Diable
Îlot
Flamants
Petit Sable
Vallée de
Ferney ★★
Bambous
Virieux
Montagne du Lion
★★
480
Ferney
Vieux Grand Port
★★
Île aux
Fouquets
Rose Belle
★★
Île de la
Passe
Mahébourg
★★
Île aux
Aigrettes
★★
Pointe
d'Esny
Plaine
Magnien
Balade secrète p. 116
Blue Bay ★★★
6 Mahébourg et ses environs p. 104
Le Souffleur
0
5
10 km
A6
B21
B22
B15
A2
B62
B23
B60
B61
A7
B59
B26
B28
B55
B27
B7
A10
M2

6 MAHÉBOURG et ses environs

Mahébourg a le charme un peu languissant d'une ville de province. Elle se laisserait presque oublier s'il n'y avait Blue Bay et l'île aux Aigrettes à ses portes. Pourtant, c'est ici que les Hollandais débarquèrent en 1598, vice-amiral Van Warwick en tête, contraints par une tempête de mouiller dans les eaux d'une île déserte. Ils la baptisèrent Mauritius en l'honneur du prince Maurice de Nassau. Ils furent suivis par les Français, un bon siècle plus tard : toute l'histoire de Maurice défile sur ce littoral resté encore sauvage au pied de la Montagne Bambous. L'avenir s'y dessine pourtant, aux couleurs vertes d'un écotourisme avec la vallée de Ferney en fer de lance.

PRATIQUE

- Carte p. 103
- Nos adresses p. 112

↓ Se déplacer

À pied

Le centre de Mahébourg se visite facilement à pied. Pour se garer, optez pour la Pointe des Régates et ses environs.

À vélo

Mahébourg et ses environs se prêtent à de courts déplacements à vélo. Des pistes cyclables sont en cours d'aménagement sur la route côtière dans le secteur.

Le centre-ville de Mahébourg

L'ESSENTIEL

À ne pas manquer
L'île aux Aigrettes; le domaine de la vallée de Ferney.

Expériences
Explorer en paddle la rivière La Chaux à Mahébourg ou en kayak la Grande Rivière Sud-Est; robinsonner sur les îles au large; dormir dans un container à La petite ferme.

Les plus belles plages
Blue Bay; Pointe d'Esny.

Mahébourg ✧

À 50 km S-E de Port-Louis par la M2.

La ville la plus proche de l'aéroport se niche au fond de la **baie de Vieux Grand Port**, où les premiers colons hollandais s'installèrent à partir de 1638.

Construite en damier par les Français en février 1806 sur le modèle de Port Louis, la ville, qui doit son nom à Mahé de La Bourdonnais, a connu des heures fastes. Ce n'est plus, pour l'instant, qu'un petit chef-lieu tranquille d'environ 17 000 habitants, qui a su garder un caractère authentique. La population de Mahébourg est en majorité d'origine indienne, d'où ce côté chatoyant des échoppes, des marchés, mais aussi des régates de pirogues à (grande) voile en décembre.

NATIONAL HISTORY MUSEUM ✧

À l'entrée de la ville, à g. en venant de Plaine Magnien
📞 631.93.29, https://mauritiusmuseums.govmu.org.
Lun., jeu.-sam. 9h-16h, mer. 11h-16h, dim. et j.f. 9h-12h.
Entrée libre. Petit espace artisanal dans le parc.

C'est le **château Robillard**, une superbe bâtisse coloniale française de 1771, qui abrite ce musée. Même s'il a pris un coup de vieux, on s'y promène avec plaisir.

INSOLITE *Une ferme de coraux*

Dans le lagon de Pointe aux Feuilles (Grand Sable), on mène des expériences en coralliculture.. Sur des tables en fer, immergées entre 1,50 m et 2 m de profondeur, cinq espèces de coraux – y compris des « coraux de feu » qui provoquent des démangeaisons – ont été « greffées ». Plus tard, ces boutures seront déplacées vers des récifs à réhabiliter. En même pas 10 ans, mesurant 2 cm au départ, elles peuvent atteindre 35 cm. En 2020, selon un rapport, 75 % des récifs entourant les lagons mauriciens étaient endommagés.

ÉPAVE

Plongée culte

À l'entrée de la **passe de Mahébourg** gît par plus de 20 m de fond l'épave du ***Sirius***. Ce bateau anglais, déchiqueté par une explosion lors de la bataille du Grand Port en 1810 (ci-contre), est envahi par des coraux blancs (d'où son nom: *White-Haired Wreck*, l'« épave aux cheveux blancs »).

Bien sûr, la bataille de Vieux Grand Port y est évoquée en long et en large. Dans « une nuit trouée d'éclairs et d'explosions », les Français y battirent les Anglais, une fois n'est pas coutume, le 25 août 1810. Le *Sirius* (encadré ci-contre) et la *Magicienne*, tous deux bâtiments anglais, sombrèrent lors du combat. Le *Saint-Géran*, qui a coulé au large de l'île d'Ambre en 1744 (p. 85), a aussi la vedette. Le musée héberge quelques trésors de l'épave: le dé en or d'une passagère qu'on imagine être Virginie, la cloche du bateau...

CENTRE-VILLE

L'activité se concentre le long de **Royal Road**, qui s'étire jusqu'au pont Cavendish. Enjambant la Chaux, ce pont, le plus long de l'île (150 m), reliait Mahébourg à la Ville Noire, la ville des esclaves. Le long de la rue principale, des maisons créoles en bois ont conservé au rez-de-chaussée boutiques et échoppes de barbiers, tailleurs ou bijoutiers. Le seul monument qui mérite une visite est **Notre-Dame-des-Anges** (☎ 631.95.20, www.dioceseportlouis.org, messes quotidiennes et le dim. à 6h30 et 9h30), l'entrée se faisant par la rue du Souffleur. Il date de 1849. Tout le monde considère cet édifice, couleur beurre, comme la cathédrale de Mahébourg. Sa voûte en bois ornée d'anges vaut le détour! Nombreux sont les Mauriciens à faire des offrandes au pied de la statue du Père Laval (p. 59), réalisée par Marcel Prévost (à droite en entrant).

FOIRE

Au stade Harry Latour, Boulangere St. (près de la caserne de pompiers) à l'arrière de la pointe des Régates.

Chaque lundi, c'est l'ambiance des grands jours à Mahébourg. La foire attire 15 000 à 20 000 personnes, mais cela concerne surtout saris, vêtements et autres t-shirts (attention aux contrefaçons). Le marché (le bazar), lui, est quotidien (en face de la gare routière). On s'y enivre de parfums.

FRONT DE MER

On peut s'y balader à vélo en toute tranquillité. La **pointe des Régates**, avec ses restaurants, offre une belle vue sur la montagne du Lion (p. 110), qui « trempe ses orteils dans la baie » (M. de Chazal). Un **monument-obélisque** y rappelle le souvenir des marins, anglais et français, morts lors de la bataille du Grand Port en 1810.

Vous y apercevez encore la **gare ferroviaire**, qui se délite lentement. Inaugurée en 1865, elle fut le terminus de la ligne de chemin de fer des *midlands*. Les ballots de sucre des domaines de Beau Vallon ou de Ferney en partaient pour Port Louis. La ligne fut fermée en 1956 pour les passagers et en 1964 pour les marchandises.

BISCUITERIE HENRI RAULT ✧

Les Délices. Traverser le pont sur la Chaux, partir à g. dans la grande montée dir. Riche en Eau, tourner dans la 3e rue à dr., suivre fléchage usine à g., passer la rivière et emprunter le chemin de terre menant à la biscuiterie ☎ 631.95.59, http://biscuitmanioc.com. Lun.-ven. 9h-15h30. Entrée: 225 Rs avec dégustation.

^ Maison créole dans le centre-ville de Mahébourg

Cette petite entreprise, restée familiale, fabrique depuis 1870 d'excellents gâteaux de manioc. Ils sont aujourd'hui parfumés à la coco, à la cannelle, à la vanille, au chocolat, etc. Dans une fournaise (le feu sous la table de cuisson est alimenté par des feuilles de canne à sucre), toutes les opérations sont manuelles, mis à part le broyage des tubercules de manioc.

Les îles au large de Mahébourg ✧✧

Au large entre Mahébourg et Blue Bay. L'embarquement se fait principalement de Pointe Jérôme (entre la plage de Pointe d'Esny et le Preskil resort, à 3,5 km de Mahébourg).

Au large, tout un chapelet d'îles reposent « tels des vaisseaux à l'ancre », selon le poète Robert-Edward Hart, la plus proche et la plus accessible étant l'île aux Aigrettes.

ÎLE AUX AIGRETTES ✧✧

À 850 m de la côte. Mauritian Wildlife Foundation ☎ 631.23.96 et 52.58.81.39 (port.), www.mauritian-wildlife.org/ileauxaigrettes. Excursions à partir de Pointe Jérôme, au N de Blue Bay, près de l'hôtel Le Preskîl, sur la B87. Lun.-sam. 6 départs/j. 9h30 pour le premier, 14h30 pour le dernier; dim. 3 départs le matin uniquement. Accès payant, bateau et vis. guidée (1h30 de marche) inclus: 900 Rs.

Récif corallien (27 ha), l'île aux Aigrettes fut classée en réserve naturelle pour préserver les derniers vestiges d'un type de forêt littorale unique au monde. Les visites y sont encadrées et un sentier qui fait le tour de l'île (1,5 km) a été aménagé.

C'est la vitrine de la MWF (Mauritian Wildlife Foundation). Depuis 1985, elle a entrepris de reconstituer l'écosystème qui y prévalait avant toute présence humaine sur l'île. Elle procède à l'élimination de la flore étrangère au milieu d'origine comme à la réintroduction d'oiseaux, de reptiles et de plantes en voie de disparition, une pépinière sur place fournissant 5000 plants annuellement. Outre le pigeon des mares, d'une délicate beauté, corps beige rosé et ailes marron (une vingtaine d'individus), on

^ Blue Bay

peut observer l'étonnant oiseau à lunettes, le zostérops, réintroduit en 2006, et qui est venu tenir compagnie au rutilant cardinal de Maurice, « réimporté » trois ans plus tôt.

L'île se remet doucement de la catastrophique marée noire provoquée par le naufrage d'un vraquier en 2020.

LES AUTRES ÎLOTS ✧✧

Excursions principalement depuis Pointe Jérôme.

L'**île de la Passe**, qui a joué un rôle crucial dans la bataille franco-anglaise du Grand Port en 1810, tout comme l'**île aux Fouquets**, dite aussi l'**île au Phare**, peuvent se visiter dans la même journée. Cette dernière fait partie de l'Islets National Park tout comme l'île d'Ambre (p. 85) ou l'îlot Flamants (encadré ci-contre).

> Voir aussi la balade secrète : Robinsonnade au large de Mahébourg (p. 116).

Vers le sud ✧✧✧

Suivre la Costal Rd à la sortie de Mahébourg.

POINTE D'ESNY ✧✧

À 4,5 km S de Mahébourg.

La route côtière, qui part de Mahébourg, peut s'avérer décevante. On y aperçoit rarement la mer! Pourtant, **l'une des plus belles plages de l'île** se cache derrière une succession de villas (qui peuvent se révéler des B&B ou des guesthouses) enfouies sous une végétation luxuriante. Sur 2 km, une étendue de sable blanc quasi immaculé bordant des eaux cristallines. Un sentier pédestre permet d'y accéder.

BLUE BAY ✧✧✧

À 6 km S de Mahébourg.

Le ruban d'asphalte vous mène au **parc marin de Blue Bay**, le plus beau lagon de l'île et l'un des plus vastes (353 ha). Dans ce tableau, les couleurs varient du bleu intense au vert presque blanc sur des hauts-fonds sablonneux. Promenade à bord d'un bateau à fond de verre, plongée et sports non motorisés sont autorisés.

Blue Bay Marine Park est un jardin corallien qui compterait encore une bonne trentaine d'espèces de **coraux**, dont le corail « cerveau » ou « cerveau de Neptune », qui peut atteindre 5 m de diamètre, ce qui lui donne 1000 ans d'âge ! On y suit, fasciné, le ballet aquatique des **poissons** aux noms mystérieux tels chirurgien, cocher, demoiselle, sergent-major... Ce parc marin est néanmoins fragile. À cause de l'élévation de la température marine, le blanchiment des coraux y est une sérieuse menace, de même que les marées noires, comme celle survenue à l'été 2020.

Vallée de Ferney ✧✧

The Ferney Valley Reserve

À 6 km N de Mahébourg par la B28 ☎ 660.19.37, www.ferney.mu. T.l.j. 8h30-17h. F. à certaines dates entre juin et sept. Randonnées en solo de 5, 13 ou 20 km ou balades guidées sur rés. t.l.j. à 9h30, 11h30, 13h30, 14h30. Accès payant : 400 Rs/1000 Rs selon la formule choisie. Lotion antimoustique de rigueur.

Après une naissance mouvementée, ce parc (200 ha), propriété du groupe CIEL, se veut « écotouristiquement » correct (des randonnées en 4x4 y sont néanmoins proposées). Sur le domaine (3100 ha au total), le groupe a l'intention de créer une soixantaine de fermes exemplaires, bioclimatiques, utilisant l'énergie photovoltaïque et recyclant eaux usées et eau de pluie.

Un **centre d'interprétation**, aménagé à la réception dans une maison coloniale centenaire, vous apprend tout sur le fameux et rarissime bois clou ou la **crécerelle de Maurice**, dont le parc possède 15 paires. Le parc s'enorgueillit aussi d'héberger quelque 70 pigeons roses et plus de 200 oiseaux endémiques. En 15 min, une navette emmène ensuite les visiteurs au départ du circuit pédestre (3 km). Avec un peu de chance, vous y apercevrez des cerfs de Java en liberté, des cochons marrons ou des chauves-souris. Sachez aussi que vous pouvez « adopter » un arbre (1000 Rs) ou en planter un (1500 Rs) si vous voulez participer au développement de Ferney.

Vieux Grand Port

À 8 km N de Mahébourg par la B28.

Ouvrez l'œil en traversant ce bourg un peu déglingué. De part et d'autre de la route, de nombreux vestiges de l'occupation néerlandaise ou française subsistent (des panneaux les signalent). Sur la g., vous trouverez la **tour des Hollandais**, une ancienne tour de guet... française en réalité. Toutefois, les ruines du Vieux Grand Port historique reposent en majeure partie dans l'enceinte du musée Frederik-Hendrik, ou à proximité.

SEUL AU MONDE

Pique-nique de Robinson

Pas de plage entre Mahébourg et Grande Rivière Sud-Est ? Mais si ! Il faut regarder au large, vers l'**îlot Flamants** (0,8 ha). Un banc de sable à rendre jaloux Robinson. Un îlot désert où les connaisseurs improvisent pique-niques et plongée en apnée.

> À organiser avec un pêcheur ou un prestataire depuis Grande Rivière Sud-Est.

MUSÉE FREDERIK HENDRIK ✧

Frederik Hendrik Museum

À la sortie E de Vieux Grand Port, sur la dr. 📞 634.43.19 ou 631.93.29, https://mauritiusmuseums.govmu.org. Ven.-mar. 9h-16h, mer. 11h-16h, dim. 9h-12h ; f. j.f. Entrée libre.

À quelque 200 m de la tour des Hollandais, ce musée, qui a emprunté son nom à un prince *stadhouder* (« lieutenant ») des Pays-Bas, est consacré aux premiers colons de l'île. La salle d'exposition couvre surtout la période hollandaise (1638-1710). Dès 1638, 24 Hollandais s'installèrent à Vieux Grand Port. Objectifs : exploiter l'ébène et l'ambre gris que rejettent les cachalots et ravitailler les navires hollandais de passage. Un premier fort, en bois, est édifié sur le site. La colonisation fut décevante, chaotique.

Ne manquez pas de vous promener dans les jardins : le musée occupe une position magnifique au bord de la mer. On flâne avec plaisir au milieu de quelques pans de murs en pierres noires datant, eux, de l'occupation française, la plupart des bâtiments ayant été construits entre 1753 et 1780. Vous trouverez les ruines d'une **boulangerie**, d'une **prison**, d'une **forge** et celles de la **Loge**, regroupant le logement pour le commandement et la caserne pour la garnison.

MONTAGNE DU LION ✧✧

Vieux Grand Port, Lion Mountain St. (vers le poste de police). Compter 3-4h A/R. Pas de balisage.

Ce petit sommet (480 m) n'a pas volé son nom. Sa silhouette est reconnaissable entre toutes : dos, crinière, tout y est. Son ascension est à proscrire après la pluie, les roches devenant glissantes. À éviter aussi si vous êtes sujet au vertige : il y a un passage assez étroit. Mieux vaut demander l'aide d'un pro si vous êtes un randonneur très

dilettante. Cela dit, le panorama vous récompense de tous vos efforts : mer de cannes à sucre qui ondulent dans la baie de Vieux Grand Port, chapelet d'îles. Vert tendre, turquoise laiteux, bleu nuit : la palette ravirait un peintre. L'ascension est considérée comme difficile.

Vers Grande Rivière Sud-Est

La petite route virevolte à fleur d'eau. Le voyageur a l'impression de jouer les voyeurs en traversant les villages éparpillés sur cet itinéraire. Toutes les cases sont ouvertes. Vous serez surpris par l'aménagement de pistes cyclables (en travaux en 2023) sur certaines portions de cette route.

BAMBOUS VIRIEUX

À 16 km N-E de Mahébourg par la B28.

À Bambous Virieux, vous surprendrez beaucoup de pêcheurs à la gaulette (à la ligne), enfoncés jusqu'à la taille dans le lagon. À l'ombre de l'immense badamier du village (qu'on appelle aussi « amandier d'Inde »), des hommes jouent aux cartes ou aux dominos. Sur le pas de leur porte, les femmes attendent peut-être le passage d'un marchand ambulant : Bambous Virieux n'a pas de boutique.

POINTE DU DIABLE

À 19 km N-E de Mahébourg par la B28. Beau point de vue aménagé.

À la **pointe du Diable**, les vestiges d'anciennes batteries françaises du XIXe s. surveillent encore la passe, dans l'attente improbable de quelque vaisseau anglais. Les hameaux de **Petit Sable** et **Grand Sable** occupent une étroite bande littorale, sur laquelle les habitants chouchoutent leurs potagers, carrés verts arrachés à cette terre désolée. La vraie vie de Maurice s'écoule lentement.

TENDANCE

La vie en vert

Entre lagon et Montagne Bambous, les frères Thierry et Olivier Guimbeau ont décidé de créer sur 9 ha un écovillage autour de leur ferme, La Petite Ferme, conduite en permaculture. Elle se visite, fait table d'hôtes et offre des possibilités de glamping (p. 115).

> **La Meule Permaculture Écovillage**, Anse Bambous, Bambous Virieux (17 km N-E de Mahébourg, rte à g. avant la Pointe du Diable) ☎ 59.63.34.95 (port.), www.lameulepermaculture.com. Vis. sur rés. 9h30, déj. 12h30. Vis. seule 750 Rs ; vis. avec déj. 1300 Rs.

GRANDE RIVIÈRE SUD-EST ✧

À 28 km N de Mahébourg par la B28.

Le village, que les Hollandais avaient appelé « Grande Rivière », puis « Rivière des Chatons », somnole. Rien ne rappelle son passé actif : il fut pourtant un centre de stockage et d'exportation des ébéniers, et le terminus de la voie ferrée Northern Line, fermée en 1954.

Le village surveille l'embouchure de la rivière du même nom, qui prend sa source dans le centre de l'île. Large et puissante, elle entraîne dans son sillage une nature riche et exubérante. Dans une excursion couplée avec l'île aux Cerfs (p. 123), vous pouvez la remonter jusqu'à des cascades impressionnantes. La baignade est possible, mais à vos risques et périls (avec des maîtres-nageurs improvisés réclamant leur écot). Sachez enfin que des hébergements mettent à disposition des kayaks pour remonter le cours de la rivière, où des singes peuvent vous surprendre.

< La montagne du Lion

• NOS ADRESSES •

MAHÉBOURG

OÙ DORMIR

CHILLpill Guesthouse

6, Sivananda St. (bord de mer) 631.86.00 et 52.59.53.24 (port.), https://chillpill-guest-house.business.site. 17 ch. (certaines ont vue sur mer). Piscine. 3600 Rs avec vue mer.

Avec son jardin, c'est l'une des plus jolies adresses de Mahébourg pour faire le plein de bleu! Le petit déjeuner (gaufre, pain perdu, etc.) avec vue sur la mer vous met en joie pour toute la journée. Autre bon point: on saura vous recommander, par exemple, le bon pêcheur pour une sortie en mer.

Auberge Seafever

Rue Plein Bois 52.56.54.93 (port.), www.aubergeseafever.com/fr. 7 ch. (6 ont vue sur la baie). 3500-4500 Rs., 2 nuits min. demandées.

Cette grande maison blanche, cubique, dissimulée en partie par les palmiers, est installée au bout d'une rue menant à la plage. Coquettes dans leur design épuré, les chambres portent les doux noms de Doudou, Tonette ou Joseph. Attention, réservez tôt, les chambres de cette guesthouse familiale partent vite.

OÙ MANGER

À Mahébourg, on trouvera de nombreux petits restaurants de cuisine locale aux abords du marché pour une assiette de mines ou de biryani sans chichis.

Saveur de Shin

Suffren St., une rue perpendiculaire au front de mer, la 1re à g. quand on débouche sur la mer en venant de Blue Bay 631.36.68. Lun. 11h-14h30, mer.-jeu. 11h-14h30 et 18h-21h, ven.-dim. 11h-14h30 et 17h30-21h. Plat principal 300-400 Rs.

Les prix sont bas et les assiettes, de qualité. Aussi, on est prêt à faire la queue pour accéder au saint des saints. Le plus dur ensuite est de choisir, dans une carte pantagruélique, des saveurs chinoises: poisson au gingembre, bœuf aux pousses de maïs, etc.

La Vielle Rouge

Angle Hangard St./Des Marres St., à côté de la maison des Pêcheurs, juste avant d'arriver au front de mer, en venant de Blue Bay 631.39.80 et 59.36.03.55 (port.). T.l.j. 11h-15h et 18h30-23h. Plat principal 350-750 Rs.

Au cas où vous ne le sauriez pas, la vielle (ou vieille) rouge est un poisson local. De première fraîcheur, les produits de la mer sont le point fort de cette adresse. Poisson à l'indienne dans une feuille de bananier (la spécialité de la maison), cari de poisson, poisson grillé entier... Il y a aussi de la langouste au menu.

Le Bazilic

Rue de Maurice 52.54.81.91 (port.), https://lebazilic.mu. Lun.-mer. et ven.-sam 11h30-15h et 17h-21h, dim. 11h30-15h30. Plat principal autour de 600 Rs. Petite carte de cocktails.

Dans ce bistrot sympathique près du marché, en plein centre-ville, on vous servira aussi bien un burger d'agneau ou un tartare de thon qu'une daube d'agneau, spécialité plus mauricienne, accompagnée de riz et de grains (lentilles), ou encore un poisson grillé dans une feuille de bananier.

BAR

Les Copains d'abord

Sivananda St. 631.97.28 et 52.54.88.33 (port.). T.l.j. 10h-22h. Cocktails 225-300 Rs. Plat principal autour de 600-700 Rs.

Le cadre est splendide, face à la montagne du Lion et à la mer. On peut prolonger ce moment béni en passant à table. La cuisine y est plus qu'honnête: steak de calamar, crabe du lagon, curry de cerf... Les *fashion addicts* fouineront dans les collections de Lida O'Reilly, styliste et propriétaire des lieux (showroom dans une salle contiguë au restaurant).

SPORTS ET LOISIRS

Croisières

Folkloric Explorer

À quai (Waterfront) 52.54.52.62 (port.), https://folkloricexplorer-eboat.com. Mini-croisière (1h) lun. 10h30, 12h30 et 14h30: 200 Rs. Départ des autres croisières assuré avec 15 personnes.

Fait de bois et d'aluminium, cet e-boat, conçu à Mahébourg par Marcel Lindsay Noë pour une ONG (SPES), fonctionne à l'énergie solaire. Il propose des croisières zéro pollution, « éco-bio-historico », le long de la côte.

Location de matériel sportif

Ubike

Rue de Labourdonnais 52.51.82.71 et 59.47.11.05 (port.), https://ubike-mahebourg.business.site. Lun.-ven. 9h-17h, sam.-dim. 9h-12h (sur rés.). Vélo : 450 Rs la j. ; kayak simple ou double 750-1000 Rs la j.

On trouve tout à louer ! Des vélos, des kayaks, mais aussi des équipements pour le snorkeling ou des paddles. Des sorties encadrées (kayak, snorkeling, etc.) sont d'ailleurs proposées.

BLUE BAY

OÙ DORMIR

Hôtels

Blue Beryl guest house

Route côtière 631.98.62 et 58.10.36.45 (port.), www.blueberyl.com. 4 studios, 2 ch. et 2 appart. pour 4 pers. De 3400 à 4900 Rs (studio avec vue mer).

La mer s'inscrit à la fenêtre de la majorité des chambres. Un portail donne directement accès à la plage de Pointe d'Esny. Joli jardin.

Talamba Blue

Rue des Bonites 630.02.26 et 52.56.03.81 (port.), http://cocoblueholidays.com. 4 appart. de 100 m² (jusqu'à 5 adultes), 3 de 65 m² (jusqu'à 3 adultes). Jardin et piscine. Massages sur place. Autour de 3500 Rs.

À deux pas du lagon (et de l'aéroport), est-ce une résidence de tourisme ou un hôtel ? La frontière est floue : le petit déjeuner est servi près de la piscine, mais tous les appartements ou studios sont équipés de kitchenettes. Le soir, on peut commander son dîner, qui sera livré sur place. Bus et taxis à proximité.

Chantauvent

Coastal Rd 631.96.14 et 52.58.60.33 (port.), www.chantauvent. com. 22 ch. et un appart. de 2 ch. Restaurants dans Chantauvent (dans la salle à manger) et indépendant (le Spot Café, ci-dessous). Piscine. Musique live le mer. Activités incluses : paddle, kayak et plongée en apnée. De 5500 à 7750 Rs selon catégorie.

Sur la plage, cette charmante guesthouse aux toits de ravenala dispose aussi d'un appartement.

Preskil Island Resort

Pointe Jérôme, entre Blue Bay et Mahébourg 604.10.00, https://southerncrosshotels.mu. 156 ch. 3 restaurants, 2 piscines. Spa. Kid's Club. Activités incluses : ski nautique, planche à voile, bateau à fond de verre. Écoles de kitesurf (p. 114) et de plongée sur place. Autour de 20000 Rs.

Face à l'île aux Aigrettes, les bungalows spacieux sont posés sur une presqu'île de sable, assurant 750 m de plage. Mais certaines chambres n'ont vue que sur le jardin. Entre autres atouts, l'hôtel possède un catamaran privé, qui peut vous embarquer pour une croisière (payante) sur l'île aux Cerfs. Enfin, plus d'un appréciera l'option « petit déjeuner sur pirogue » !

OÙ MANGER

Marymine

Sur la plage de Blue Bay 57.54.89.02. Dim.-ven. 11h30-14h30 (présence irrégulière en basse saison). F. juil.-août. Moins de 200 Rs.

Impossible de rater la baraque verte de Maryline, connue pour ses mines (nouilles sautées), frits ou bouillis (125 Rs la barquette).

The Spot Café

Coastal Rd (entrée par le parking de la plage) 630.17.11, https://thespotcafe-restaurant.business.site. Dim.-mer. 12h-21h30, jeu. 12h-15h, ven.-sam. 12h-23h (musique live). Moins de 500 Rs pour une pizza. Menus en certaines occasions 1500 Rs.

Tous les surfeurs s'y retrouvent pour un déjeuner sans chichis, composé de salades, pizzas (y compris avec marlin) et crème brûlée, avant de retourner à leurs vagues. Dans les palmiers, le cadre, étonnant, est raccord : comptoir taillé dans une pirogue et tables-surfs. Il y a de l'ambiance le week-end !

SPORTS ET LOISIRS

Excursions en bateau

Totof Tours

Plage de Blue Bay ☎ 58.36.90.65 (port.), www.totof-mauritius.com. Excursion d'1h en bateau de verre (avec snorkeling) dans le parc marin (9h30-15h30) : 500 Rs.

Sur la plage, on repérera facilement le bateau à fond de verre Totof Tours. La petite entreprise s'est fait une spécialité de l'excursion vers les îles (p. 116).

Kite et paddle

SK (Specialised Kiteboarding)

À l'hôtel Preskil, Pointe Jérôme ☎ 52.52.00.55 et 57.19.88.94 (port.), https://specialised kiteboarding.com. Lun.-sam. 9h-17h. Forfait débutant (4h, avec 2 élèves) : 8750 Rs. Location de kitesurf : 3250 Rs.

Le kite a le vent en poupe dans le lagon. Des balades encadrées sont aussi proposées en paddle jusqu'à Mahébourg en remontant en partie la rivière La Chaux.

Pirogue à voile

Lokal Adventure

Pointe Jérôme ☎ 54.54.40.40.60 et 59.34.88.28 (port.), https://lokaladventure.com. Départ 9h30, retour vers 16h. Visite de l'île de la Passe et de l'île au Phare. 5000 Rs (+ 500 Rs pour la langouste).

Glisser au fil du vent dans le lagon de Mahébourg à bord d'une pirogue traditionnelle… L'expérience est d'autant plus magique qu'elle se déroule en petit groupe (entre 4 et 7 pers.). Les tortues de mer peuvent être au rendez-vous.

Plongée

Scuba World Diving

Preskil Island Resort (p. 113) ☎ 59.44.91.63 et 57.13.79.68 (port.), https://scubaworld-mauritius.com. T.l.j. 8h-17h. Baptême à partir de 10 ans. Forfait découverte (4h) : 4000 Rs (initiation en piscine + plongée dans le lagon + équipement). Ouv. aux non-résidents de l'hôtel.

Pour les plongeurs confirmés, la plongée sur le *Sirius* (p. 19) fait partie des incontournables. Mais il y a bien d'autres sites dans le lagon ou hors lagon : Trou Moutou (6 à 10 m de profondeur), Purple Cave (20 m), Colorado (35 m)…

FERNEY

OÙ DORMIR

Ferney Nature Lodge

Vallée de Ferney ☎ 57.29.10.80 (port.), https://ferney.mu/fr. 4 chalets (22 m²). Piscine à débordement. Autour de 20000 Rs en demi-pension pour 2 adultes et 2 enfants de moins de 12 ans. Sessions de yoga, massages dans la ch.

De votre lit, de grandes baies vitrées vous immergent dans la nature. Avec libre accès à la Vallée de Ferney (à partir de 3 nuits), ces chalets, très stylés,

disposent des services d'un majordome. Mais le luxe, ici, c'est vraiment l'espace qui vous entoure. Des cerfs ou des lièvres peuvent vous rendre visite.

OÙ MANGER

Ferney Falaise Rouge

Vallée de Ferney (tourner à g. avant la réception du parc) 660.19.37, https://ferney.mu. T.l.j. 9h30-16h. Spécialités 650-975 Rs. Rés. conseillée.

Dominant la mer, en haut d'une falaise, avec la montagne du Lion pour toile de fond, ce restaurant peut être réservé sans s'acquitter de l'entrée au parc. Les randonneurs y trouveront sandwichs et wraps, mais il serait dommage de ne pas goûter les spécialités de la maison, comme le cari cerf avec arouille et café de Ferney. Les légumes du potager (l'Agrihub) accompagnent, eux, un filet de poisson.

VIEUX GRAND PORT

SPORTS ET LOISIRS

Ascension de la montagne du Lion

Otelair

83, rue Charles-Regnaud, Eau Coulée 52.51.66.80 (port.), www.otelair.com. 1600 Rs/pers. À partir de 12 ans.

Pour l'ascension de la montagne du Lion (p. 110), il faut compter 4h env. Le rendez-vous est donné soit le matin à 9h, soit à 13h l'après-midi au musée du Vieux Grand Port.

BAMBOUS VIRIEUX

OÙ DORMIR ET MANGER

La Case du Pêcheur

Grand Sable, Rte Royale, à dr. lorsqu'on vient de Mahébourg 52.52.22.46 (port.). T.l.j. à partir de 8h. Plats 400-600 Rs.

Dans un beau cadre, au pied de la montagne du Lion, au milieu de nulle part mais au bord de l'eau, c'est l'étape poissons et fruits de mer (calamars, ourites...) . Un cari cerf peut aussi être disponible. Pour prolonger, la case possède 13 chambres les pieds dans la mangrove, au cachet très rustique (autour de 3200 Rs).

La Petite Ferme

Anse Bambous (17 km N-E de Mahébourg, rte à g. avant la Pointe du Diable) 59.63.34.95 (port.). Menu à 750 Rs. Sur rés.

La table met en valeur les produits de la ferme, cultivés en permaculture (fruits et légumes), mais aussi poulet, canard, cochon marron et cerf ! Et si vous n'avez pas envie de repartir, il y a deux locations sur la propriété : un chalet en bois classique (4500 Rs) et... un container de transport maritime (3000 Rs la nuit pour deux)! Pour dormir au milieu des champs.

DEUX-FRÈRES

OÙ DORMIR

Otentic

Coastal Rd (dans le village, en contrebas de la B28) 59.41.48.88 (port.), www.otentic.mu. 12 tentes. Piscine. Autour de 8000 Rs, dégressif selon le nombre de nuits quel que soit le nombre d'occupants (2 ou 4). Activités (kayak, paddle, VTT, etc.) et navette vers l'île aux Cerfs inclus dans le tarif.

Le bonheur est dans le pré! Le « glamping » – contraction de « camping » et « glamour » – a débarqué à Maurice. Sur les bords de la Grande Rivière Sud-Est, on dort fort bien dans des tentes safari, spacieuses (50 m²), pourvues de tout le confort, avec une salle d'eau (lavabo, douche avec eau chaude, WC). L'adresse se veut écologiquement irréprochable : matériaux de recyclage utilisés en grand nombre, panneaux photovoltaïques, chauffe-eau solaire. Les non-résidents peuvent réserver une table le soir. Au menu, feu de camp, dîner aux chandelles au bord de la rivière et note douce (800 Rs).

‹ Pirogue dans le lagon, avec Lokal Adventure

Balade secrète

ROBINSONNADE AU LARGE DE MAHÉBOURG

La baie de Mahébourg est piquetée d'îles qui ont eu leur heure de gloire historique. On peut débarquer sur des petites plages secrètes, désertes. Et, toute une journée durant, se prendre pour Robinson.

9h : briefing à Blue Bay

Notre bateau porte les couleurs de Totof Tours. Totof, c'est aussi le surnom d'un poisson-hérisson, qu'il ne faut pas chatouiller, et celui de l'ancien capitaine (aujourd'hui à la retraite), propriétaire de l'entreprise, Jocelin.

11h : carte postale

Blue Bay, pointe d'Esny, l'**île aux Aigrettes**, où l'on prend l'apéritif sur la plage… Sous vos yeux, des paysages de carte postale défilent en fondu enchaîné. À hauteur de la **pointe d'Esny,** la carcasse du *Dalblair* se dresse encore au milieu des récifs où ce trois-mâts anglais s'est fracassé en 1902. Quatre morts « seulement ». La mer est traîtresse.

11h30 : bataille navale

Accostage sur l'**île de la Passe**. Mais l'arrêt sera bref, une vingtaine de minutes, les courants étant assez forts. Abandonnée à son sort, l'île est encore hérissée de fortifications.

PRATIQUE

Départ

De Blue Bay avec le bateau Totof.

Le départ (9h30) peut être ajourné en fonction des conditions météo.

Durée

Excursion à la journée (retour 16h30).

Budget

2 500 Rs (+ 500 Rs avec langouste), pique-nique inclus. Gratuit pour les enfants de moins de 3 ans.

Infos

Totof Tours
58.36.90.65 (port.), www.totofmauritius.com.

Alternative

Aller d'île en île avec une pirogue à voile (p. 114).

^ L'île au Phare, dite aussi l'île aux Fouquets

En août 1810, Anglais et Français se disputèrent ce confetti, qui verrouillait l'accès à Grand Port (aujourd'hui Vieux Grand Port). La bataille dura de 5h du matin jusqu'à la nuit, et les Français en sortirent vainqueurs. La seule victoire navale des guerres napoléoniennes. Depuis, elle figure même sur l'Arc de Triomphe, à Paris.

12h : île-prison

On cingle vers l'**île au Phare**, dite aussi l'**île aux Fouquets**, classée au Patrimoine national mauritien. Chassé de France par la révocation de l'édit de Nantes (1685), François Leguat pensait retrouver la civilisation sur Maurice après deux ans de solitude à Rodrigues (p. 206). Son arrivée ne fut pas du goût des Hollandais, qui le consignèrent, lui et ses compagnons, sur cette île. Résultat : trois ans de captivité à se nourrir d'œufs d'oiseaux marins. Datant de 1864, le phare, mal entretenu, est bien postérieur à cette mésaventure.

13h : langouste

Dernière île au programme : l'**île aux Cerfs** (p. 119), à seulement 15 min de navigation. Un barbecue nous attend à l'arrière de l'îlot. Au menu : langouste (si on a pré-commandé) et poissons grillés de type thon, dorade ou licorne (sur demande), une espèce que l'on trouve rarement au restaurant.

16h : dernière plongée en apnée

Il est temps de rentrer. Sur le chemin, dernière plongée en apnée, si la marée le permet, pour admirer des anémones rouges – urticantes, attention ! Robinson pouvait-il être aussi heureux ?

7 TROU D'EAU DOUCE et ses environs

Quand on vient du sud, Trou d'Eau Douce s'atteint au bout d'une plaine où les champs de canne s'étendent à perte de vue le long d'une côte échancrée et brûlée par le vent. Sur place, dans ce bourg qui reste un village de pêcheurs, s'organise une noria incessante entre la côte et l'île aux Cerfs, qui est l'excursion la plus vendue de l'île Maurice.

Tout l'est possède un bel échantillon de plages : autant d'avenues de sable blanc ombragées de filaos au bord d'un lagon translucide. Belle Mare y est le rendez-vous des familles mauriciennes pour le pique-nique dominical, dans une ambiance festive. Au-delà, on retrouve une Maurice sauvage, où un deuxième parc national, Bras d'Eau, a été créé.

PRATIQUE

- **Carte p. 103**
- **Nos adresses p. 123**

Se déplacer

En bus

• Dans presque tous les cas, les bus passent par Central Flacq (Centre de Flacq ou Flacq, c'est la même localité) pour se rendre dans une autre station de la côte est.
C'est le cas pour Poste de Flacq et Roches Noires : bus n° 55/55 B (Individual Operator) Central Flacq-Palmar et n° 26 (BOCS) St Antoine-Central Flacq.

• Pour Belle Mare, ce sera le n° 55 et le n° 17/17G (Individual Operator) Curepipe-Belle Mare, avec changement à Argy ou Central Flacq. Attention, le 17 passe 3 fois/j.

Centre de Flacq

L'ESSENTIEL

À ne pas manquer
L'île aux Cerfs.

Expériences
Aller au marché de Centre de Flacq; méditer dans une « caverne » de sel au spa de Salt of Palmar.

La plus belle plage
Belle Mare.

Conseil
L'île aux Cerfs appartient... à ceux qui se lèvent tôt. Mais le passeur peut attendre que son bateau soit plein avant de lancer le moteur.

Trou d'Eau Douce ✧

Trou d'Eau Douce est un gros village de pêcheurs assez pittoresque. Ses ruelles pentues alignent de modestes cases en tôle ou en torchis blanchi à la chaux. Sous les tamariniers et aux alentours des boutiques-buvettes, les Mauriciens se retrouvent pour bavarder. Près de l'embarquement des bateaux-taxis, les ruines noires d'un **ancien four à chaux** se profilent. Pour l'industrie sucrière, on y transformait le calcaire ou le corail en chaux. Au centre du village, sa pittoresque **église** en basalte mérite une visite.

Île aux Cerfs ✧✧

Accès par le Maho (vers la plage publique) au N ou par le débarcadère de Trou d'Eau Douce au S. Comptez env. 600 Rs/pers. pour l'A/R seul; l'excursion à la j. avec déj. et détour par les cascades de Grande Rivière Sud-Est est à 1500 Rs. Départs 8h30-9h30, retours 15h30-16h. Durée: 20 min de traversée. Sur place: golf, parachute ascensionnel, bouée banane, ski nautique, etc. Parasols et transats à louer. Restaurants.

Les passeurs vous proposent l'excursion seule, avec déjeuner ou couplée avec les **cascades de Grande Rivière Sud-Est** (p. 111). Attention, les tarifs peuvent varier du simple au triple! Assurez-vous également que le billet délivré comporte bien l'aller-retour *(à conserver)*. Lagon-piscine d'une rare pureté, sable blanc, crique idyllique bordée de filaos... l'île, surexploitée, où il n'y a plus de cerfs, incarne le rêve tropical dans toute sa splendeur... et son cauchemar.

ANECDOTE

Le saviez-vous ?

Les **premiers cerfs** de Maurice, des cerfs de Java, ont été introduits par les Hollandais. Ils sont arrivés à bord du *Cappel*, le 8 novembre 1639.

Désormais, un golf 18 trous en occupe la plus grande partie (38 ha sur 87 ha). Considéré comme l'un des 10 plus beaux golfs au monde, il est la propriété de l'hôtel Shangri-La Le Touessrok, qui gère aussi sur place des restaurants et un centre nautique *(réservé à ses clients)*. Pour en profiter pleinement, mieux vaut y aller tôt (vers 9h, avant le rush de 11h), muni de provisions, et hors week-end.

Ne comptez pas non plus faire le tour de l'île à pied : à un moment donné, il vous faudra soit rebrousser chemin, soit héler un bateau de pêche pour rentrer à bon port !

> Voir aussi le coup de cœur de l'auteure : Camping ou glamping, en version roots ou en version luxe (p. 126).

Plage de Belle Mare ✧✧✧

À 7 km N de Trou d'Eau Douce par la route côtière (B59).

À Belle Mare, qui devrait son nom à un capitaine français, Jean-François de Belle Mare, en poste à Flacq en 1762, on aperçoit, derrière un rideau de filaos, la **plage**, immense, une carte postale…

Plus rien ou presque, sauf des ruines de four sur la plage même, ne rappelle ce qui fut jadis l'activité principale du district : la production de chaux, tirée du corail, pour l'industrie sucrière ou le ciment.

Avec trois golfs dans un mouchoir de poche, **Pointe de Flacq**, plus au nord, s'est reconvertie dans l'hôtellerie grand luxe avec Le Saint-Géran et le Belle Mare Plage, où il faut montrer patte blanche.

En matière de plongée, la **passe de Belle Mare** est sans doute ce que Maurice offre de mieux. Les courants souvent violents réservent la majeure partie de cette sortie aux plongeurs aguerris.

Centre de Flacq

Central Flacq

À 10 km N-O de Trou d'Eau Douce par la B26.

Flacq : ces cinq lettres, qui claquent, intriguent. Le mot viendrait du hollandais *vlakte* (« plaine »), une étymologie plausible. Pour y arriver, on navigue, un peu perdu, au milieu de champs de canne qui frissonnent sous les alizés, ou de cultures vivrières.

Centre de Flacq, elle, déborde d'activité et ressemble à un bazar à l'indienne. Ce ne sont qu'étals de bric-à-brac, marchands des quatre-saisons, boutiques d'étoffes et de robes de communion, gargotes et ateliers sur le trottoir. À découvrir un jour de marché, le mercredi et le dimanche. C'est l'un de ces **marchés typiquement mauriciens**, forcément colorés. Déboussolé, on déambule dans les allées, découvrant un monde plein d'odeurs déconcertantes. On vous propose du caripoulé ? Cela ressemble à notre laurier, parfum poivre/curry en plus. Faites-vous expliquer les bienfaits des « pois carrés » (haricots ailés) et découvrez patolle (variété de concombre) et margoze (un condiment-légume boursouflé, assez laid)…

Poste de Flacq

À 13 km N-O de Trou d'Eau Douce par la B59 et la B62.

Poste de Flacq mérite un détour pour son temple hindou, le **Kashinath Mandir** (lun.-ven. 7h30-16h30, w.-e. et j. f. 9h30-15h), posé sur l'île aux Goyaviers, qui est reliée à la terre ferme par une chaussée : tout blanc, coiffé d'un trident, le « temple flottant » s'élève au-dessus de l'eau... Étonnant.

Parc national de Bras d'Eau ✧

Bras d'Eau National Park

À 16 km N-O de Trou d'Eau Douce par la B15. Entrée sur la g. **Visitor's Centre** : http://pes.govmu.org, Lun.-ven. 8h-17h, sam.-dim. et j.f. 9h-16h. Parking. Lotion antimoustique et bonnes chaussures de marche indispensables. Accès libre. Deux sentiers balisés : Mare Sarcelle Trail (7 km aller, du Visitor's Centre à Poste Lafayette), Mare Chevrettes Trail (boucle de 4,8 km, à partir du Visitor's Centre).

Après le parc national des gorges de la Rivière Noire (p. 151), c'est le **deuxième parc de Maurice**. Inauguré en 2011, d'une superficie de 497 ha, il protège le dernier carré de forêt côtière sèche, où les araucarias et les eucalyptus tiennent compagnie à des ébéniers ou à des acajous. Bras d'Eau est le repaire d'un coq des bois, dit aussi tchitrec ou gobe-mouches : un petit oiseau chamarré à la tête d'un bleu métallique et aux ailes rouge orangé.

LA PAUSE

Mme Ivy

Près de l'île aux Goyaviers et de son temple, vous trouverez sur le bord de la route le stand aux coquillages de Mme Ivy. À 60 ans, elle va en mer de bon matin et l'après-midi. Elle tient « boutique » entre-temps. Sur le pouce, avec un filet de citron, on peut y déguster les huîtres les plus fraîches qui soient et lui passer commande de moules, bigorneaux ou oursins.

> ☎ 413.22.23 et 59.78.05.20 (port.). 10-30 Rs l'huître.

⌄ Temple Kashinath Mandir

^ Ligne de chemin de fer désaffectée dans le parc national de Bras d'Eau (p. 121)

Autre curiosité à voir dans ce parc : les vestiges d'une exploitation sucrière. Entre four à chaux, puits et vieux moulin à sucre, on trouve même une ancienne ligne ferroviaire qui troue la végétation.

> Voir aussi la balade sportive : À VTT dans le parc de Bras d'Eau (p. 128).

FAUNE

Le Tangue

À Bras d'Eau, vous croiserez peut-être sur votre chemin des tangues. Couvertes de piquants, ces petites bêtes ont l'apparence de gros hérissons : ils pèsent entre 1 et 2 kg. Et en cari, c'est l'un des mets favoris des Mauriciens. Goûtez au **salmi de tangue** à Poste de Flacq, chez Varsha & Linley.

> Au bord de la route côtière, Poste de Flacq 📞 54.96.94.29 et 54.90.63.86 (port.)

Vers Roches Noires ✧

À 20 km N-O de Trou d'Eau Douce par les terres (B61 et B15).

Changement de décor total. La côte offre ici son visage le plus sauvage : alizés faisant ployer les filaos et mer frappant des rochers noirs, basaltiques. Le village de Roches Noires compte quelques grottes, dont l'une est partiellement aménagée : **Cave Madame** (près de l'école primaire du village, rue principale, sur la g. en venant du S ; entrée libre). Quelques escaliers taillés dans la pierre, une main courante… La grotte a sans doute par le passé servi de refuge à des esclaves marrons (fugitifs).

Le village est littéralement truffé de tunnels de lave ; il y a quelque 110 km de galeries !

• NOS ADRESSES •

TROU D'EAU DOUCE

OÙ DORMIR

La Koquillishe

Royal Rd, Le Maho 📞 59.76.86.45 (port.). 10 ch. (dont 2 appart. de 2 ch.). Cuisine mise à la disposition des clients, petit frigo dans la chambre. Autour de 4 000 Rs.

En plein village (bonne insonorisation), ce coquet B&B plein de recoins, tenu en famille, est décoré avec un goût certain. Le petit déjeuner pris sur la terrasse, bien protégée de la rue centrale, est des plus agréable. La plage est à deux pas et le bus passe devant la porte.

Tropical Attitude Hôtel

La Pelouse 📞 480.13.00, https://hotels attitude.com/fr/tropical-attitude. 58 ch. et 11 villas (60 m²). 3 restaurants (dont une roulotte de *street food*). Piscine. Spa Poz. Activités nautiques et terrestres. Navette vers l'île aux Cerfs. Adultes seulement. Autour de 10 000 Rs si l'on s'y prend tôt (sinon 13 000 Rs).

En bord de mer, le Tropical ne manque pas de peps. Cela passe par la déco épurée et des propositions ludiques. Les villas disposent d'une piscine et d'un jardin privés.

OÙ MANGER

Green Island Beach Restaurant

La Pelouse 📞 480.07.35 et 52.51.71.52 (port.), https://green-island-beach-restaurant. business.site. Mar.-dim. 19h-23h. Plat principal autour de 500 Rs.

Il n'est pas sur la plage, la route l'en séparant. Cela n'en reste pas moins un bon petit troquet, assurant une cuisine sino-mauricienne savoureuse. Tartare de dorade, poisson grillé, cari d'ourite, bananes flambées... Et l'inévitable langouste.

Chez Tino

Royal Rd, dans le « centre-ville » 📞 480.27.69. Mer.-lun. 10h-21h. Plat principal 300-650 Rs (panier pêcheur 3 700 Rs pour 2).

On vient ici pour la vue imprenable à l'étage de sa terrasse sur l'île aux Cerfs. Et pour une cuisine goûteuse : sacré-chien (un poisson) grillé, cari poulet-crevettes à la mauricienne... Le tout accompagné de riz blanc, de « grains », de chatini et d'un punch au litchi.

La Case Poissons

Royal Rd, Le Maho 📞 480.26.81 et 54.51.26.81 (port.), www.lacasepoisson.mu. T.l.j. 10h-22h. Plat principal 425-750 Rs, hors plateau de fruits de mer (1575 Rs pour 1 pers., 5 275 Rs pour 4).

Payen et Moïse font partie de la coopérative de pêcheurs de Trou d'Eau Douce. Servi dans la courette, abritée sous toiles, le plateau de la mer, extra-frais, y est royal : gambas, langouste, poulpe, calamar... Tout est cuit au barbecue devant vous. Attention, l'entrée du restaurant, dans le village, est peu visible de la route.

Le Café des Arts

Victoria 1840, Victoria Rd 📞 480.02.20 ou 54.21.09.77 (port.), wwwmaniglier.com. Lun.-sam. à partir de 19h30. F. en juil. Menu-carte 4 500 Rs (+ VAT 15 %) ; grandes occasions (4 plats) 6 700 Rs (+ VAT 15 %).

Le fléchage est aléatoire, mais Le Café des Arts se mérite ! Le cadre a un cachet fou. Installé dans Victoria, une ancienne usine à sucre (1840), on déjeune sous les toiles d'Yvette Maniglier (1929-2007), qui fut la dernière élève du peintre Matisse. Le service est attentionné et la cuisine, excellente. Carte réduite (3 entrées, 3 plats et 3 desserts).

SPORTS ET LOISIRS

Croisières

Océane Cruises Mauritius

Royal Rd 📞 52.51.88.57(port.), https://oceane. mu. T.l.j. Départ à bord de l'Océane de Trou d'Eau Douce (jetée de Pointe Maurice au N) vers 9h15, retour vers 15h30. 3 150 Rs.

Destination l'île aux Cerfs et les cascades de Grande Rivière Sud-Est (p. 111). Barbecue à bord, arrêt plongée (équipements à bord).

Bateaux Vicky

Le Four à Chaux (au N) ☎ 58.36.87.44 (port.). Entre 9h et 16h30. Durée du trajet: 20 min. 600 Rs l'aller-retour.

Excursions à l'île aux Cerfs. Propose aussi un forfait à 1500 Rs avec *lunch* (grillade) et prolongement de l'escapade jusqu'aux cascades de Grande Rivière Sud-Est.

ÎLE AUX CERFS

OÙ DORMIR

Bubble Lodges

Accessible par la jetée privée de Pointe Maurice (celle du Shangri-La/Touessrok Resort) ☎ 52.55.14.94 (port.), www.bubble-lodge.com/fr/ile-aux-cerfs. Accès (gratuit) au golf de l'île. Autour de 25000-30000 Rs en demi-pension par bulle (2 adultes et éventuellement 2 enfants de moins de 12 ans).

Majordome, plage privée, coin salon, salle de bains, climatisation, rien n'est

< Île aux Cerfs

refusé à ces trois bubble lodges (plus un écolodge) transparents, immergés entre banians et filaos sur la partie privatisée de l'île aux Cerfs. Le dîner peut être pris sur la plage ou au restaurant du club-house.

> Voir aussi le coup de cœur de l'auteure: Camping ou glamping, en version roots ou en version luxe (p. 126).

SPORTS ET LOISIRS

Golf

Golf de l'île aux Cerfs

☎ 402.77.20, www.ileauxcerfsgolfclub.com. T.l.j. 7h30-18h. *Green fees*: 8500 Rs (incluant voiturette et transfert en bateau).

Signé Bernhard Langer, ce 18-trous, entre palétuviers et banians, compte parmi les plus beaux du monde. Le parcours s'étend sur plus de 6 km. On peut venir y travailler son swing, mais en tenue!

BELLE MARE/PALMAR

OÙ DORMIR

Seasense Boutique Hôtel & Spa

Coastal Rd, Palmar ☎ 415.18.00, https://searesortshotels.com/seasense. 59 ch., 3 restaurants (dont un restaurant de plage), 2 bars, un spa, un hangar à bateaux. Piscine (chauffée durant l'hiver austral). Kayak, paddle. Location de vélos. Spa. Adultes seulement. Entre 15 000 et 20 000 Rs en s'y prenant tôt.

Les toits en chaume, les chambres spacieuses, la plage et ses hamacs à deux pas, le bus qui passe devant la porte, tout cela plaide en faveur de cet établissement à taille humaine.

Salt of Palmar

Costal Rd, Palmar ☎ 401.85.00, www.saltresorts.com. 59 ch., 1 restaurant, 3 bars. Piscine. Spa Equilibrium et soins (ouvert aux non-résidents de l'hôtel). Sorties vélo, séances méditation et stretching dans le parc de Bras d'Eau. Atelier cocktails. Adultes seulement. Autour de 16 000 Rs (12 000 Rs, si l'on s'y prend tôt).

Toutes les chambres ont vue sur la mer dans cet hôtel situé sur la plage et assez éloigné de la route. Membre des Design Hotels, il a été relooké avec brio par Camille Walala et possède une belle conscience écologique : pas de buffet dans les restaurants pour éviter les gaspillages, zéro plastique, des fournisseurs locaux (tout ou presque est acheté dans un rayon de 20-25 km), un guide pour vous accompagner à la rencontre des Mauriciens. Insolite : le spa Equilibrium, où l'on peut se ressourcer dans une cabine de sel, du sol au plafond.

SPORTS ET LOISIRS

Marche sous l'eau

Aquaventure

À côté de l'hôtel Long Beach ☎ 415.19.53 et 57.29.79.53 (port.), www.aquaventure.io. T.l.j. 9h45-16h. 1900 Rs pour 10 min, 2150 Rs pour 20 min. À partir de 7 ans.

Au milieu des poissons, marcher sous l'eau à 3 ou 4 m de profondeur, comme dans un rêve ! La tête est enserrée dans un simple « casque » (30 kg), qu'un tuyau alimente en air.

Plongée

Blues Diving

Au Constance, Belle Mare Plage ☎ 402.27.31 et 52.55.83.73 (port.), https://bluesdiving.com. T.l.j. 8h-16h. Dès 8-10 ans. Plongée : 3200 Rs.

Nul besoin d'être résident de l'hôtel pour plonger avec le club de Jean-Michel Langlois. La région compte plus d'une vingtaine de sites. Le Château et la passe de Belle Mare figurent parmi les meilleurs.

ARGY

OÙ DORMIR

Tree Lodge

À mi-chemin entre Belle Mare et Centre de Flacq ☎ 58.56.95.75 et 58.56.55.27 (port.), www.treelodgemauritius.com. Une cabane perchée et 1 ch. classique. Piscine. Autour de 4200 Rs.

On en a tous rêvé, Yannick (française) et Ben (mauricien) l'ont fait. Dans un cadre idyllique situé sur l'ancienne propriété sucrière d'Argy, ils ont créé la première cabane perchée de Maurice ! Dans un beau jardin, elle se niche dans un arbre de l'intendance (*ficus microcarpa*) bicentenaire.

OÙ MANGER

Snack Maranatha

Rte Royale, Cité Argy (près de Centre de Flacq, intersection B60/B61) ☎ 413.26.44 et 57.96.62.77 (port.). T.l.j. 11h-minuit.

Un petit snack pimpant, surnommé « Chez Ti Georges » par tout le monde. On peut y commander une salade de pommes de terre (40 Rs) ou un cari d'ourite (200 Rs).

POSTE LAFAYETTE

OÙ DORMIR

La Maison d'été Hotel by Newmark

Route côtière ☎ 410.50.39, https://newmarkhotels.com. 16 ch., 2 restaurants, 2 piscines. Wellness centre (spa, yoga). Vélos et équipement de snorkeling à disposition des clients. Autour de 20000 Rs.

L'océan pour seul horizon... Dans un jardin-cocoteraie, cette maison est un rêve – onéreux – posé sur l'eau. Toutes les chambres ont vue sur mer.

RIVIÈRE DU REMPART

SPORTS ET LOISIRS

Saut en parachute

Skydive Mauritius

Z.I. Mon Loisir Sugar Estate ☎ 54.99.55.51 et 54.21.49.87 (port.), https://skydivemauritius.com/.

20 à 30 min de vol au-dessus du lagon, 40 secondes en chute libre à 200 km/h, 4 ou 5 min de danse dans les airs : l'expérience d'une vie, qui a un prix, 18500 Rs.

Coup de cœur de l'auteure

CAMPING OU GLAMPING, EN VERSION ROOTS OU EN VERSION LUXE

Perdu dans la nature, se prendre une nuit durant pour Robinson, solitaire ou presque, sur une île en principe inhabitée... Un rêve ? À Maurice, deux îles offrent cette possibilité, où le plus grand luxe reste de regarder les étoiles apparaître dans le ciel et d'assister au lever de soleil.

SUR L'ÎLOT BERNACHE : AUTOUR DU FEU DE CAMP

Au large de Grand Gaube, c'est une île minuscule, inhabitée, que cache l'île d'Ambre. Le nom – îlot Bernache ou pointe Bernache – proviendrait des coquillages (les bernacles) ou d'un colon, François de Bernage. Si vous comptez être seul, ne choisissez pas un week-end : c'est l'une des destinations préférées d'un petit nombre de Mauriciens, du moins pendant l'été austral.

Patrick Karia nous a fixé rendez-vous dans le charmant petit village de Poudre d'Or vers 9h. Son bateau *Le Grand Bleu* attend au débarcadère. Pêcheur et fils de pêcheur, il connaît le lagon comme le fond de sa poche. Et la langouste, que vous lui avez commandée, il l'aura sans doute pêchée lui-même. En revanche, c'est Maman Karia qui a préparé les samoussas, et à vrai dire tout le repas, où le rhum arrangé au litchi, garanti maison, est de rigueur en digestif.

Patrick ne vous autorise pas à mettre la main à la pâte. Monter la tente (petite), installer les toilettes, la douchette ou la table est exclusivement de son ressort. Il vous reste à explorer votre éphémère royaume lilliputien, ombragé par des filaos malmenés par le vent, à vous « rafraîchir » dans le lagon sur la petite plage (150 m) où vous avez accosté, à vous lancer dans une sieste réparatrice et à rêver autour du feu de camp. Déconnexion assurée.

Sur l'île aux Cerfs : la tête dans les étoiles

Il faut montrer patte blanche pour accéder à la partie privée de l'île aux Cerfs, gérée par le Shangri-La Le Touessrok. Sur l'île-mère, c'est à la pointe Maurice, au nord de Trou d'Eau Douce, que vous prenez une navette maritime circulant toutes les 20 minutes. Elle vous dépose au club-house, avant qu'une golfette ne vous emmène à votre Bubble Lodge, installé dans un coin retiré.

C'est un Français installé à Maurice, Laurent Girard, qui a lancé ces « petites » bulles semi-transparentes de 24 m^2, entièrement démontables. Son idée ? Offrir « sans couper un arbre ou couler du béton » un moyen

^ Îlot Bernache

privilégié de vivre en communion avec la nature, sans... les moustiques, la chaleur ou la pluie. Et ceci dans le plus parfait des luxes.

Le confort se trouve effectivement au rendez-vous parmi les banians ou les filaos, avec le ressac en toile de fond. La bulle est climatisée, l'air y est même renouvelé en permanence, d'où l'obligation de refermer la porte du sas avant d'ouvrir celle de la chambre à coucher et salon. Le lit est King size, le minibar bien garni, le peignoir douillet. Tout en bambous, la douche se trouve à l'extérieur. « Dès 17h-18h jusqu'à 9h le lendemain matin, l'île (87 ha) est entièrement à vous », informe le majordome. Chaque Bubble Lodge (il y en a trois, plus un écolodge) dispose en effet des services de *butlers*, qui vont régler les moindres détails de la vie quotidienne sur ce petit confetti paradisiaque : le petit déjeuner et le dîner servis au restaurant du club de golf ou le transat de plage (privée). Si le dîner premium sur le sable n'est pas inclus dans le tarif de base, les *greenfees* au golf le sont. Une ronde de sécurité est assurée la nuit, pendant que vous essayez de dormir la tête dans les étoiles, en tentant de repérer la Croix du Sud dans le planétarium géant sous vos yeux.

PRATIQUE

Bivouac

Le Grand Bleu
📞 59.03.16.09 (port.), www.grandbleuexcursionilemaurice.com. Départ et retour Poudre d'Or. Min. 4 pers. Autour de 25 000 Rs en pension complète (langouste en suppl. 2 500 Rs/pers.). S'y prendre un bon mois à l'avance pour les réservations.

Bulles

Bubble Lodges
📞 52.55.14.94 (port.), www.bubble-lodge.com. Départ et retour pointe Maurice, Trou d'Eau Douce. Autour de 25 000 Rs-30 000 Rs en demi-pension (2 adultes et éventuellement 2 enfants de moins de 12 ans). Menu sur la plage 14 500 Rs.

Balade sportive

À VTT DANS LE PARC DE BRAS D'EAU

⌄ Sur la plage de Poste Lafayette

Entre roches volcaniques et tunnels de lave, cette balade à VTT dans le parc national du Bras d'Eau vous rappelle, plus que jamais, que Maurice est un volcan oublié. Le parc est aussi une zone de « *wetlands* », une zone humide, éponge, où l'eau est omniprésente, qu'elle soit douce, salée ou saumâtre.

EN SELLE !

Le rendez-vous est fixé avec Patrick Haberland, un ancien champion du cyclisme mauricien, qui a fondé sa petite entreprise d'écotourisme. Ce sera sur la plage publique de Poste Lafayette, au pied du petit mémorial SMF (Special Mobile Force), dédié à sept militaires disparus en mer lors de manœuvres en 1964. En ouverture, la petite balade au bord de la plage, sable et rochers noirs mêlés, permet de prendre en main son VTT, en suivant les conseils avisés de Patrick.

Une forêt épaisse

À 2 km du départ

Au niveau de la plage publique de Bras d'Eau, 2 km plus loin, on rentre dans une forêt épaisse, où acajous, tecomas, araucarias, eucalyptus ou vacoas – des espèces introduites pour l'exploitation – dominent. La piste est sableuse, voire broussailleuse. « Il m'arrive d'ouvrir le chemin à coups de sabre », précise en souriant Patrick. Malgré le nez collé sur le chemin et ses embûches, on essaie néanmoins de débusquer le fameux Paradise flycatcher ou coq des bois, emblématique du parc. Petit, entre 15 et 20 cm, bigarré, ce passereau des Mascareignes, quoique remuant, passe pour peu farouche. Seul son cri rauque d'alerte le trahit. Peine perdue ! On passe non loin de Mare Chevrettes, où les oiseaux, tel le héron des mangroves, ont l'habitude de faire escale.

UN MOULIN À SUCRE

À 6 km du départ

L'arrêt est bienvenu au Visitor's centre, pour détendre bras et mollets. Un centre à vrai dire bien modeste. Et un village fantôme. « Au XIXe s., on a fait venir plus de 300 engagés pour travailler sur la sucrerie », nous informe Patrick.

˅ Le sentier se faufile dans la forêt

Aux alentours subsistent les murs en ruine d'un vieux moulin à sucre, dont l'exploitation s'est arrêtée en 1864. Aujourd'hui, son existence paraît surréaliste dans ces lieux perdus. Pourtant, toutes les annexes sont là : un vieux puits – le puits français – profond de 50 pieds (15 m) et un ancien four à chaux où l'on transformait le corail, amené de la mer, en chaux nécessaire pour clarifier le jus de canne.

En selle ! Nous reprenons nos VTT pour suivre les traces d'une ancienne voie ferrée, celle de l'ancienne « ligne du nord » qui filait sur Roches Noires. Nous laissons à notre droite un parc d'éoliennes. Patrick multiplie les arrêts pour nous faire découvrir ici un jacquier – dans leurs troncs, on fabriquait des pirogues –, là un arbre à pain, dont les Mauriciens font encore grand cas, utilisant les fruits pour un biryani ou un cari.

PRATIQUE

Yemaya Adventures

📞 52.54.32.05 (port.), https://yemayaadventures.com. Sortie à la demi-journée (9h-12h30) : env. 18 km si retour au point de départ, mais la balade peut s'arrêter à Von Molke Beach, 5 ou 6 km plus au nord. Elle se déroule presque exclusivement sur chemin de terre. Plein tarif : 3 000 Rs (3 500 Rs avec un VTT électrique) incluant VTT, guide, assistance, petite collation. Lotion antimoustique bienvenue !

Autre option

Il est possible de louer auprès du même prestataire VTT et GPS pour effectuer cette balade à son rythme.

^ Retour sur la plage vers Von Molke Beach

Des tunnels de lave

À 11 km du départ

Roches Noires est un étonnant village, truffé de tunnels de lave d'une formation récente… à l'échelle géologique (25 000 ans). Lampe-torche en main, on peut explorer une ou deux de ces « cathédrales » souterraines, repaire d'hirondelles. Les géologues ont repéré quelque 110 km de « galeries » dans cette région formée par les coulées de lave du mont Piton et du volcan L'Escalier.

Sous la direction de Patrick, on déboule sur une autre petite merveille méconnue du touriste de base, Trou Diable, un lac minuscule, relié néanmoins à la mer. Pour certains, il serait maudit, ce dont n'ont cure les gamins qui s'y baignent.

< Tunnel de lave

LA RÉGION ouest

L'ouest était, jusqu'à présent, la destination favorite des inconditionnels du « lagon-bronzette », des accros de surf ou de plongée, des mordus de la pêche au marlin. C'était déjà beaucoup. Désormais, il faut compter aussi, parmi ses amoureux, les adeptes du tourisme vert. Quelque 60 km de sentiers s'ouvrent sous les pas des randonneurs au parc national des gorges de la Rivière Noire, où la marche tient encore de l'aventure.
Ce nouveau Far West s'explore à pied, à cheval, en 4x4, en quad, en buggy, en Segway, à VTT... ou d'arbre en arbre dans les parcs de loisirs, qui surfent sur cette vague verte. Il offre même quelques tables d'hôtes, authentiquement mauriciennes.

Revers de la médaille : paradoxalement, cet ouest-là se fait rattraper par une urbanisation galopante.

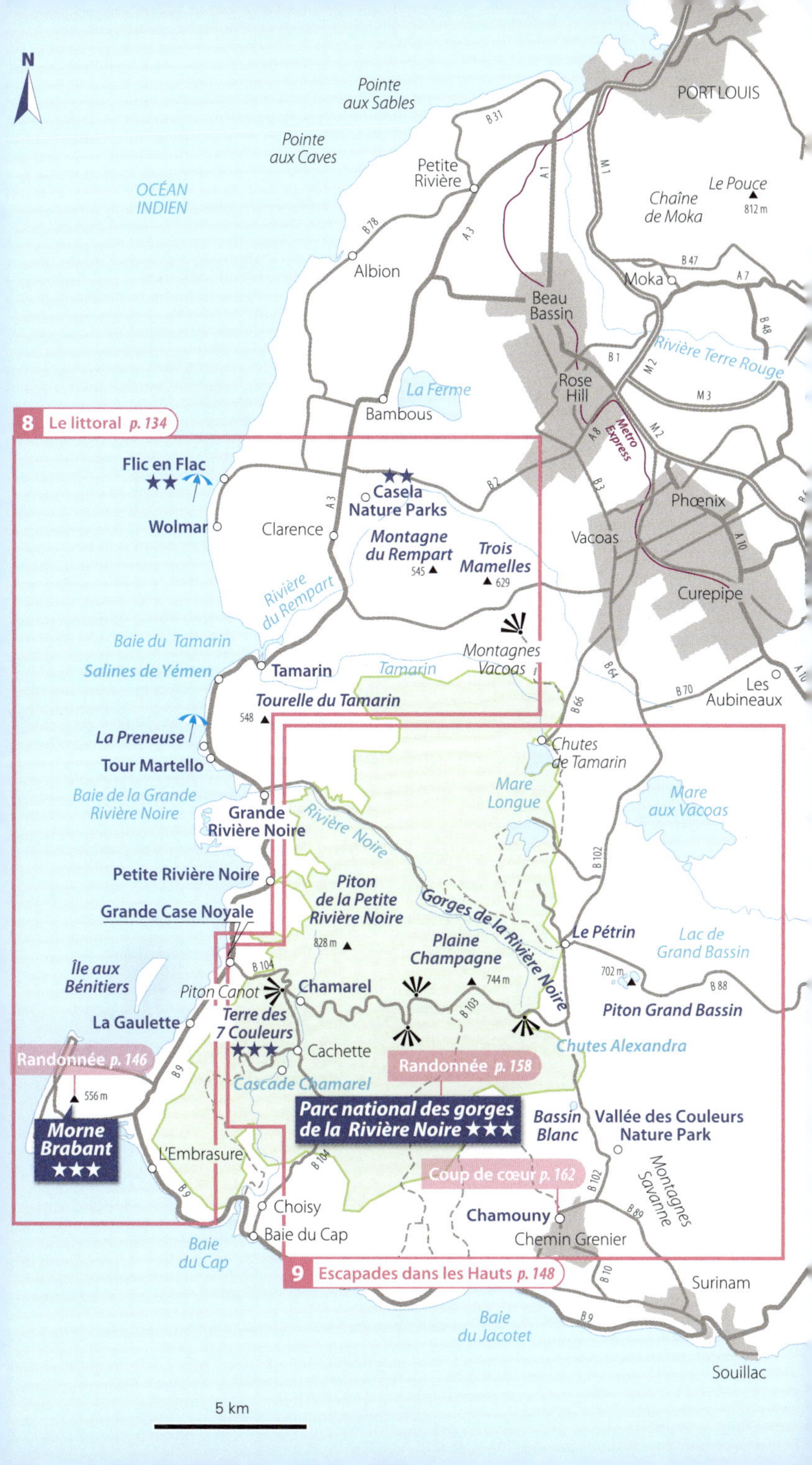
N
Pointe aux Sables
Pointe aux Caves
OCÉAN INDIEN
PORT LOUIS
Petite Rivière
Le Pouce
812 m
Chaîne de Moka
Albion
Moka
Beau Bassin
Rivière Terre Rouge
La Ferme
Rose Hill
Bambous
Metro Express
8 Le littoral p. 134
Flic en Flac ★★
Casela Nature Parks ★★
Wolmar
Clarence
Montagne du Rempart
545
Trois Mamelles
629
Phœnix
Vacoas
Curepipe
Rivière du Rempart
Baie du Tamarin
Montagnes Vacoas
Salines de Yémen
Tamarin
Tourelle du Tamarin
548
Les Aubineaux
La Preneuse
Tour Martello
Chutes de Tamarin
Baie de la Grande Rivière Noire
Mare Longue
Mare aux Vacoas
Grande Rivière Noire
Rivière Noire
Petite Rivière Noire
Piton de la Petite Rivière Noire
828 m
Gorges de la Rivière Noire
Grande Case Noyale
Le Pétrin
Lac de Grand Bassin
Plaine Champagne
744 m
702 m
Île aux Bénitiers
Piton Canot
Chamarel
Piton Grand Bassin
La Gaulette
Terre des 7 Couleurs ★★★
Cachette
Chutes Alexandra
Randonnée p. 146
Randonnée p. 158
556 m
Cascade Chamarel
Morne Brabant ★★★
Parc national des gorges de la Rivière Noire ★★★
Bassin Blanc
Vallée des Couleurs Nature Park
L'Embrasure
Coup de cœur p. 162
Montagnes Savanne
Choisy
Chamouny
Baie du Cap
Chemin Grenier
Baie du Cap
9 Escapades dans les Hauts p. 148
Surinam
Baie du Jacotet
Souillac
5 km
B 31
A 1
M 1
A 3
B 78
B 47
A 7
B 48
B 1
M 2
M 3
A 8
B 2
B 3
A 10
B 64
B 70
B 66
B 102
B 88
B 104
B 103
B 9
B 89
B 10

8

LE LITTORAL

Quand on vient de Port Louis au nord, ou de Quatre-Bornes à l'est, l'arrivée sur la côte ouest à hauteur de Flic en Flac se fait par une longue ligne droite, qui coupe les champs de canne à sucre à perte de vue. Entre les inflorescences soyeuses de la canne, on aperçoit, tout au fond, le lagon. Vert sur bleu : le tableau est magnifique. L'amateur de bronzette trouvera ici des plages splendides, tapageuses comme celle de Flic en Flac, discrètes à l'instar de La Preneuse. Plus sportif, on se mesurera aux rouleaux de Tamarin ou de la presqu'île du morne Brabant. Au large vous attendent les dauphins tandis que Casela, à l'intérieur des terres, se propose de vous immerger dans un « monde d'aventures ».

PRATIQUE

- **Carte p. 133**
- **Nos adresses p. 140**

↓ Se déplacer

En voiture

- **Si vous venez du nord**, ou si vous vous y rendez (Pamplemousses, Grand Baie), pensez à utiliser la nouvelle autoroute M3, Trianon-Terre Rouge-Verdun, qui évite Port Louis et ses embouteillages.
- **Si vous venez du sud**, une nouvelle route (ouverture en 2024) relie La Vigie à Flic en Flac, vous permettant d'esquiver le centre de Curepipe.

En bus

Pour vous rendre à Casela, empruntez le bus nº 69 (Individual Operator) Port Louis-Cascavelle village.

Pour Tamarin, Grande

Plage de Tamarin

L'ESSENTIEL

À ne pas manquer

Le parc d'attractions Casela; l'ascension du morne Brabant.

Expériences

Aller à la rencontre des dauphins en kayak; explorer la rivière Tamarin; s'initier au kite.

Les plus belles plages

Pour sa longueur: Flic en Flac; pour le surf: Tamarin; pour son cachet historique: La Preneuse.

Autour de Flic en Flac ✧

À 25 km S-O de Port-Louis, 46 km N-O de l'aéroport.

Flic en Flac, dont le nom viendrait du bruit de succion fait par chaussures et bottes quand elles s'enfonçaient dans les anciens marais, est une station balnéaire fort animée, surtout le week-end. Elle a vu naître à ses portes un parc d'aventures, **Casela**, qui fait aujourd'hui un tabac, y compris chez les Mauriciens.

FLIC EN FLAC ✧✧

À 32 km S-O de Port Louis.

Le hameau de pêcheurs d'autrefois est devenu une grosse **station balnéaire**, où les campements (résidences secondaires), les morcellements (lotissements) et les résidences de vacances prolifèrent. Malgré un développement anarchique, Flic en Flac garde ses atouts: une **immense plage** de 3 km de long bordée de filaos, quasiment déserte en semaine, des fonds sablonneux propices à la baignade, une ambiance bon enfant faite d'indolence et de joie de vivre. Les hôtels de luxe sont regroupés à **Wolmar**.

Rivière Noire ou Le Morne, toute la côte à vrai dire, empruntez les n° 69 et n° 5 (BOCS) Quatre Bornes-Baie du Cap, avec changement à Clarence. Des alternatives : les n° 123 et n° 119, tous deux de NTC, avec changement à Bambous pour Grande Rivière Noire. Ou les n° 57 et n° 5 à destination du Morne avec changement à Flic en Flac Junction.

Conseil

Pour nager avec les dauphins, partez tôt (au lever du soleil) ou très tard. Dans la matinée, certains hésitent à se mettre à l'eau par crainte de recevoir un bateau sur la tête, c'est dire !

FAUNE

La voix des cachalots

En 2022, 50 cachalots ont été identifiés résidents dans les eaux de Maurice. Vous pouvez d'ailleurs retrouver en ligne leur... carte d'identité, où sont notées les blessures sur leurs nageoires. On en sait déjà beaucoup sur le clan d'Irène Gueule Tordue. Étape suivante ? Il s'agira d'établir la signature sonore de chaque cachalot, c'est-à-dire de les reconnaître à leur voix !

> www.indianocean marinelifefoundation.org.

CASELA NATURE PARKS ✧✧

Royal Rd, Cascavelle. À env. 5 km E de Flic en Flac (B34 et A3) 📞 401.65.00, https://caselaparks.com. T.l.j. 9h-17h. F. 1er janv. et 25 déc. Entrée : 1200 Rs. Inclus dans l'accès au parc : Pangia Kids Park (jeux) + Bird Paradise + ferme ; African safari Truck Tour ; Tuwalaka Gold coaster. Toutes les autres activités sont payantes. Restaurants sur place. Aire de jeux.

Casela, un monde d'aventures ! C'est désormais le concept de ce parc, l'un des plus populaires, sinon le plus populaire à Maurice. Au pied de la **montagne du Rempart** (545 m), il s'étend sur plus de 350 ha. Tout en vallons, collines et torrents, le domaine appartient au groupe sucrier Médine, qui s'est diversifié dans le tourisme. Les 400 000 visiteurs annuels sont invités à choisir leurs activités dans l'un des « royaumes » : Thrill Mountain, Predator Kingdom, African Safari, Pangia Kids Park, etc. Le parc compte plus de 500 mammifères (rhinocéros, zèbres, girafes, etc.), 150 reptiles, plus d'un millier d'oiseaux. Les enfants apprécient de donner le biberon à un chevreau (55 Rs le litre de lait) ou de nourrir un chameau (150 Rs). Les baroudeurs, eux, se font des frayeurs sur des tyroliennes (1400 Rs) ou en faisant quelques pas avec les lions (4 000 Rs). Pour contrôler votre budget, vous avez tout

Lionne dans le parc Casela

^ Dauphins près du morne Brabant

intérêt à réserver d'avance les activités projetées. Attention : prévoyez 30 min à 1h entre chacune.

Volière (Bird Paradise)

Incluse dans le billet d'entrée.

Vous vous retrouvez ici au beau milieu d'un petit monde éclatant de couleurs. Cacatoès, perruches, aras et même des pigeons roses. Ça caquette, ça roucoule, ça piaille. La zone comprend aussi un toboggan (avec bouées) qui vous embarque dans une descente vertigineuse (50 Rs), ainsi qu'un cinéma 4D (75 Rs), qui présente un film de 5 min.

Marche avec les lions (Predator Kingdom)

Réveillez le félin qui est en vous ! Tel est l'argument massue pour vous décider à sauter le pas. Le parc abrite 33 lions, 10 tigres et une poignée de guépards. En petit groupe, vous êtes invité à suivre dans la forêt deux lions en liberté, mais qui restent sous le contrôle de leurs dresseurs préférés, munis de bâtons (rés. impérative ; durée : 45 min ; 4000 Rs) à moins que vous ne préfériez un petit moment de tendresse avec les guépards dans leur enclos : on appelle ça de « l'interaction » (durée : 15-20 min ; 1000 Rs).

Frissons dans la montagne (Thrill Mountain)

Ça, c'est pour les amateurs de sensations fortes, avec l'une des plus longues **tyroliennes** de Maurice (400 m, forfait avec 4 autres tyroliennes 1400 Rs), une via ferrata (qui peut être provisoirement inaccessible, 1600 Rs) et le canyon swing (une variante du saut à l'élastique, 800 Rs).

FAUNE

Dauphins harcelés

Sur la côte ouest, près de la barrière, on estime à une quarantaine le nombre de dauphins à long bec (*spinner*), et à plusieurs dizaines celui de grands dauphins (*bottlenose*). En 2009, la MMCS (Mauritius Marine Conservation Society) dénonçait déjà une baisse inquiétante des cétacés visibles. La faute, pour elle, au « harcèlement » des touristes : dans la même matinée, on a compté jusqu'à 81 bateaux sur le site ! Optez pour des opérateurs qui affichent et adoptent le code de bonne conduite préconisé : ne pas approcher à plus de 50 m et moteur au point mort lors de l'observation.

> **MMCS**, www.mmcs-ngo.org.

^ Salines de Yémen, à Tamarin

LA PAUSE

Moustache Tapas and Wine Bar

Une jolie petite sélection de vins au verre (à partir de 250 Rs) et des tapas maison telles les brochettes de crevettes ou les terrines de poulet... Si l'on a envie d'une pause apéritive sympa, c'est l'adresse idéale.

> Royal Rd, La Mivoie, Tamarin (sur la g. à la sortie de Tamarin, en venant du N) ☎ 483.77.28 et 59.85.26.19 (port.). Mar.-jeu. 14h-23h, ven.-sam. 11h-23h.

De Tamarin au morne Brabant ✧

Sur l'A3 vers le sud, d'autres sommets découpent leurs silhouettes étranges, comme les **Trois Mamelles** (629 m). La route finit par rejoindre la mer à Tamarin. Entre cette bourgade et Grande Rivière Noire, projets immobiliers et centres commerciaux prolifèrent. Mais la petite plage de **La Preneuse** garde tout son charme.

TAMARIN ✧

À 13 km S de Flic en Flac par l'A3.

À l'arrière de son église, Tamarin vit au ralenti le long de sa vaste baie ouverte sur un estuaire profond bordé de mangrove (zone marécageuse recouverte de palétuviers). Les rouleaux de la **plage publique**, vaste et sauvage, fascinent les mordus de surf: ils rêvent tous de se mesurer, durant l'hiver austral, à ses énormes vagues de plus de 2 m de haut.

La **baie de Tamarin** accueille aussi grands **dauphins** (*bottlenose*) et dauphins à long bec *(spinners)*. De bonne heure, ils se laissent approcher mais prennent le large en fin de matinée. Leurs galipettes représentaient déjà un spectacle fabuleux. Aujourd'hui, nager avec eux est possible en respectant quelques règles (encadré p. 137).

Salines de Yémen

Royal Rd (près du pont) ☎ 484 04 30, www.salinesdetamarin.com. Lun.-ven. 8h30-16h, sam. 8h30-11h30; f. j.f. Entrée: 200 Rs. Vis. guidée. Petite boutique.

Depuis deux siècles, le village a ses **salines**, véritable damier où les saunières, en bottes, chapeau de paille et gants de caoutchouc, s'affairent dès l'aube le râteau ou la pelle à la main pour produire 1000 t de gros sel par an. La visite se déroule alors que les saunières, une trentaine sur le site, terminent leur journée de travail, qui démarre vers 4h du matin.

La grande saison, c'est entre septembre et décembre, période pendant laquelle près de 20 t de sel sont récoltées chaque semaine (6 à 9 t en hiver). L'eau de mer est pompée, puis envoyée dans des bassins peu profonds pour se transformer par évaporation en saumure. Il y a une petite production de fleur de sel (3 t/an), le nec plus ultra en la matière.

AUTOUR DE GRANDE RIVIÈRE NOIRE ✧✧

À 20 km S de Flic en Flac par l'A3.

Dès la **Tourelle du Tamarin** (548 m), vous êtes dans le secteur de Rivière Noire, l'un des neuf grands secteurs administratifs de Maurice. Il est réputé pour la pêche au marlin, un grand poisson proche de l'espadon.

Tour Martello ✧

Ch. de La Preneuse, Rivière Noire.
À 18 km S de Flic en Flac par l'A3
📞 54.71.01.78 (port.). Mar. et sam. 9h30-13h, mer. et ven. 9h30-17h.
Entrée : 100 Rs.

Entre deux parties de pêche ou deux randonnées, prenez le temps de visiter en bordure de mer l'ancienne tour Martello, transformée en **musée**. D'autant plus que la **plage de La Preneuse**, belle comme un cœur, est juste derrière !

Au sommet, la vue sur le **morne Brabant** est magnifique. On se surprend à fantasmer sur la vie de ces soldats, une vingtaine tout au plus, attendant l'arrivée d'un ennemi, les Français en l'occurrence, qui n'est jamais venu ! Cette tour fait partie d'un ensemble défensif (cinq édifices sur l'île) construit par les Anglais entre 1832 et 1834.

À Grande Rivière Noire, sur l'A3 à hauteur du restaurant Le Pavillon de Jade, démarre la route goudronnée qui vous emmène à l'un des deux centres d'information du parc national des gorges de la Rivière Noire (p. 151).

LA GAULETTE ET SES ENVIRONS ✧

À 26 km S de Flic en Flac par l'A3 et la B9.

Au sud, on longe une côte encore sauvage, mais où les villages de pêcheurs, comme celui de **La Gaulette**, se transforment très rapidement. En face s'étale l'**île aux Bénitiers**, du nom d'un énorme coquillage bivalve dont la coquille renversée peut servir de bénitier : c'est un joli but d'excursion. En arrivant sur la **presqu'île du morne Brabant**, le territoire des hôtels de luxe, à touche-touche, est soigneusement délimité. Il faut montrer patte blanche pour franchir les grilles de ces palaces. Il reste encore quelques trouées, où se recroquevillent les plages publiques : on y pratique **kitesurf**, **surf** (au **One Eye**, meilleur spot de l'île) et **planche à voile**.

⌄ Tourelle du Tamarin

Morne Brabant ✧✧✧

À 30 km S de Flic en Flac par l'A3 et la B9.

Sentinelle fièrement dressée au milieu d'un lagon enchanteur, le site est certainement l'un des plus spectaculaires de l'île. Un temps le refuge de nombreux esclaves fugitifs, c'est aussi un haut lieu de l'histoire mauricienne. À ce titre, il est inscrit comme « paysage culturel » au patrimoine mondial par l'Unesco. N'oubliez pas de rendre visite au monument qui rend hommage, face à la plage dans un jardin de sculptures, à tous ces esclaves. Baptisée *Fuite*, l'œuvre de Jean-Michel Hotentote est poignante. Le Morne est aussi l'une des plus belles randonnées qui soient sur l'île. Hélas, en 2023, son accès était interdit au public suite à un éboulement (rens. ☎ 451.57.59 et 451.57.65, https://lemorneheritage.org). Seules les personnes accompagnées d'un guide sont autorisées à entreprendre cette ascension.

> Voir aussi la randonnée : Le morne Brabant (p. 146).

• NOS ADRESSES •

FLIC EN FLAC

OÙ DORMIR

Hôtels

Seastar Hotel

Nenuphar Av. ☎ 453.00.55, www.seastarmauritius.com. 21 ch. Piscine. Restaurant. Bar et jacuzzi en rooftop. Autour de 6500 Rs. 2 à 4 nuits minimum requises en haute saison.

À 300 m de la plage, ce pimpant petit trois-étoiles en blanc et turquoise se fond à merveille avec le cadre paradisiaque de l'océan Indien. Autre bon point : son restaurant, axé poissons et fruits de mer. Idéal pour les budgets moyens.

Veranda Tamarin Hotel & Spa

Baie de Tamarin, Royal Rd ☎ 483.31.00, https://veranda-resorts.com/hotel-ile-maurice-veranda-tamarin. 116 ch. 1 restaurant principal et 3 bars (dont un en rooftop) + une paillote *street food*. 2 piscines (dont une en rooftop). Spa Seven Colours. Location de vélos. Kit de plage proposé (glacière, matelas, serviette). Autour de 7000 Rs.

♥ La devise de ce trois-étoiles : « Deep into Mauritius » (plongez dans Maurice). Il s'est mis à l'unisson de la clientèle de surfeurs et de paddleurs qui fréquentent Tamarin (la plage publique est à deux pas). On y trouve des chambres à la déco pétillante et des unités familiales qui regroupent les petites tribus, avec vue sur jardin, montagne ou mer. L'hôtel a installé un joli rituel, celui de brûler ses soucis autour d'un *tir traka* (feu de camp). Il a même le bon goût de proposer un déjeuner en table d'hôtes extérieure « Chez Roselyne », ou un barbecue sur un bateau !

Aanari Hotel & Spa

Pasadena Village (à l'entrée N) ☎ 453.90.00, www.aanari.com. 50 ch. Piscine. Spa. Restaurant. Autour de 9000 Rs.

Seules les chambres Deluxe et Club ont vue sur la mer, de l'autre côté de la route (plage publique). Vous êtes au cœur de l'action de Flic en Flac et de ses turbulences. Vous profiterez néanmoins de la piscine et du Amrita Spa (hammam et sauna payants sauf Club Rooms).

Gold Beach Resort

Wolmar (au S) ☎ 453.82.35, http://gold-beach-resort.mauritius-hotelsresorts.com. 26 ch. et 5 cottages familiaux avec vue sur la

mer ou le jardin. Piscine. Spa. Restaurant. Autour de 10 000 Rs. Wi-Fi payant.

Dans une zone tranquille, ce petit trois-étoiles les pieds dans l'eau est composé de mini-blocs ronds (idéal pour regrouper une famille) entre ravenalas et palmiers. Piscine.

La Pirogue

Villa Rd ☎ 403.39.00, www.lapirogue mauritius.com. 3 restaurants, 3 bars (dont un wine bar), un studio de musique. Piscine. Club pour enfants. Nombreuses activités nautiques (incluses en demi-pension). Autour de 22 500 Rs.

C'est l'un des établissements les plus anciens (1976) de Maurice. À ses pieds, une plage de sable blanc s'étire sur plus d'1 km au milieu des cocotiers. L'hôtel, maintes fois rénové, a gardé l'allure d'un « village », malgré ses 248 chambres au style bohème chic. Coiffés de chaume, les bungalows (25 à 35 m²) y sont de plain-pied, chacun ayant sa terrasse. La Pirogue fait partie du groupe Sunlife, qui s'est mis à l'heure des « expériences »: séance de cinéma sur la plage, visite dans une pépinière de coraux, « séga Zumba »... Il a décroché le titre d'hôtel le plus favorable au développement durable pour Maurice en 2023.

OÙ MANGER

Ah Youn

Royal Rd, au niveau de l'ancien four à chaux et de sa pyramide ☎ 453.90.99. Mar.-dim. 11h30-15h30 et 18h-22h. Plat principal autour de 500 Rs.

Ce restaurant sino-mauricien est une véritable institution! « Bol renversé », mines frits (nouilles sautées)... les portions sont copieuses. Victime de son succès, il est parfois décevant.

Rib & Reef

Coastal Rd ☎ 453.56.73. Mar.-dim. 12h-15h et 17h30-22h. Plat principal 350-925 Rs.

Une adresse parfaite pour manger – fort bien – après avoir admiré le coucher de soleil sur la côte ouest. Comme l'enseigne le laisse entendre, on trouvera aussi bien un cari de poisson avec aubergines qu'un rougail bœuf. Les inconditionnels du burger ne seront pas non plus déçus.

^ Hôtel La Pirogue

Twin's Garden

Royal Rd ☎ 57.60.74.66 et 57.60.74.66 (port.). Mar.-dim. 18h-minuit. Plat principal 450-850 Rs. Soirées buffet-séga le ven. à 750 Rs. *Live music* le sam.

Frères jumeaux, Julien et Nicolas sont aux manettes et proposent une cuisine fusion servie dans le jardin: ceviche de marlin, ourites laquées au tamarin, cassolette du pêcheur...

Domaine Anna

Médine. À 3 km à l'extérieur de Flic en Flac, dir. Port Louis; tourner à g., fléchage sur la B34 ☎ 453.96.50, https://domaineanna.mu. Mar.-dim. 11h45-14h30 et 18h45-23h. Plat principal 450-865 Rs. Animation musicale ven. et sam.

Le cadre est superbe, verdoyant, piqueté de lacs (artificiels). Et la cuisine élaborée, créole, mâtinée d'accents chinois: salade de marlin fumé, camarons à la mauricienne, poissons vapeur gingembre et échalote...

Mama Hélène So Lakwizine

76, av. des Colibris ☎ 57.27.82.16 (port.). Sur rés. uniquement. Menu 1000 Rs. Cours de cuisine.

Cette table d'hôte offre tous les fondamentaux de la cuisine mauricienne: les *gadjacks* (gâteaux piments, samoussas, etc.), les caris de saison... Joli intermède sur la terrasse-jardin d'une maison privée.

SPORTS ET LOISIRS

Plongée

Abyss

Av. des Mérous, Morcellement Anna ☎ 57.22.49.90 (port.). Plongée avec équipement fourni 1900 Rs.

Avec un plongeur expérimenté et indépendant, Christophe Pélicier. Les places sont limitées.

Exploration sous-marine Ltée

Villas Caroline 📞 453.84.50 et 57.28.91.27 (port.), www.exploration-sous-marine.com. Baptême 2000 Rs. Plongée de jour avec équipement 1400 Rs, nocturne 1600 Rs.

Créé en 1977, le centre est l'un des pionniers du genre à Maurice. Repris en main par Pascal Ava, il offre un bel échantillon de plongées, tant pour débutants que pour plongeurs expérimentés.

CASCAVELLE

OÙ MANGER

Le Blue Bird

À l'intérieur du parc Casela (p. 136) 📞 452.28.28 ou 401.65.00. T.l.j. 10h-16h. Plat principal autour de 500 Rs.

Jolie carte mauricienne (croquettes d'arouilles, civet de cerf, salmi de cochon marron...), mais aussi pizzas et hot-dogs. Tourterelles et *boulbouls* « sonorisent » le déj. , qui a pour cadre la Tourelle du Tamarin (p. 139).

TAMARIN

OÙ DORMIR

Tamarina Boutique Hôtel

Baie de Tamarin 📞 404.01.50, https://tamarina.mu. 50 ch. dont 20 ont vue sur mer. 3 restaurants, 3 bars (dont une *wine gallery*). Spa à base de produits locaux (coco, moringa). Autour de 12000 Rs.

Au bout de 4 km de piste, qui décourage les curieux, on atteint cet hôtel de charme, cosy, niché tout seul dans la baie, à l'embouchure de la rivière Tamarin. Calme garanti! Ses couleurs chaudes évoquent la savane africaine... du parc Casela, tout près à vol d'oiseau. L'hôtel a la cote auprès des golfeurs (*green fees* incluses pour un séjour min. de 2 nuits).

OÙ MANGER

Blond boulettes

Plage de Tamarin 📞 57.15.69.14 (port.). Mar.-ven. 10h30-15h, sam.-dim. 10h30-18h. Mines frits 100 Rs, boulettes 12 à 20 Rs l'unité.

Sur la plage publique de Tamarin, Jean-Marie Anthony et sa famille ont leur petite clientèle. Et pour cause : dans ce food truck, on se régale à mini-prix de boulettes (chouchou, poisson, fromage, etc.) et de mines frits.

Big Willy's

Le Barachois, Cap Tamarin 📞 483.74.00, www.bigwillys.mu. Service continu mar.-jeu. 11h-22h, ven. 11h-23h, sam. 18h-23h. *Beer garden* (bières du cru ou importées). Plat principal 600-1250 Rs.

L'adresse qui déménage dans l'Ouest... C'est le rendez-vous de tous les amateurs de sport (matchs sur grand écran), des carnassiers (le filet de bœuf Angus avec sa purée d'arouille est un plat d'anthologie) et de tous les noctambules, fans de karaoké ou non. Ce qui finit par faire beaucoup de monde ! Côté restaurant, la carte fait son marché dans toutes les cuisines du monde (kebab d'agneau en tapas, cari poulet et crevettes, poulet chorizo, etc.).

La Bonne Chute

Royal Rd 📞 483.65.52, https://labonnechute restaurantandbar.com. Lun.-sam. 12h-15h et 18h45-22h30. Plat principal 675-875 Rs. Menu à 950 Rs.

À côté d'une station-service (on oublie vite, rassurez-vous), cet ancien relais de chasse a installé du gibier à sa carte : rôti de cerf ou de cochon marron restent ses plats signature (750 Rs). Pour autant, dans un cadre sympa, il exploite aussi le répertoire de la cuisine créole : rougail crevette, salmis de bœuf, banane ou ananas flambé. Les végétariens trouveront aussi leur bonheur.

Le Poivrier La Rivière

Les Barachois Estate 📞 58.26.48.00 (port.), https://lepoivrier.mu/lariviere. Mar.-sam. 10h-20h30. Musique live ponctuellement (consulter la page Facebook). Plat principal autour de 1000 Rs.

Au bord de la rivière Tamarin, à fleur d'eau, loin de l'agitation de la route, ce restaurant vous offre un cadre serein, bucolique et verdoyant. La cuisine y est très éclectique, entre magret de canard sauce tamarin, sushis aux calamars frais ou salade mozzarella burrata.

SPORTS ET LOISIRS

Golf

Tamarina Golf Estate

Baie de Tamarin ☎ 401.30.06, https://tamarinagolfclub.com. Ouv. aux non-résidents. *Green fees* 5 500 Rs.

Sur 6 886 m, un 18-trous dessiné par Rodney Wright qui longe ou saute la rivière du Rempart. Magnifiques échappées sur l'océan dans un paysage de savane africaine.

Kayak

Yanature

Cap Tamarin ☎ 57.85.61.77 et 52.51.40.50 (port.), www.trekkingmauritius.com. Au choix, trois horaires : lever du soleil, 13h30 ou coucher du soleil. Durée : 2h env., 1 500 Rs/pers.

Yan de Maroussem avait joué les pionniers en ouvrant l'ascension du Morne au public (p. 146). Grand amateur de trail, ce sportif a lancé des promenades en kayak sur la rivière de Tamarin au départ de Cap Tamarin (l'embouchure). Il n'y a que 4 km au total, mais tout un monde, entre mangrove et hérons.

Observation des dauphins

Lokal Adventure

Tamarin ☎ 54.54.40.60 et 59.34.88.28 (port.), https://lokaladventure.com. Observation des dauphins : 2 000 Rs.

♥ *Out of the box* (hors des sentiers battus) : c'est la devise. C'est donc en kayak qu'Anne et Élodie vous proposent d'aller à la rencontre des dauphins entre 6h et 8h30. Il n'y a pas d'approche moins intrusive. Et le lever de soleil sur la montagne du Rempart est tout simplement magique. Cerise sur le gâteau ? Le petit déjeuner typiquement mauricien que l'on prend sur la rivière de Tamarin avec *baja* (beignets), crêpes à la noix de coco et fruits de saison.

Surf

Tamarin Bay Surf school

Veranda Hotel, Royal Rd, Tamarin ☎ 52.57.50.50 et 57.45.67.59 (port.), https://surf-maurice.com. T.l.j. 9h-17h. Cours particulier 1 500 Rs, matériel inclus. Location de planches 400 Rs pour 1h.

L'école accepte tous les surfeurs, débutants ou confirmés, de 7 à 77 ans. La baie de Tamarin convient à tous les niveaux.

GRANDE RIVIÈRE NOIRE ET SES ENVIRONS

OÙ DORMIR

Hôtels

La Mariposa

Allée des Pêcheurs, La Preneuse ☎ 483.50.48. 21 ch. Piscine. Autour de 8 500 Rs. 3 nuits min. en haute saison.

À 800 m au sud de la tour Martello, un trois-étoiles familial, les pieds dans l'eau. Les bungalows sont enfouis dans la végétation, la montagne du Morne se profile à l'horizon depuis la plage et les *boulbouls* vous rendent visite.

The Bay

Av. des Cocotiers, La Preneuse ☎ 483.70.42, www.thebay.mu. 16 ch. Restaurant. Piscine. Massages sur place. Autour de 8 500 Rs. 2 nuits min. en haute saison.

Ce boutique-hôtel les pieds dans l'eau, aux couleurs douces et toniques à la fois, est géré de façon efficace. C'est l'endroit idéal pour profiter des superbes couchers de soleil de la côte ouest. Bons conseils sur le choix des activités.

Locations

Villas Marguery

Coastal Rd, La Plantation de Marguery, Rivière Noire ☎ 483.50.20, www.marguery-villas-resort.com/fr. Autour de 11 700 Rs (petit déj. 800 Rs/pers., livré à la villa) pour les plus petites. 5 nuits min. en très haute saison.

Dans ce « conciergerie-resort », accroché au bas de la Tourelle du Tamarin et en plein centre-ville, les villas, hyper-équipées, ont chacune leur piscine. Boulangerie et centres commerciaux sont à deux pas. Prêt de vélos pour rejoindre, par exemple, la plage de La Preneuse, proche. En extra, une batterie de services est proposée sur place : chef à domicile, massages dans le jardin de la villa, apéritif flottant…

OÙ MANGER

The Bay

Av. des Cocotiers, La Preneuse, hôtel The Bay (p. 143) ☎ 483.65.25. T.l.j. 12h-15h et 18h30-22h. Plat principal 450-950 Rs. Musique live ven. et sam. Rés. conseillée.

♥ Dominant la mer, le restaurant bénéficie d'un cadre idyllique. La cuisine, axée sur les poissons et fruits de mer, est savoureuse. Nombreuses salades pour les petites faims et frites pour les enfants.

Frenchie Café

À l'entrée de la route menant au Visitors Centre des gorges de Rivière Noire ☎ 483.61.25. Lun.-sam. 9h15-15h et 18h-21h (22h ven., 21h30 sam.). *Happy hours* pour l'apéritif. Musique live certains ven. ou sam. Plat principal 490-790 Rs.

Sous les canisses, le restaurant se tient un peu en retrait de la route. La carte picore dans toutes les cuisines du monde, offrant un petit goût d'Italie (risotto et *tutti quanti*), versant du côté de Maurice (rougail saucisse créole, caris), s'aventurant dans une salade grecque ou thaïe. Mais la table reste fondamentalement *frenchie* : crevettes au pastis, bavette à l'échalote, cabillaud et aïoli… Les gourmands peuvent demander des portions XL !

SHOPPING

Ruisseau Créole

Coastal Rd, La Mivoie (Rivière Noire) ☎ 483.40.00, www.ruisseaucreole.com. Lun.-sam. 9h30-18h. Certaines boutiques peuvent être *tax refund* (encadré p. 262).

Partagée entre quatre blocs, cette galerie commerciale abrite près d'une quarantaine de boutiques (textiles, bijoux, décoration, etc.) et une demi-douzaine de bars-restaurants (dont The 21 Black River, avec concerts et karaoké). Certaines marques mauriciennes ont trouvé ici refuge : vous les trouverez notamment à Out of Africa ou à La Boutique (Tafta, White Mischief).

SPORTS ET LOISIRS

Observation des dauphins et baleines

Dolswim

Rue La Jetée ☎ 54.22.92.81 et 52.58.92.81 (port.), https://dolswim.eshops.mu. 2000 Rs pour aller à la rencontre des dauphins (7h-9h30), 2500 Rs avec le déjeuner sur l'île aux Bénitiers ; 2500 Rs pour aller voir les baleines (3h env.) ; 4000 Rs pour les deux (7h-12h30).

Vis-à-vis des dauphins, le respect du code de bonne conduite est ici la règle. Autre bon point : le bateau n'embarque que 8 à 10 personnes. Si les dauphins sont présents en permanence dans la baie, voir des baleines est plus aléatoire : vous avez 60 % de chances d'en apercevoir, et seulement de juil. à sept., voire oct. pour les baleines à bosse.

JP Henry Charters Ltd

L'Estuaire, La Balise ☎ 57.29.09.01 et 57.27.61.88 (port.), https://jph.mu. Excursion à la journée 2400 Rs/pers.

Les départs se font de La Balise Marina, le complexe résidentiel au bord de l'eau *(fléchage)*. Dans le respect des règles, la nage avec les dauphins se pratique exclusivement de 7h à 9h (à partir de 6h pendant l'été austral). L'excursion peut se prolonger sur la journée avec une escale sur l'île aux Bénitiers (déj. compris).

Pêche au gros

JP Henry Charters Ltd

Voir ci-dessus ☎ 57.29.09.01 (port.).

L'un des meilleurs spécialistes de la pêche au marlin.

LA GAULETTE

OÙ DORMIR

Maison d'hôtes

Maison Papaye

Morcellement La Flèche n° 21 ☎ 451.59.76 et 57.52.09.18 (port.), http://maisonpapaye.com. 4 ch. Piscine. Autour de 4000 Rs.

Hors plage, en retrait de la route principale, cette belle maison blanche aux volets bleus joue l'incognito. Du balcon, vue sur l'île aux Bénitiers. L'accueil de Marie-Hélène (surnommée Papaye) et de Philippe est très agréable.

LE MORNE

OÙ DORMIR

Le Paradis Hotel et Golf Club

Sur la pointe nord de la péninsule du Morne ☎ 401.50.50, www.beachcomber-hotels.com. 280 ch. et suites, 13 villas avec plage privée. Piscine chauffée en hiver. 4 restaurants, 4 bars. Nombreuses activités nautiques incluses dans le prix (paddle, kayak, etc.). 6 courts de tennis. Club enfants. Golf. Spa. Plus de 33000 Rs.

Là où le peintre-écrivain Malcolm de Chazal plantait son chevalet, cet hôtel Beachcomber s'alanguit sur 5 km de plage et 150 ha d'un domaine privé. Luxe, sable et volupté... Le site, sous la montagne du Morne, est exceptionnel. L'établissement est à la pointe du tourisme durable : unités de dessalement de l'eau de mer et de recyclage des eaux usées (pour les jardins, le golf), utilisation de l'énergie solaire, récupération du verre ou des huiles de cuisine...

OÙ MANGER

Emba Filao

Plage du Morne ☎ 59.19.19.69 (port.). Mar.-dim. 8h15-10h30 et 11h30-15h (ponctuellement, dîners sous les étoiles). Plat 300-550 Rs.

Un restaurant de plage ! Hors hôtel, c'est assez unique. Certes, il tient du snack, où vous avez le choix entre riz et frites côté accompagnements. Mais déjeuner avec les pieds dans le sable, sous les filaos et à 10 m de la mer, vous porte à l'indulgence. Contentez-vous de samoussas (200 Rs).

Wapalapam

Centre commercial de l'Harmonie ☎ 450.56.41 et 58.52.29.02 (port.), https://wapalapam.com. T.l.j. 8h-22h. Plats 500-1500 Rs.

Woks, grillades, caris... L'enseigne, créée par un ancien champion slovène de snowboard, Rok Flander, fait feu de tout type de cuisson pour une « cuisine plaisir ». Aux allures de case créole, la déco, à base de matériaux de récupération, est dans l'air du temps.

SPORTS ET LOISIRS

Golf

Paradis Golf Club

☎ 401.58.73, www.beachcomberhotels.com. *Green fees* 7500 Rs.

Entre Morne et lagon, flamboyants et greens, ce 18-trous donne du fil à retordre : passages sur l'eau (jusqu'à cinq reprises), sautes du vent... Bon à savoir : les résidents des hôtels Dinarobin et Paradis sont prioritaires et bénéficient de tarifs préférentiels.

Kitesurf et paddle

Willow Surf Center

Kite Lagoon ☎ 59.87.62.84 (port.), https://willowsurfcenter.com. T.l.j. 9h-17h. Cours et location de matériel (kite, wingfoil). Forfait kite 3h : env. 16000 Rs ; location kite 2h : env. 2750 Rs.

Sur Kite Lagoon et sa plage herbeuse, il est impossible de rater le van rouge écarlate de Willow-River Tonkin et de ses frères. Les débuts peuvent être rapides, un instructeur gérant 2 élèves. Sachez aussi que la période idéale se situe entre mai et octobre. Ils sont parmi les rares à proposer aussi du wingfoil, sport intermédiaire entre le kite et le surf.

Randonnée sur le Morne

Yanature Adventures

Morcellement Village, Rivière Noire ☎ 57.85.61.77 et 52.51.40.50 (port.), www.trekkingmauritius.com. 2000 Rs/pers.

Une ascension légendaire. Elle n'est possible qu'avec un guide (p. 146).

Kite Lagoon

Au Morne, l'endroit se nomme Kite Lagoon. C'est dire ! Tous les opérateurs kite sont là. Dans le ciel, les corolles composent un ballet extraordinaire. Le lagon est grand, on a pied presque partout et le vent sud-est est quasiment constant : ce sont des conditions idéales pour débuter.

Randonnée

LE MORNE BRABANT

Inscrit comme « paysage culturel » au patrimoine mondial par l'Unesco, le morne Brabant, ou le Morne, est l'une des plus belles randonnées que l'on puisse faire sur les « toits » de Maurice. Panorama et ascension à couper le souffle.

1 Le rendez-vous est donné à 6h ou 7h suivant la saison, devant le restaurant Wapalapam, au **Morne**. Ensuite, on rejoint en petit groupe, sous la houlette de l'un des guides de Yanature, le point de départ de cette randonnée, qui se déroule désormais sur un domaine public. Un portail (fermé) en verrouille cependant toujours l'accès (interdit aux particuliers). Cela démarre… doucement: on attaque le Morne par la face sud, à l'opposé de la falaise. Au départ, le sentier ressemble à un vrai boulevard et progresse en lacet dans les bois, où poussent ébéniers et tecomas aux fleurs jaunes.

2 Vous mettez probablement vos pas dans ceux des esclaves fugitifs, qui ont trouvé refuge dans cette **citadelle naturelle** jusqu'au XIXe s. Une sombre légende évoque un suicide collectif de ces « marrons », qui se seraient jetés dans le vide à l'arrivée de soldats venus pourtant leur annoncer l'abolition de l'esclavage (1835). Si l'on a retrouvé des traces d'occupation humaine dans trois grottes, aucune découverte n'est venue étayer la réalité de cette tragédie. Mais pour les Mauriciens, et les créoles en particulier, le Morne est un symbole de souffrance et de résistance.

PRATIQUE

Départ et arrivée
Départ sur la petite route qui ceinture la péninsule du Morne *(portail fermé)*, arrivée près du sommet, à la croix.

Accès
Avec un guide agréé (p. 145).

Durée
3h à 4h A/R pour un randonneur moyen.

Balisage Aucun.

Dénivelé
500 m environ.

Difficulté Facile (jusqu'à 250 m), puis difficile (la toute dernière partie).

Enfants
Admis à partir de 12 ans. La rando familiale s'arrête quand commence la grimpette dans la faille.

Prix
2000 Rs.

En savoir plus
www.lemorneheritage.org, www.trekkingmauritius.com.

^ Le Morne vu du ciel

3 À mi-parcours, l'horizon se dégage : la végétation se tasse au sol. Avec un peu de chance, vous passerez près d'un plant de *Trochetia boutoniana* en pleine floraison *(juin-octobre)*. Ses fleurs écarlates, en forme de clochettes, dégagent un léger parfum de vanille. C'est sur le Morne, alors qu'on la croyait disparue, qu'on a redécouvert en 1973 cette fleur « boucle d'oreille », devenue l'emblème de la République mauricienne. Le sentier débouche sur une **plate-forme**, à 250 m d'altitude environ, où la vue est déjà magnifique.

4 Droit devant. Le sentier s'attaque maintenant à cette **montagne de basalte**, se faufile dans une faille, devient un escalier avec des marches sur lesquelles il faut se hisser. Le final se révèle éprouvant ! On n'a d'yeux que pour la croix en fer, érigée en mémoire des esclaves marrons, qui doit être notre terminus (500 m d'altitude environ). Ce n'est pas le « vrai » sommet, inaccessible au-delà d'un précipice. Mais la **vue à 360°** qui s'offre au regard ôte tout regret. Maurice est à vos pieds.

9 ESCAPADES dans les Hauts

Maurice, le pays derrière la plage… Au fil des lacets, depuis Grande Case Noyale, on entre dans le monde humide et luxuriant de la « montagne » mauricienne, qui culmine à 828 m.

C'est une Maurice authentiquement verte que vous abordez, avec sa forêt primaire, ses singes, ses oiseaux endémiques et ses curiosités géologiques. L'écotourisme s'y développe : tables d'hôtes, écolodges, sentiers balisés et rando… Les groupes sucriers n'ont pas tardé à exploiter le filon. Dans leurs anciens chassés (domaines de chasse), c'est à qui proposera la plus longue tyrolienne. La baignade au pied d'une cascade fait partie de ce retour à la nature savamment orchestré.

PRATIQUE

- **Cartes p. 133 et p. 153**
- **Nos adresses p. 155**

↓ Se déplacer

Circuler en bus dans les Hauts de l'ouest tient du parcours du combattant et nécessite de gros détours.

↓ Conseils

• Allez sur un site comme www.trekkingmauritius.com pour écouter et apprendre à reconnaître les chants des oiseaux, que vous pouvez apercevoir dans le parc national des gorges de la Rivière Noire ou dans Ebony Forest.

• Lotion antimoustique de rigueur dans tous vos déplacements.

Terre des 7 Couleurs

L'ESSENTIEL

À ne pas manquer

Les dunes colorées de Chamarel ; la forêt luxuriante de Macchabée, dans le parc des gorges de la Rivière Noire.

Expériences

Déguster les rhums à Chamarel ; oser la tyrolienne à vélo de la Vallée des Couleurs ; découvrir « l'or vert » de Maurice.

Autour de Chamarel ✧✧

À Case Noyale, prendre la B104 vers Chamarel.

Quand on vient de la côte, le changement est net : vous entrez dans le domaine des ravenalas (arbres du voyageur) et des vacoas *(Pandanus)*. Escarpée et sinueuse, la route offre de beaux points de vue (arrêts aménagés).

CHAMAREL ✧

À 30 km S de Flic en Flac et à 4,5 km E de Case Noyale par la B104.

Dominé par le **piton de la Petite Rivière Noire** (828 m), le village, perché à 300 m d'altitude, doit son nom à une famille noble originaire du Forez (France). Connu pour son café (encadré p. 150), Chamarel a désormais également son rhum.

Rhumerie ✧✧

Royal Rd. À 500 m du centre du village, dir. Plaine Champagne (fléchage à partir de l'église Sainte-Anne) 📞 483.49.80 et 59.88.41.80 (port.), www.rhumeriedechamarel.com. Lun.-sam. et j.f. 9h30-16h30. Entrée : 550 Rs, vis. guidée incluant une dégustation. Boutique. Restaurant L'Alchimiste (p. 156). **Attention**, rhumerie en activité de juin à décembre seulement. Vous ne payez pas l'entrée si vous avez réservé au restaurant.

Au milieu des ananas Victoria et des cannes à sucre (70 ha), c'est le **temple du rhum agricole**, à la fois distillerie, plantation et « domaine écoconscient ».

FÊTE LOCALE

La fête Sainte-Anne

Le dernier dimanche de juillet, à Chamarel, c'est la « **Fet Sint Ann** ». Messe le matin en plein air devant la **chapelle Sainte-Anne**, groupes musicaux l'après-midi. Entre les deux, « karizako » (singe, âme sensible s'abstenir) et cochon marron (sanglier) en cari ou rôti.

^ Rhumerie de Chamarel

Moins de 4h après leur coupe, les cannes arrivent dans les moulins de la rhumerie pour être broyées. Rien ne se perd: la bagasse (les résidus) se transforme en énergie, les cendres sont réutilisées comme engrais et la vapeur d'eau récupérée... pour l'arrosage des jardins.

TERRE DES 7 COULEURS ✧✧✧

Cachette. À 2 km S de Chamarel par la B104, dir. Baie du Cap ☎ 483.42.98, www.chamarel7colouredearth.com. T.l.j. 8h30-17h30 (17h durant l'hiver austral). Entrée: 550 Rs. Parc à tortues. Snack, boutique (café de Chamarel).

Au hameau de **Cachette**, la piste de latérite s'enfonce à droite dans une région vallonnée pour rejoindre la **cascade Chamarel**, chute d'eau d'une centaine de mètres qui tranche une falaise ocre et noir (fléchée à g.).

Trois kilomètres plus loin, c'est l'autre attraction de ce géoparc d'une superficie modeste (8,5 ha): l'érosion a mis à nu des monticules de cendres volcaniques. Oxydes de fer et d'aluminium donnent à la terre de subtiles nuances, variant de l'ocre au violet en passant par le rose et le gris ardoise, offrant un **paysage de dunes surréaliste**.

Dans leur enclos près du site, les tortues Aldabra restent d'un flegme absolu.

LAVILLEON ADVENTURE PARK ✧

Rte Terre des 7 Couleurs (entrée commune, bifurcation à g. avant la réserve des 7 Couleurs) ☎ 483.42.27 et 57.28.54.01 (port.), www.lavilleonadventurepark.com. T.l.j. 9h-17h. Entrée libre. Activités à payer à l'unité. Antimoustique conseillé. Hébergement et restaurant.

Pas besoin de payer l'entrée à la Terre des 7 Couleurs si vous désirez simplement vous offrir quelques sueurs froides dans ce parc d'attractions (32 ha). La forêt endémique de l'île y a encore de beaux restes : le parc compte quelques ébéniers vieux de plus de 300 ans. Ici, outre quelques superbes points de vue sur Baie

SAVEUR LOCALE

Fort de café

D'une production de 10 000 t par an, le café de **Chamarel** fut longtemps le seul café cultivé (16 ha), torréfié et commercialisé à Maurice. Il a le goût unique de l'arabica. Si les caféiers sont proches de la **Terre des 7 Couleurs**, la torréfaction, elle, se déroule à **Grande Case Noyale**.

> http://cafedechamarel.com.

du Cap (côte sud), les sensations fortes sont au rendez-vous. Une tyrolienne vous embarque à 100 km/h (1000 Rs la descente) ; un pont népalais laisse sous vos pieds 85 m de vide ; la via ferrata se lance à l'assaut d'une falaise haute de plus de 90 m (1200 Rs). Également une balade dans la forêt jusqu'au « bout du monde » (200 Rs).

EBONY FOREST ✧✧

Rte Terre des 7 Couleurs (entrée commune, bifurcation à dr. à 3,5 km) ☎ 460.30.30/31, www.ebonyforest.com. T.l.j. 9h-17h. 4 sentiers de randonnée. Différents circuits thématiques ; certains sont à réserver (l'observation des oiseaux, 1800 Rs/pers.), d'autres non (balade jusqu'au Sublime Point, 360 Rs/pers.). Antimoustique conseillé. Snack, restaurant Le Takamaka. Boutique.

Propriétaire de La Vanille Nature Park (p. 190), le couple Owen et Mary-Anne Griffiths a réalisé un rêve fou : recréer (presque) la Maurice d'avant l'arrivée des humains, avec ses arbres et ses oiseaux. En 2005, ils ont acquis un terrain de 50 ha à Chamarel et, depuis, n'ont cessé d'y replanter (141000 plantes endémiques), d'y réintroduire et de protéger des espèces en danger, telles le pigeon rose (*pink pigeon*), le coq des bois (*Mauritius paradise flycatcher*) ou la perruche de Maurice (*echo parakeet*). Aujourd'hui, le public est admis dans cette réserve dotée d'un écomusée. Le long de passerelles, on découvre avec ravissement sept espèces d'ébéniers sur les 11 que possède encore l'île. Le rarissime bois corail, dont les fleurs ressemblent à du corail, est également présent, tout comme le figuier étrangleur. Ne ratez surtout pas la petite balade jusqu'au Sublime Point (402 m d'altitude, 2,3 km A/R), voire jusqu'à Piton Canot (542 m d'altitude, 6,1 km A/R), d'où la vue sublime porte quasiment à 360° : le morne Brabant, le Pieter Both... Entre autres expériences, on peut planter son arbre ou se faire servir un apéritif au coucher du soleil au Sublime Point.

> **GASTRONOMIE**
>
> *Cueillette*
>
> Au début de l'hiver austral (en mai), au bord des routes du côté du Pétrin et de Plaine Champagne, vous verrez de nombreux Mauriciens occupés à une cueillette exclusive : celle des goyaves de Chine. Ces petites baies rouges à la chair acidulée fournissent de délicieuses confitures et marmelades, mais on peut s'en régaler nature ou à la mauricienne, avec « disel et pima » (sel et piment).

CURIOUS CORNER ✧

À 2 km S de Chamarel par la B104. Juste en face de l'entrée de la Terre des 7 Couleurs ☎ 483.42.00 et 57.04.66.15 (port.), www.curiouscornerofchamarel.com. T.l.j. 9h30-17h (dernière entrée 16h15). Entrée : 475 Rs. Café dans le jardin.

Un concept renversant ! C'est un palais où l'illusion est reine. Dans un labyrinthe de miroirs, on cherche, enjoué puis inquiet, la sortie. On entre dans un ascenseur, où le plancher... fait défaut. Bref, on s'amuse comme des petits fous et surtout les adultes. Il y a 36 attractions au total.

Parc national des gorges de la Rivière Noire ✧✧✧

Black River Gorges National Park

Le parc peut se visiter en voiture, par la route reliant **Chamarel** au **Pétrin**, ou à pied, dans le cadre de superbes **randonnées** sur sentiers balisés.

VERS PLAINE CHAMPAGNE ✧✧

Dans Chamarel, prendre à g. la B103, dir. Le Pétrin, Grand Bassin.

Fini les cultures, on entre ici dans une sorte de *no man's land*, où la nature règne sans partage (ce qui est rare à Maurice). Environ 7 km après la bifurcation dans Chamarel, un point de vue à g. (à 100 m de la route, parking) offre un fantastique panorama sur les gorges de la Rivière Noire. Vision impressionnante que celle de cette vallée profonde et sauvage, recouverte des dernières forêts primaires de l'île (p. 236) et survolée par des pailles-en-queue. Parfois, des macaques jouent les funambules sur la rambarde du belvédère. Attention, ils peuvent attaquer si leurs petits sont à proximité.

Trois kilomètres plus loin, une route à droite vous dirige vers les **chutes Alexandra** *(aire de pique-nique)*. Du parking aménagé, un petit circuit pédestre tranquille et balisé (1 km A/R) livre un superbe **point de vue** sur la mer.

Le parc

Centre d'information du Pétrin : à 15 km E de Chamarel ☎ 54.71.11.28 (port.), http://pes.govmu.org. Lun.-ven. 8h-15h15, sam. 7h-16h, dim. 8h-16h.
Visitor's Centre de Black River : accès par Grande Rivière Noire, sur A3, au niveau du restaurant Le Pavillon de Jade, rte B114 de 5,5 km). Mêmes horaires. Plan des randonnées affiché. Balisage sur le terrain.

Créé en 1994, le premier parc national de Maurice couvre 6 574 ha et ne représente que 3,5 % de la superficie de l'île. Dans ses parties les plus hautes (Macchabée, Bel Ombre, etc.), la forêt primaire subsiste, mais en lambeaux, avec plus de 150 variétés de plantes endémiques, dont beaucoup sont en voie d'extinction, comme le bois d'ébène. Ces espèces sont

Au cœur de la forêt dans le parc national

Le parc national des gorges de la Rivière Noire

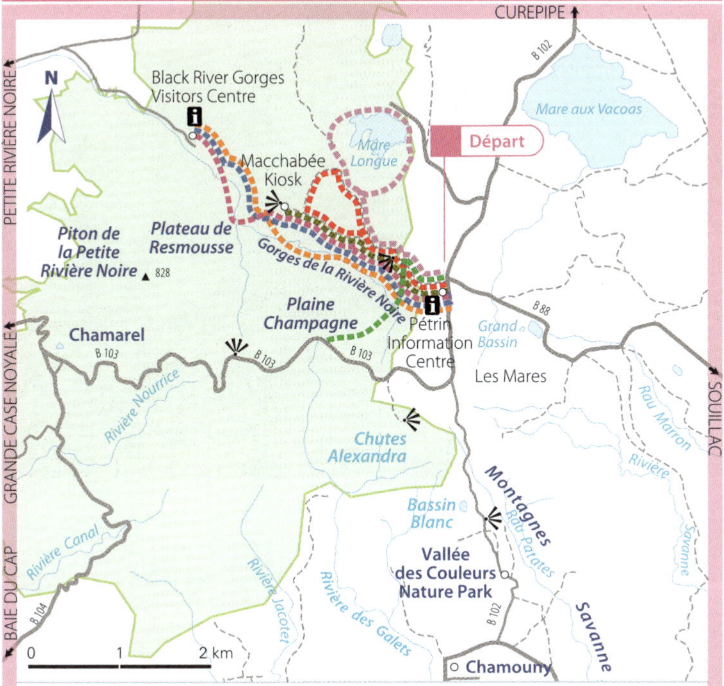

Randonnées et balades depuis Le Pétrin

1. Paille-en-Queue Trail : 5,9 km A/S (2h15)
2. Macchabee Loop : 7,9 km A/R (3h30)
3. Macchabee Kiosk : 8,6 km A/R (3h)
4. Black River via Macchabee Trail : 8,4 km A/S (3h15)
5. Black River via Pilgrim Trail : 7 km A/S (3h)
6. Black River via Colophane Trail : 9 km A/S (3h)
7. Mare Longue Loop : 11,3 km A/R (4h30)

concurrencées par des espèces introduites, qui colonisent et étouffent tout, comme le goyavier de Chine *(Psidium cattleianum)* originaire, comme son nom ne l'indique pas, du Brésil.

Dans le parc, une politique d'élevage en captivité d'oiseaux endémiques, en grand danger d'extinction, et leur réintroduction ultérieure dans leur milieu naturel, a porté ses fruits. C'est le cas pour trois espèces. Rarissime était devenue la perruche de Maurice, ou grosse cateau verte *(Echo parakeet, Alexandrius Psittacula eques)*. Aujourd'hui, on en compterait plus de 800 individus. La population des fameuses crécerelles de Maurice *(Mauritius kestrel, Falco punctatus)* était tombée à quatre individus pour toute l'île en 1974 : leur nombre était estimé à 350 en 2018. Le pigeon des mares, dit aussi « pigeon rose » *(Pink pigeon, Nesoenas mayeri)* revient aussi de loin. Fréquentant surtout les zones humides, il est passé de 20 individus à 550 aujourd'hui.

^ Lac de cratère de Bassin Blanc

Randonnées dans le parc

Balisage des sentiers renouvelé en 2015.

Tout au long de ses 60 km de sentiers, le parc offre des randonnées ardues, aventureuses, faciles parfois, superbes toujours, dans une forêt tropicale touffue, pour lesquelles mieux vaut prévoir de bonnes chaussures et se mettre en marche de bonne heure le matin.

Du Black River Visitor's Centre, une petite balade (sportive quand même) vous mène, en 2,4 km A/R et 160 m de dénivelé, jusqu'au **plateau Resmousse** (260 m d'altitude), d'où vous avez un point de vue dégagé sur le parc. Des roussettes noires (chauves-souris géantes) le survolent.

Si vous comptez relier les centres d'information en traversant le parc (Le Pétrin-Black River, **Macchabee Trail**, n° 4 sur le plan), faites-le à partir du Pétrin. Bien que le chemin descende, cela reste considéré comme une rando difficile. Retour en taxi à organiser en amont.

Moins sportif, la balade jusqu'au **Macchabee Kiosk** (n° 3 sur le plan) est très agréable : la vue y est superbe et le sentier pour l'atteindre est large et quasiment plat. Avec un peu de chance, vous croiserez une crécerelle et les cascades seront au mieux de leur forme.

> Voir aussi la randonnée : Dans le parc national des gorges de la Rivière Noire (p. 158).

Vers Chamouny ✧

Prendre la B102 à 5 km E de Chamarel.

Par une belle route, cet itinéraire en lacet se faufile entre les montagnes **Savanne** (704 m) et **Mont Cocotte** (771 m) pour redescendre sur la mer, côté sud.

BASSIN BLANC ✧

À 16 km S-E de Chamarel (sur la dr., petit parking).

Maurice la volcanique… Perché à 491 m d'altitude, c'est un **lac de cratère** qui se laisse admirer, une fois qu'on a grimpé sur le remblai. On dit ce lac insondable.

VALLÉE DES COULEURS NATURE PARK ✧

Mare Anguilles, Chamouny. À 18 km S-E de Chamarel. Fléchage sur la g. de la B102 ☎ 660.44.77, www.lvdc.mu/fr. Lun. 9h-17h, mar.-dim. 8h30-17h. Entrée : 400 Rs. Activités payantes : 7 tyroliennes, quad et buggy, luge de montagne, safari, trekking accompagné. 3 restaurants.

Plus fort que Chamarel (p. 149) ! Ce parc revendique 23 couleurs, officiellement. L'endroit (plus de 150 ha) est de toute beauté : enfilade de quatre **cascades** en bas desquelles on peut se baigner, végétation exubérante, beaux points de vue. On peut s'y balader à pied ou en quad jusqu'à l'**aire des 23 couleurs**, qui ont été disposées en bandes, sur une butte à laquelle on a donné la forme de l'île Maurice. Comme à Chamarel, ce phénomène de coloration est d'origine volcanique ; il trahit la présence de manganèse, d'oxydes de fer et d'aluminium dans les cendres du proche volcan de Bassin Blanc.

L'activité « tyroliennes » pimente l'escale. On peut les enchaîner sur un parcours de 3,1 km (4 250 Rs) ou tester la tyrolienne à vélo à 18 m du sol (1 200 Rs). Le pont népalais de 350 m de long attire aussi les amateurs de sensations fortes (1 100 Rs).

> Voir aussi le coup de cœur de l'auteure : L'or vert de Maurice (p. 162).

• NOS ADRESSES •

CHAMAREL

OÙ DORMIR

Lodges

La Vieille Cheminée

Sur la B104, après la Terre des 7 Couleurs ☎ 483.52.49/50 et 52.25.55.46 (port.), www.lavieillecheminee.com. 6 chalets créoles (d'1 à 3 ch.) en pleine nature. Piscine. Excursions à pied et à cheval (p. 156). À partir de 7 100 Rs (2 nuits min. en haute saison).

On devine la vieille cheminée, celle d'une ancienne sucrerie. Les enfants pourront découvrir la ferme de ce domaine agricole en activité (ananas, palmiste, canne à sucre), où l'on pratique le « tri sélectif », la récupération de l'eau de pluie et la réintroduction d'arbres endémiques.

Lakaz Chamarel

Piton Canot ☎ 483.42.40, www.lakazchamarel.com. 13 suites, toutes avec piscine privée, et 7 ch. Autour de 14 000 Rs en demi-pension.

♥ Les lodges perdus dans un superbe jardin tropical (4,5 ha) jouent avec le bois et la pierre. Les ventilateurs brassent l'air. L'eau est chauffée à l'énergie solaire. C'est un concept d'écolodge, dans le style rustique chic. La cuisine puise dans le potager. Des soins sont offerts selon la durée du séjour. Luxe et pépiements d'oiseaux…

OÙ MANGER

Le Palais de Barbizon

Rue Sainte-Anne, près de l'église Sainte-Anne, en plein centre du village ☎ 54.95.16.90 (port.). T.l.j. 11h30-16h. Menu 500 Rs.

Adresse ouverte sur la rue, qui ne paie pas de mine, mais menu authentiquement créole à prix fixe (500 Rs). Le potager est mis à contribution avec ses légumes (manioc, papaye verte, etc.), poisson ou poulet suivent (le cochon marron est en supplément) et le punch est offert en entrée de ce repas-festin.

Le Chamarel

La Crête, 2 km avant la Terre des 7 Couleurs 483.44. 21, www.lechamarelrestaurant.com. T.l.j. 9h-16h. Plat « signature » 690-950 Rs. Menu créole 1890 Rs.

La carte a des accents créoles prononcés avec sa salade de palmiste ou son salmi de cochon marron (sanglier). On savoure aussi la vue panoramique époustouflante sur tout le sud-ouest de l'île. Impossible de terminer le repas sans un café de Chamarel!

Varangue sur Morne

110, rte de Plaine Champagne 483.66.10. T.l.j. 12h-16h30. Plats 850-1350 Rs.

Il y a 1000 raisons de s'arrêter dans cet ancien pavillon de chasse. Pour la vue incroyable sur la forêt et le Morne, mais aussi pour ses cocktails ravageurs, ses galettes de patates douces, sa daube de cerf et la nature luxuriante qui l'entoure.

La Table du Currybou

B 103, Plaine Champagne Rd (près du panorama des Gorges) 54.72.03.43 (port). T.l.j. 9h-17h. Plats 750-1200 Rs. Buffets réguliers (annoncés sur la page Facebook).

Reconverti en restaurant dans les Hauts, cet ancien campement de chasse aux murs de pierres noires offre une vue unique sur toute une partie de la côte méridionale de l'île. Et son histoire, attendrissante, est celle d'une *success story*: certains reconnaissent parfois en son propriétaire le petit marchand de sorbets « *sokola ou tamarino* » du stade de Curepipe. Si la carte est très courte, il y a bien sûr du gibier (cari de cerf du Domaine Saint-Denis).

L'Alchimiste

Royal Rd (à l'intérieur de la rhumerie) 483.49.80 et 59.88.41.80 (port.). Lun.-sam. 11h30-16h. Le soir sur res. Plats 550-950 Rs. Menus à partir de 1750 Rs.

Ti punch de rigueur en entrée, avec rhum maison! La cuisine qui suit est à la hauteur: raffinée, axée sur les produits du terroir et les légumes du potager. Cigare de marlin fumé, porc braisé infusé au rhum... Un vrai régal!

SPORTS ET LOISIRS

Équitation

Les Écuries de la Vieille Cheminée

Sur la g. après la Terre des 7 Couleurs, en venant de Chamarel 483.52.49/50 et 57.25.55.46 (port.). 2000-2500 Rs pour 1h.

Les randonnées se font sur le domaine (250 ha) avec une accompagnatrice et en petit groupe (de 2 à 4 cavaliers). Hébergement possible sur place (p. 155), les résidents ayant des tarifs préférentiels.

Balade à cheval dans les Hauts

Randonnée

DANS LE PARC NATIONAL DES GORGES DE LA RIVIÈRE NOIRE

Le parc national s'étend sur 6 574 ha

Un véritable labyrinthe végétal vous attend dans ce parc, où nombre d'oiseaux endémiques de Maurice ont trouvé refuge. Des « birding tours » sont organisés dans le parc. À vos jumelles !

Au Pétrin, l'entrée du parc peut vous désarçonner : passé le portail, une longue ligne droite sur une piste en latérite vous attend. Sur le côté, des grillages interdisent même d'entrer dans ce qui est une CMA (Conservation Management Area), où l'administration veut restaurer l'écosystème d'origine, sans les inévitables goyaviers de Chine qui étouffent tout, privant les autres espèces de lumière. Les ravenalas, arbres du Voyageur, représentent une autre espèce invasive. Dans le parc, il existe une bonne douzaine de CMA.

SUR LE MACCHABEE TRAIL

0 km-4,3 km

Vous progressez dans un corridor végétal. La forêt s'épaissit rapidement, les fourrés deviennent inextricables. C'est sans doute l'un des meilleurs sentiers du parc national pour observer les neuf espèces d'oiseaux endémiques de Maurice. Mais il faut d'abord tendre l'oreille ! Percevoir les vocalises, assez caractéristiques, de la grosse câteau verte (la perruche de Maurice), est par exemple le plus sûr moyen d'arriver à la repérer dans ce fouillis végétal. Son plumage vert vif et son bec rouge (pour les mâles) font le reste. Des nichoirs ont été installés sur ce sentier. En revanche, les cris aigus, répétitifs, du zostérops gris le trahissent plus sûrement que son plumage. Sociable (il peut vivre en colonie), cet oiseau qui se nourrit d'insectes est un poids plume : à peine 10 g !

PRATIQUE

Parc ouv. t.l.j. 6h-18h.

Départ et arrivée

Le Pétrin (655 m d'altitude).

Distance

Boucle de 10-11 km.

Dénivelé 253 m.

Balisage

Panneaux (Macchabee Trail à l'aller et Colophane Trail au retour).

Difficulté

La descente sur Colophane Trail (dangereux sous la pluie).

Conseils

Emmener eau, imperméable (la moyenne annuelle des précipitations est ici de 3,50 m), antimoustique et jumelles. Allez-y de bon matin, l'après-midi est souvent pluvieux. Attention, le parc ferme à 18h.

Alternative

Macchabee Kiosk peut être atteint depuis Rivière Noire (4,1 km aller simple), en traversant à plusieurs reprises la Rivière Noire par des radiers (le niveau de l'eau peut être variable).

Guide

Yanature ☎ 52.51.40.50 et 52.50.80.04 (port.), www.trekkingmauritius.com. 3000 Rs (6 km, 3h env.). Vous pouvez aller sur leur site pour écouter les chants des oiseaux enregistrés et ensuite mieux tenter de les repérer en forêt. La **Mauritian Wildlife** organise aussi des « birding tours » depuis Le Pétrin ☎ 631.2396 et 52.58.81.39 (port.). Départ 7h30, durée 4 à 5h ; rés. 2 sem. en amont par mail à reservation@mauritian-wildlife.org. 7000 Rs pour 1 à 5 pers.

^ Clairière dans le parc

Point de vue du Macchabee Kiosk

4,3 km

Sur le bord du plateau, un petit kiosque et des bancs vous attendent. Par temps clair, la vue se dévoile, impressionnante. On distingue le piton de la Petite Rivière Noire (828 m), point culminant de l'île. Plein cadre, se profile surtout la Tourelle du Tamarin (548 m) et Tamarin à ses pieds, bordée par l'océan Indien. Vous êtes sur l'une des lignes de crête (ridge) du parc. L'oreille perçoit le bruit des cascades qui se précipitent dans le vide. Vous pouvez en rester là et faire demi-tour ou poursuivre en descendant sur Colophane Trail pour retourner à votre point de départ par un autre chemin.

VERS LE COLOPHANE TRAIL

4,3 km-4,8 km

Au-delà du kiosque, le Macchabee Trail se poursuit vers Black River et son centre d'information. Les difficultés sérieuses commencent : ce n'est plus qu'un sentier étroit, escarpé dans une véritable jungle. Envahi par les racines, il dégringole d'une centaine de mètres en altitude sur 500 m seulement par des marches naturelles assez hautes. Des bois endémiques surgissent encore des goyaviers envahissants. Si vous sentez encore vos jambes, vous pouvez continuer un peu. C'est au cœur du parc que vous avez des chances d'apercevoir des roussettes survolant une clairière, après avoir quitté leur dortoir dans les arbres.

Il s'agit de chauves-souris « géantes », dont l'envergure peut atteindre, ailes dépliées, un mètre. Leur petite tête amusante et leur museau pointu leur ont valu d'être surnommées les « renards volants ». Elles se nourrissent de fruits et de pollen. Pour toute l'île, leur population actuelle tournerait autour de 100 000 individus (2023).

^ Perruche de Maurice, ou grosse câteau verte

Sur le Colophane Trail

4,8 km-7,5 km

Par ce sentier, sur le flanc de la montagne, le retour se fait tranquillement. La vue porte sur des horizons plus larges. Peut-être apercevrez-vous ici ou là les traces laissées par les cochons marrons, labourant le sol à la recherche du moindre ver, de la plus modique racine pour se nourrir. La remontée sur le Macchabee Trail, que vous rejoignez à 2,8 km environ de l'entrée du Pétrin, se fait doucement en lacet.

Coup de cœur de l'auteure

L'OR VERT DE MAURICE

Maurice ne compte qu'une poignée de producteurs de vanille, dont Dhareena. Dans les Hauts, sur sa petite plantation bio, bien cachée à Chamouny (193 m d'altitude), cette jeune femme accepte de faire partager sa passion. Elle vous invite à mettre la main... à la vanille, dans le parfum entêtant de cette épice.

MARIAGES EN SÉRIE

D'octobre à décembre, notre vanillicultrice n'a pas une minute à elle. Dès 4h30 du matin, elle est sur le terrain de la petite plantation (4000 m²) créée par son père Dharam il y a une quinzaine d'années. C'est la période, cruciale, de la floraison de cette orchidée. « Éphémères, capricieuses, les fleurs blanches apparaissent au lever du soleil et se ferment à midi. Dans ce laps de temps, il faut les polliniser, rapprocher pistil mâle et pistil femelle. On reproduit à la main le travail des insectes », explique-t-elle. Cela prend cinq secondes mais des fleurs, il peut y en avoir des milliers. « On ne sait jamais ce qu'on va trouver ! », ajoute-t-elle, fataliste. Elle met en garde ses visiteurs tentés par l'expérience : « C'est intense ! »

PRATIQUE

Vanill'Art, Mont Blanc, Chamouny ☎ 52.52.59.40 (port.), https://vanillart.store. Lun.-sam. 10h-14h sur rés. uniquement. 7 pers. max. 3 expériences proposées, correspondant aux phases du travail : découverte (janv.-juin), récolte-séchage-affinage (juil.-sept.), floraison-pollinisation (oct.-déc.). À partir de 1750 Rs, la visite comprenant une dégustation (fruits, glace).

Durée 2h env.

Conseil

Pour bien conserver vos gousses de vanille, mettez-les dans un bocal avec couvercle, dans lequel vous ajouterez un peu de sucre (les gousses resteront humides). Comptez 1000 Rs le paquet de 10 gousses de qualité « premium » (entre 10 et 21 cm).

^ Dhareena dans sa plantation de vanille

Treize ans de vie

La maturation de la vanille demande aussi une longue patience, récompensée ou pas. « Un plant demande quatre ans avant d'être mature, c'est-à-dire de produire une fleur. On sait seulement à ce moment-là si on a réussi le bouturage. Mais il n'a qu'une durée de vie de 13 ans », résume-t-elle. Éberlué, on la suit dans sa plantation aux rangs serrés, manucurés. La vanille s'enroule autour de tuteurs en bois de goyavier. À ses pieds, un tapis de noix de coco, le seul engrais que cette plantation bio s'autorise. Pragmatique, Dhareena ajoute : « La noix de coco conserve la fraîcheur, limitant les arrosages. » Pour les amateurs, la noix de coco donne à la vanille de Dhareena un goût floral ou « nutty » (noix, amande) inimitable, exceptionnel.

NEUF MOIS PLUS TARD

Vient, en plein hiver austral (juil.-août), la période de la récolte. Un moment délicat encore. Il faut passer et repasser entre les rangs. « Si la gousse devient jaune, elle est prête à être ramassée. Si on attend qu'elle soit noire, elle se fendille et tout est perdu », précise-t-elle. À ce moment-là, vous êtes invité à la suivre, panier au bras, la cueillette étant exclusivement manuelle. Vous mettrez aussi la main à la pâte lors du séchage, autre étape déterminante. « Bien séchée, une gousse de vanille s'enroule autour de la main », assure Dhareena.

Gousses lors du séchage >

LE CENTRE DE L'ÎLE et le sud

Sur les hauts plateaux, une fois passé Rose Hill et Curepipe, grands centres urbains de l'île et temples du shopping, la nature reprend ses droits. Grand Bassin et ses temples hindous émergent de la brume, fréquente, et les plantations de thé, de canne à sucre ou de vanille frémissent sous les alizés, annonçant le Sud, que l'on dit toujours sauvage. Ces falaises offertes aux embruns et ces criques protégées abritent les plus beaux paysages de l'île.
Du morne Brabant à Souillac, le petit ruban d'asphalte se fraye un chemin entre mer et montagne, et se faufile entre plages et champs de canne à sucre. De nombreuses rivières qui se jettent dans la mer, telle la Rivière des Anguilles, ont créé des brèches dans le récif, les coraux n'appréciant pas l'eau douce.
Le spectacle des vagues cinglant les falaises noires est alors grandiose.

Récolte du thé

Le centre de l'île et le sud

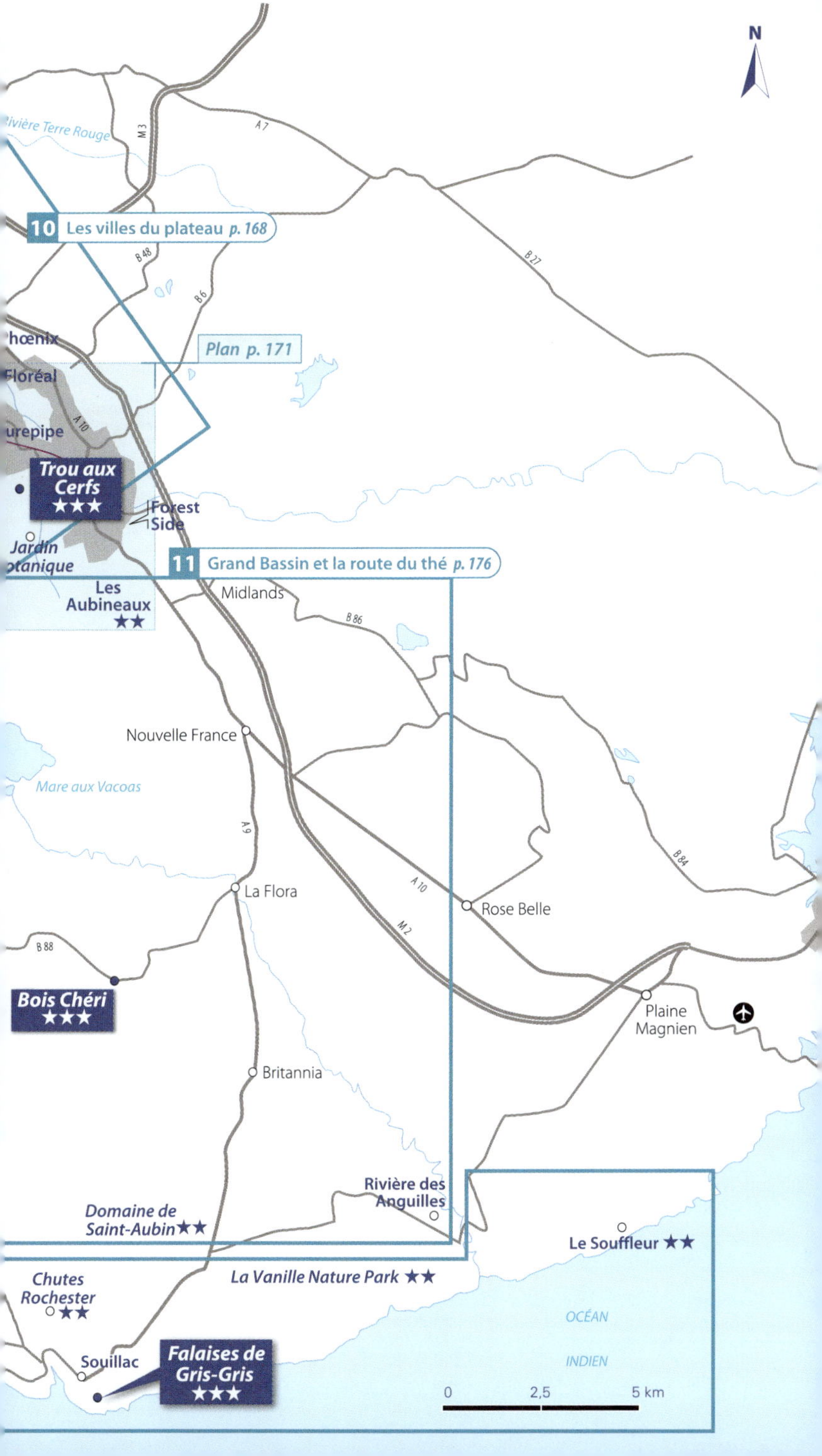
N
ivière Terre Rouge
M3
A7
10 Les villes du plateau p. 168
B48
B6
B27
hœnix
Plan p. 171
loréal
A10
urepipe
Trou aux Cerfs ★★★
Forest Side
Jardin
otanique
11 Grand Bassin et la route du thé p. 176
Les Aubineaux ★★
Midlands
B86
Nouvelle France
Mare aux Vacoas
A9
B84
La Flora
A10
Rose Belle
M2
B88
Bois Chéri ★★★
Plaine Magnien
Britannia
Rivière des Anguilles
Domaine de Saint-Aubin★★
Le Souffleur ★★
La Vanille Nature Park ★★
Chutes Rochester ★★
OCÉAN
INDIEN
Souillac
Falaises de Gris-Gris ★★★
0
2,5
5 km

10 LES VILLES du plateau

De part et d'autre de l'autoroute qui file vers le sud, ce ne sont que centres commerciaux, tours et quartiers d'affaires comme Ébène, surnommée « Cyber City ». Désormais, un Metro Express – en réalité un tramway – relie Port Louis aux villes du plateau, Curepipe étant pour l'instant le terminus. Une occasion de découvrir le cœur de l'île, hors des embouteillages. Ici, la grande affaire, c'est le shopping, entre farfouille et de rares magasins d'usine, *malls* et boutiques *tax refund* : cachemires, diamants, maquettes de bateaux... Dans ce tourbillon, quelques oasis subsistent, comme le jardin de Curepipe ou le Trou aux Cerfs.

PRATIQUE

• Cartes p. 166 et p. 171
• Nos adresses p. 173

↓ Se déplacer

Utilisez le Metro Express (https://mauritiusmetroexpress.mu). C'est rapide, ponctuel, pas cher (52 Rs pour un trajet Port Louis Victoria-Curepipe Central)... Depuis Port Louis, ce tramway dessert Beau Bassin, Rose Hill, Quatre Bornes, Phoenix Mall, Vacoas, Floréal et Curepipe. Terminus à Curepipe (près du marché).

↓ Conseil

Évitez de programmer une visite à Curepipe un jeudi. Les magasins ferment l'après-midi ce jour-là (encore que cela soit de moins en moins vrai).

Maquette de bateau

L'ESSENTIEL

À ne pas manquer

Le Trou aux Cerfs

Expériences

Faire un marathon shopping à Phoenix Mall, Curepipe ; assister au Thaipoosam Cavadee (janvier ou février) au temple de Quatre Bornes.

Beau Bassin-Rose Hill ✧

À 10 km S de Port Louis par l'A1 ou Royal Rd.

Depuis 1896, Beau Bassin (au nord) et Rose Hill (au sud) ne forment plus qu'une même commune. Impossible de rater sur votre droite l'**hôtel de ville**, tout blanc, construit en 1927. À l'arrière-plan, le **théâtre Plaza**, qui fut probablement l'une des plus grandes salles de l'océan Indien (1 000 places). Inauguré en mai 1933 par une comédie musicale d'Ernest Lubitsch avec Maurice Chevalier, *Le Lieutenant souriant*, et fermé depuis 2004, il attend sa rénovation promise. Devant s'étalent les jardins, rafraîchis par la fontaine des Arts ; la pelouse et ses bancs attirent familles, tourtereaux et... marchands de glaces. Tout près, on peut admirer encore de **belles maisons créoles** comme la maison de Carné (rue Sir Célicourt Antelme, ne se vis. pas), qui abrite l'Institut Cardinal Jean Margéot pour des étudiants en théologie. Mais le **Jardin Balfour** (24 Shand St., t.l.j. 5h-20h, accès libre) représente vraiment le joyau de Beau Bassin. Perché sur les falaises, ce jardin récréatif (1,7 ha), avec ses tortues centenaires, offre un point de vue imprenable sur la Grande Rivière Nord-Ouest, qui coule en contrebas. Le week-end, des familles mauriciennes y organisent pique-niques et fêtes d'anniversaire.

Quatre Bornes

À 16 km S de Port Louis par M1-M2 et A8 (St Jean Rd).

Le Corps de Garde (712 m) surplombe la ville, et un temple tamoul s'y accroche. Deux cents marches vous attendent si vous souhaitez grimper jusqu'à ce temple, dit le **Kovil Montagne**, plus que centenaire ; en

SHOPPING

Marchés

Au sud de Beau Bassin-Rose Hill, **Quatre Bornes**, la ville de tous les embouteillages, a son marché aux vêtements, jeudi et dimanche, dans Saint-Jean Rd, l'artère principale. T-shirts, cotonnades... une vraie farfouille. Dans la ville, vous pourrez aussi rencontrer l'un des créateurs joailliers de Maurice, Ravi Jetshan, dans sa bijouterie Ravior.

janvier ou février, il est le siège de l'un des plus beaux Thaipoosam Cavadee, fête religieuse très spectaculaire dédiée au dieu des Tamouls, Muruga (Renganaden Seeneevassen Av.).

Phœnix ✧

À 19 km S de Port Louis via M1 et M2, sortie Phœnix au rond-point Pont Fer, et A10.

C'est avant tout une zone industrielle et commerciale, où flottent les effluves des bières Phœnix, brassées sur le site (ne se vis. pas).

THE MAURITIUS GLASS GALLERY

Pont Fer ☎ 696.33.60. De l'autoroute M2, sortir à Phœnix, à hauteur de la brasserie Phœnix, et suivre le fléchage. Atelier et boutique. Lun.-ven. 8h-17h, sam. 8h-12h. Entrée gratuite.

Plus écologique que cet atelier-musée-boutique-galerie, il n'y a pas! En soufflerie travaillent devant vous moins d'une dizaine de personnes, qui recyclent les verres perdus, y compris les bouteilles de Coca, le tout en provenance de Phœnix Beverages (venir en semaine 10h15-11h ou 13h-14h pour voir fonctionner la fonderie). Comme combustible, l'atelier réutilise les huiles comestibles usées. Les objets créés ne manquent pas de beauté.

Floréal ✧

À 22 km S de Port Louis par M1 et M2.

Floréal a vu peu à peu disparaître les fleurons de son industrie textile, comme Floreal Knitwear, qui fut le Benetton des Tropiques. De belles villas témoignent encore de la faveur accordée à cette ville résidentielle par la haute société mauricienne. Mais les *shopping addicts* ont toujours la possibilité de voir les *diamonds cutters* à l'œuvre chez Adamas (p. 174).

Curepipe ✧

À 24 km S de Port Louis par M1 et A10.

Les origines du nom de la ville sont incertaines. Certains pensent qu'il s'agit de l'homonyme d'un petit village des Landes. D'autres font remonter ce patronyme à l'époque où voyageurs et soldats s'arrêtaient dans ce village-relais pour prendre un casse-croûte, se reposer et allumer une bouffarde!

La cité, qui comptait 200 habitants vers 1850, en abriterait aujourd'hui 85 000. C'est une ville-dortoir, assez tristounette, à 543 m d'altitude (605 m pour son point culminant). « Curepipe grisaille », d'après le titre d'un poème de l'écrivain contemporain Bertrand de Robillard, n'a pas volé son surnom! Mark Twain en parle même comme de « l'endroit le plus détestable de la Terre ». Mais Curepipe fait tout pour redevenir la « Ville lumière » (elle fut la première ville dotée d'électricité à Maurice) et l'arrivée du Metro Express y contribue.

Curepipe

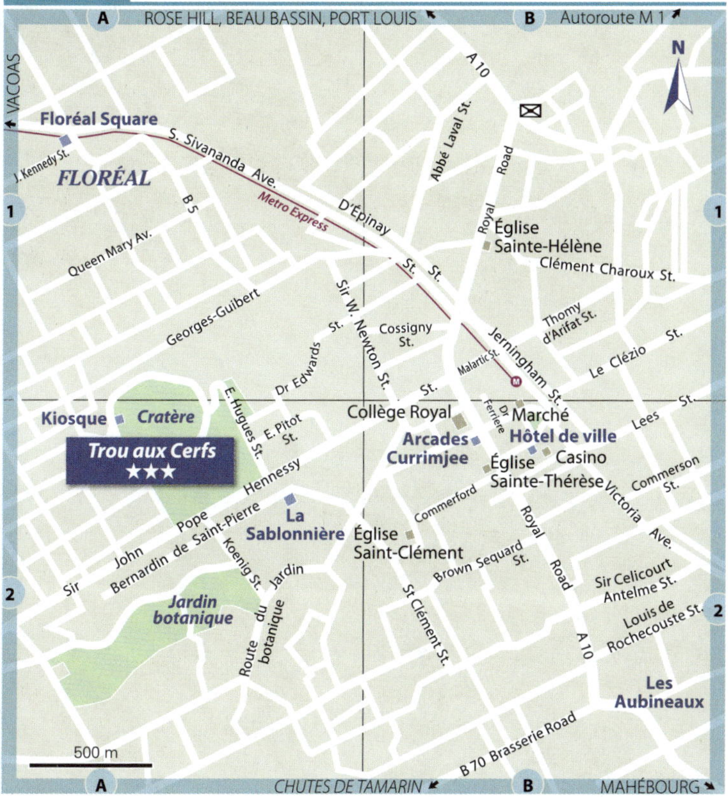

CENTRE-VILLE

Au-delà des centres commerciaux et des immeubles rongés par le crachin tropical, on trouve encore quelques **demeures coloniales**, parfois un peu décrépies. Les plus accessibles ? La **Sablonnière** (*plan A2*), construite par Évenor de Chazal, rue Bernardin-de-Saint-Pierre, par exemple. La maison, qui a conservé son modèle réduit de tour Eiffel, abrite désormais un magasin *tax refund* de cachemires et bijoux (Trésor). Il y a aussi l'**hôtel de ville** (*plan* B2 - Queen Elizabeth Ave., à hauteur de l'église Sainte-Thérèse). L'édifice, originellement construit à Moka (il s'agissait de la Malmaison), fut démonté et

LA PAUSE

Gaffoor & Anwar Sakhabuth

Foi de Mauricien, vous trouverez les meilleurs **gâteaux piments** de l'île sur le... parking du Prisunic de Curepipe, où s'arrête le food truck de Gaffoor & Anwar Sakhabuth. On peut même passer commande.

> ***Plan B2*** - Royal Rd (approximativement en face du Collège Royal), Curepipe
☎ 675.60.38/52.50.53.63 et 57.31.35.92 (port.). Ouv. 13h30-18h15. 5 Rs l'unité.

^ Trou aux Cerfs

remonté planche par planche à Curepipe en 1902. Dans le jardin adjacent s'élève une **statue en bronze de Paul et Virginie**, du sculpteur mauricien Prosper d'Épinay: il s'agit d'une copie, l'original se trouvant au **Blue Penny Museum** à Port Louis (p. 46).

En 2022, l'architecte Maurice Lourmeau a joliment rénové les **Arcades Currimjee** (B2), un bâtiment de pierres basaltiques construit en 1912. *Food hall* (bar à tapas, fish & chips, restaurant coréen, etc.) et boutiques se nichent aujourd'hui dans cette galerie commerciale.

À LA PÉRIPHÉRIE DE CUREPIPE

La périphérie de Curepipe, dans la verdure, offre une bonne occasion de se détendre, après avoir écumé les magasins et avant de poursuivre sur la route du thé (p. 176).

Trou aux Cerfs ◊◊◊

Plan A1-2 – À 1,3 km env. du centre-ville. Sur la Royal Rd (ou A10), prendre Sir John Pope Hennessy St.; puis tourner à dr. dans Edgar Hugues St. Parking. Marchands de glaces ambulants sur place les w.-e.

À 605 m d'altitude, c'est un ancien cratère de volcan de 85 m de profondeur et de 300 m de diamètre. L'un des mieux dessinés parmi les 26 cratères que compte Maurice. Le **volcan de Trou aux Cerfs** se serait assoupi il y a 600 000 ou 700 000 ans. Si les pentes sont recouvertes d'une épaisse végétation, où croissent des pins, le fond est occupé par un petit étang envasé. Les cerfs ne viennent plus s'y abreuver. Une route piétonne, la promenade George-V, fait le bonheur des joggeurs. Incroyable, le **panorama** (vers le kiosque) vaut le déplacement. Tout Maurice à 360°. Curepipe au pied, la montagne du Rempart et les Trois Mamelles à l'ouest, le Pouce au nord... Par temps clair, ce qui est rarissime, on peut même apercevoir La Réunion à 200 km au sud-ouest!

Jardin botanique ✧

Plan A2 – À env. 1,6 km S-O du centre-ville (via College Lane). Mai-sept. 8h-18h, oct.-avr. 7h-19h. Entrée libre. Jardin d'enfants.

Moins étendu (2 ha) que celui de Pamplemousses (p. 95), le jardin botanique est un agréable lieu de détente et de promenade, au milieu de points d'eau bordés d'arbres tropicaux centenaires et rares, comme le bois d'olive ou le bois de natte.

Le jardin possède même l'unique spécimen connu à Maurice de *Hyophorbe amaricaulis*, un palmier dont le tronc peut atteindre 18 m de haut, aux fruits sphériques, couleur rouge foncé. Autant dire que l'arbre, plutôt rachitique, grillagé, est sous haute surveillance!

ARTISANAT

Maquettes de bateaux

Dans les années 1960, Curepipe et la société Comajora furent à l'origine de l'engouement pour les reproductions léchées de bateaux de légende, comme *Bounty*, *Saint Géran* ou *Cutty Sark*. Malgré la fermeture de Comajora, ce commerce existe toujours sur le plateau (p. 175). Mais ne demandez pas l'avis d'un taxi, qui vous conduira là où il perçoit une commission.

• NOS ADRESSES •

QUATRE BORNES

SHOPPING

Bijouterie

Ravior

88, St. Jean Rd ☎ 454.32.29 et 57.16.90.00 (port.), www.ravior.com. Lun.-ven. 9h-17h. Boutique *tax refund* (encadré p. 262).

La ville a vu naître la saga de Ravior, enseigne combinant les mots « soleil » (*ravi* en hindou) et « or ». Aux commandes aujourd'hui: Ravi Jetshan, né à Madagascar dans une famille de bijoutiers sur neuf générations. De style contemporain, ses collections, qui utilisent bien d'autres métaux et matériaux que l'or ou l'argent, cassent les codes de la bijouterie classique.

Textile

Aquarelle

Boundary Rd (la B75) ☎ 402.11.23. Lun.-ven. 9h-17h, sam. 10h15-15h (f. pause de midi).

Le magasin d'usine de ce fabricant réputé de chemises (fins de série, etc.).

PHŒNIX

SHOPPING

Créations en verre

The Mauritius Glass Gallery

Pont Fer ☎ 696.33.60. Lun.-ven. 8h-17h, sam. 8h-12h.

Pour de menus cadeaux: bougeoir, presse-papiers, soliflore, cendrier, rond de serviette...

VACOAS

SPORTS ET LOISIRS

Golf

Gymkhana Club

Suffolk Close ☎ 696.14.04, www.mgc.mu. T.l.j. 7h-16h. Golf 18-trous.

Dans ce club privé, les visiteurs peuvent jouer (en semaine) en payant une admission temporaire à la journée (2100 Rs).

FLORÉAL

OÙ MANGER

La Clef des Champs

Plan A1 – Queen Mary Ave., quasiment à l'angle de Heskett Bell St. ☎ 686.34.58/25.09, www.laclefdeschamps.mu. Mer.-ven. 12h-14h30 et le soir, sam. soir sur rés. Formules déj. 550-650 Rs. Plat principal 650-2250 Rs.

L'adresse des gourmets! Dans un cadre très contemporain (mais aussi sur une terrasse qui donne sur un petit jardin), on sert une cuisine raffinée, tel le légendaire cappuccino d'oursins ou le fabuleux cari langouste. Aux fourneaux, Jacqueline Dalais, la grande dame de la cuisine mauricienne, septuagénaire, a passé la main à son fils Arnaud, qui a introduit les menus brasero au feu de bois (à partir de 850 Rs) sans renier les classiques de la maison.

SHOPPING

Bijoux et diamants

Adamas

Hors plan par A1 – Mangalkhan ☎ 686.52.46 et 686.12.48, www.adamasltd.com. Lun.-ven. 9h-16h15, sam. 9h-14h.

À l'origine de cette *success story*, une famille, les Denton, qui a fait d'un petit atelier de taille une référence dans le monde du diamant. À Floréal, le visiteur peut observer en direct, derrière une vitre, le travail des ouvriers. Un petit musée du diamant comble sa curiosité. Boutique *tax refund* (encadré p. 262).

Cachemires

Riverwalk Cashmere

Plan A1 – 181A, Dairy Lane (usine)/1, Beedassy Lane (boutique près de Floréal Square) ☎ 52.56.61.16 et 54.33.50.40 (port.), https://fr.riverwalkcashmere.com. Lun.-ven. 9h-17h, sam. 9h-12h. À partir de 3500 Rs le pull.

Le cachemire est devenu la folie du moment à Maurice. Dans cette petite entreprise, les fils sont achetés en Écosse, mais la fabrication est 100 % mauricienne (d'autres font fabriquer à Madagascar). Vous allez vite comprendre que plus un cachemire compte de fils (entre 2 et 12), plus il est moelleux et... cher.

CUREPIPE

OÙ MANGER

Le Palais Fin

Plan A2 – 45c, Sir John Pope Hennessy St. ☎ 673.27.71 et 57.19.74.23 (port.). Lun.-sam. 8h-18h (14h jeu.). Plat principal (sur commande) 425-1650 Rs.

Envie d'un déjeuner rapide? Vous y trouverez des pains fourrés (sandwichs) au marlin, au poulet... Au pied du Trou aux Cerfs, cette épicerie-restaurant dispose aussi de quelques tables, où l'on déguste l'un des plats du jour (à commander par téléphone 2h avant): hamburger de poulet ou de saumon, cari bœuf avec « ti pois » et pommes de terre, rougail saucisses... On peut également s'y arrêter pour une crêpe (185 Rs)

orange et anis étoilé, ananas et coco frais, etc.

Le Bistrot du Marché

Plan A-B1 – S'Mall & Chic, angle Émile Sauzier St./Sir Virgile Naz St. ☎ 489.15.00. Mar.-mer. 9h30-16h, jeu.-sam. 9h30-15h et 18h30-22h30. *Gadjacks* (tapas) 350-520 Rs.

Dans un centre commercial de poche, le style bistrot chic est totalement assumé. Pour les plus pressés, sandwichs et quiches figurent à la (courte) carte. On préférera des *gadjaks,* plus couleur locale: cornet d'arouille, tempura de crevettes, nems poisson *snoek tipik*.

Wapalapam

Plan B2 – Stand 21, Les Arcades Currimjee ☎ 58.52.29.02 (port.), https://wapalapam.com. T.l.j. 11h-22h (17h dim.). Plat principal 590-990 Rs.

Eat different... C'est le slogan de cette enseigne créée par un ex-champion de snowboard, qui a fait des petits à travers l'île. Si le plateau de fruits de mer fait grimper l'addition (5 500 Rs pour deux), le reste de la carte est plus abordable: woks, caris, brochettes accompagnées de frites de manioc ou de jacquier (arbre à pain).

La Potinière

Plan B1 – Charles Lees St. ☎ 676.26.48. et 57.29.79.45 (port.), www.lapotiniere.mu. Lun. 12h-15h, mar.-sam. 12h-15h et 18h30-22h. Plat principal 750-1800 Rs.

C'est une institution, installée au milieu des champs de thé. Sa cuisine créole gastronomique fait toujours recette, en s'appuyant sur des classiques (cœur de palmiste, cochon marron, purée d'arouille, etc.). Le « Bougrement bon » (200 Rs), chocolat et vanille, recueille, lui, tous les suffrages au dessert.

SHOPPING

Attention! À Curepipe, nombre de magasins ferment le jeudi à 13h.

Fabricant de maquettes de bateaux

Bobato

Plan A2 – 53, Sir John Pope Hennessy St. ☎ 675.28.99 et 58.30.02.77 (port.), www.bobatoshipmodels.com. Lun.-sam. 9h-16h (13h sam.); f. j.f. Entrée libre.

Si la Comajora a fermé ses portes, d'autres ateliers ont pris la relève. Comme celui de Kadress Soobaroyen, au pied du Trou aux Cerfs. L'atelier de cette entreprise, créée en 1992, se visite. Venez tôt pour voir travailler des ouvriers (ils sont seulement une douzaine). Du voilier au porte-conteneurs, du drakkar à l'*Hermione* (le bateau de La Fayette), on trouve tout ici.

Mode

S'Mall & Chic

Plan A-B1 – Bâtiment de l'Antiquaire, angle rue Émile-Sauzier et Sir Virgil Naz St., entre les rues Georges Guibert et Dr Edwards ☎ 696.98.67 et 697.53.85. Lun.-ven. 9h-17h, sam. 9h-14h.

Dans la même bâtisse élégante, on trouve, regroupées, un petit nombre d'enseignes chic. Un antiquaire, une boutique de bijoux 100 % locaux, une galerie d'art...

Malls en stock

Sur le plateau, le long de la M2, les *malls* (centres commerciaux) se succèdent et se ressemblent. On y retrouve beaucoup de marques internationales, et peu de « *made in Moris* ». Mais l'on y déniche des magasins *tax refund* (encadré p. 262), où l'on vous rembourse les taxes à l'aéroport.

> **So'Flo**, à Floréal ☎ 606.31.31, www.ascenciamalls.com. 21 magasins, 9 restaurants.

> **Phoenix Mall**, à Phoenix, Sivananda Av. ☎ 697.62.08, www.ascenciamalls.com. Plus de 70 boutiques, une dizaine de restaurants, mais aussi un Café Lux*, qui propose des cafés torréfiés dans l'île et des pâtisseries. C'est le premier *mall* doté d'une station du Metro Express.

11

GRAND BASSIN et la route du thé

Au cœur de l'île, Grand Bassin est le lieu le plus sacré pour les hindous. Une kyrielle de temples s'est installée sur les bords d'un lac de cratère. Ici, tout interpelle le visiteur: les chants lancinants, les rituels déconcertants, les saris flamboyants. On s'y arrêtera sur la route du thé, qui traverse une bonne part de Maurice, de Curepipe à Rivière des Anguilles, près de Souillac. Au milieu des champs de thé, cet itinéraire rappelle le passé colonial de l'île au travers de ses plantations et de ses belles maisons créoles, reconverties aujourd'hui en musée ou en restaurant. Tandis qu'à Bois Chéri, une usine dévoile tous les secrets du thé, les chutes de Tamarin appellent les plus audacieux, qui les descendront en canyoning.

PRATIQUE

- Carte p. 166
- Nos adresses p. 182

↓ Se déplacer

Avec le bus n° 168 (NTC) Curepipe-Grand Bassin, vous pouvez visiter à la fois le domaine des Aubineaux (arrêt Forest Side), l'usine de Bois Chéri (arrêt à la porte) et Grand Bassin.

Pour les chutes de Tamarin, emprunter depuis Curepipe et sa gare routière S Jan-Palach le bus n° 134 (NTC) Curepipe-Bord Cascade, et descendre à Henrietta.

↓ Conseil

À Grand Bassin, acceptez que l'on dessine sur votre front un point rouge, le tilak. Cette marque, réservée aux femmes, est censée porter bonheur.

Des plantations de thé à Bois Chéri

L'ESSENTIEL

À ne pas manquer

La route du thé; Grand Bassin

Expériences

Tester le canyoning et se baigner dans les chutes de Tamarin.

Les Aubineaux ✧✧

Forest Side, Curepipe. À 2 km S du centre-ville de Curepipe 📞 676.30.89, www.saintaubinloisirs.com. T.l.j. 9h-17h. Entrée: 420 Rs, collation comprise. Maison, vis. guidée; jardin, vis. libre. Billet à l'unité ou forfait route du thé et de la vanille (2 600 Rs, déj. inclus dans l'un des trois sites). Salon de thé, restaurant. Petite distillerie d'huiles essentielles. Boutique.

Vous apercevrez dans un virage, à travers un rideau d'arbres, une superbe demeure: ce sont **Les Aubineaux**. Construite en 1872, cette maison de planteur, qui était la résidence des Guimbeau, une famille originaire de Vendée ayant fait fortune dans le sucre, fut la première de l'île à se doter de l'électricité. Parquets qui craquent, meubles en palissandre ou acajou, piano qui attend sa musicienne... Atmosphère, atmosphère! Dans l'ancienne salle de billard, une tasse de thé et quelques scones clôturent ce voyage dans le passé.

Dans le jardin magnifique, vous découvrez des camphriers. Ils étaient plantés pour éloigner les moustiques, porteurs de malaria.

Chutes de Tamarin ✧✧

Tamarin Falls

Henrietta Branch Rd, à 8 km O de Curepipe.

Pour se cacher, elles se cachent! À **Henrietta**, il faut aller jusqu'au parking des bus, d'où une petite route part sur la droite. Après le **temple hindou**, poursuivez sur la piste, au bord de la faille. Un superbe point de vue vous attend 100 m plus loin: dans l'objectif, au moins cinq chutes en enfilade mais... en contrebas.

^ Les Aubineaux

On peut rejoindre la **première cascade**, mais le sentier, au milieu de petits jardins potagers ou de la végétation, est souvent très glissant. Il faut souvent s'aider des mains pour remonter. Soyez prudent ! Il existe bien une route, 250 m plus bas, qui semble vous narguer. Mais elle est privée, interdite d'accès, réservée à l'Electricity Supply Board (l'équivalent de notre EDF). Si ces chutes – il y en a 11 au total – fournissent de l'énergie à une petite centrale hydroélectrique, elles font aussi le bonheur des fans de **canyoning**. Dans cette gorge sauvage entaillée par la rivière Tamarin, la plus grande des cascades vous impose une descente en rappel de 50 m !

Grand Bassin ✧✧✧

À 42 km S de Port Louis par les M2 et B88, et à 17 km S de Curepipe par les B70 et B88. Parkings démesurés. Aire d'hélicoptère.

C'est **Grand Bassin** pour les créoles, **Ganga Talao** (« le lac du Gange ») pour les hindous. Pour ces derniers, il est sacré au même titre que ce fleuve, où ils doivent retourner à leur mort, sous peine de ne pouvoir se réincarner. Parmi les descendants des « engagés » du XIXe s., peu avaient les moyens de s'offrir un tel voyage. En 1897, à Terre Rouge, un brahmane eut un rêve salvateur, celui d'un lac caché en forêt et qui serait une résurgence du fleuve sacré, Shiva ayant laissé tomber un peu d'eau du Gange dans ce cratère d'un volcan éteint. Parti à sa recherche,

il trouva Paree Talao (« le lac des fées »). Rebaptisé depuis « Ganga Talao », il reçoit des dizaines de milliers de fidèles à l'année. Et particulièrement lors de **Maha Shivaratree**, « la grande nuit de Shiva » (encadré ci-dessous), en février ou mars.

Le site est aujourd'hui dominé par deux statues monumentales, qui encadrent la route. À l'entrée, sur la droite si vous venez du Pétrin, se présente Shiva, un cobra autour du cou, un trident à la main. Haute de 108 pieds (plus de 30 m, soit l'équivalent d'un bâtiment de 12 étages), cette statue se voit à des kilomètres à la ronde. Les fidèles se font photographier au pied de cette sculpture, recouverte de cuivre, œuvre de Matu Ram Verma. Vingt et un mois de travaux ont été nécessaires à sa réalisation. En 2017, une statue de Durga, de même hauteur (108 est un chiffre sacré chez les hindous), est venue le rejoindre, nécessitant 2 000 m^3 de béton et 400 t de fer. Durga Maa symbolise l'énergie et le courage.

En contrebas de la route, les temples en béton qui entourent aujourd'hui ce lac volcanique sont plutôt kitsch, mais l'endroit, souvent brumeux, décoré d'offrandes, distille un certain mystère. On prendra soin de se déchausser à l'entrée des sanctuaires. Même agnostique, on fera neuf fois le tour du minitemple des neuf planètes pour… remettre d'aplomb une vie qui ne tourne pas rond. On ne sait jamais !

Bois Chéri ✧✧✧

La Flora, à 5 km E de Grand Bassin par la B88 et à 20 km S de Curepipe par les M2 et B88 ☎ 617.84.84, www.saintaubinloisirs.com. T.l.j. (sf lun. en basse saison, pendant l'hiver austral) 9h-17h. Entrée : 650 Rs (vis. du musée + usine + dégustation) ; vis. du musée seulement 100 Rs. Billet à l'unité ou forfait route du thé et de la vanille (2 600 Rs, déj. inclus dans l'un des trois sites). Usine : vis. guidée. Musée : vis. libre. Hébergement et restaurant (p. 183).

FÊTE

Maha Shivaratree

À **Grand Bassin**, Maha Shivaratree (« la grande nuit de Shiva ») se déroule en février ou en mars (p. 246), la quatorzième nuit suivant la pleine lune. Des dizaines de milliers de personnes, de Maurice ou de l'étranger, font le déplacement. Vêtus de blanc, les pèlerins portent le *kanwar*, un **temple** miniature, construit traditionnellement en bambou, décoré de papiers colorés, de clochettes et de miroirs. Sur place, les offrandes (fruits, encens, etc.) sont déposées sur des milliers de radeaux flottants. Chacun reviendra avec un peu d'eau sacrée, puisée dans une bouteille de plastique, et la déversera sur le *shiva linga* (représentation de Shiva), dans le temple de son village. Ce rite est destiné à apaiser la gorge de celui qui sauva l'humanité en avalant le poison mortel qui menaçait de réduire en cendres toute la Terre.

^ Grand Bassin

À plus de 500 m d'altitude, Bois Chéri est situé au centre d'une région agricole vouée au thé depuis 1892. Sur 250 ha, c'est le premier producteur de l'île avec autour de 650 t de thé noir pour 5 t de thé vert. On repère vite le moutonnement de ces petits buissons ronds et verts. Puis apparaît sur votre gauche l'**usine de Bois Chéri.** Tout se visite : les **ateliers de production** (attention, usine f. le dim. et t.l.j. à midi au plus tard ; venir à l'ouverture) et le **musée du Thé** attenant.

On peut aussi se promener dans la **plantation**, où l'on recueille à la main ou à la machine jusqu'à 2 500 t de feuilles dans l'année. La cueillette se fait en général entre 6h et 11h du matin ; chaque cueilleuse ramasse en moyenne 60 kg de feuilles de thé par jour.

Après la visite (encadré ci-contre), vous ferez la différence entre thé noir et thé vert, pour lequel il n'y a pas de fermentation ; vous découvrirez que le thé se bonifie avec l'âge, comme le vin : il peut être conservé cinq ans. Pour terminer, direction le chalet de dégustation et le restaurant (p. 183), installés dans un cadre splendide, au bord d'un lac de cratère rebaptisé le lac des Cygnes, et des champs de thé.

LA PAUSE Takamaka Boutique Winery

Maurice a son vin de... litchi. Surprenant ! À l'aveugle, le palais se laisse tromper. Le terroir fournit des rosés légers, très floraux, mais surtout des blancs aux notes de rose, d'abricot et de pêche, qui peuvent accompagner des plats épicés. À découvrir, avec modération, au bistrot de cette *winery* très particulière.

> Plaine Bonnefin, Mare aux Vacoas (9 km N de Grand Bassin, 8 km S de Curepipe) ☎ 54.42.83.71 (port.). Lun.-ven. 9h-17h, sam. 9h-16h. Vis. et dégustation 350 Rs ; dégustation 3 vins 170 Rs. Au comptoir du bistrot 155-275 Rs le verre. Bouteilles 575-1200 Rs.

Domaine de Saint-Aubin ✧✧

Saint-Aubin, Savanne Rd, Rivière des Anguilles.
À 22 km S-E de Grand Bassin (B88 et A9) et 26 km S de Curepipe (M2 et A9) ☎ 626.18.19, www.saintaubinloisirs.com.
T.l.j. 9h-17h. Entrée: 650 Rs. Billet à l'unité ou forfait route du thé et de la vanille (2 600 Rs, déj. inclus dans l'un des trois sites). Compter 1h env. Hébergement et table d'hôte (sur rés. p. 183). Boutique.

Le domaine a conservé sa belle maison de maître, qu'on visite jusqu'au grenier. Construite en 1819, avec comme charpente le mât d'un bateau, elle a servi de résidence aux administrateurs de la plantation sucrière. La demeure a ses dépendances. Vous pouvez visiter la serre des anthuriums: ces fleurs, introduites à Maurice il y a plus de 200 ans, apprécient chaleur et humidité, mais pas les rayons directs du soleil, dont on les protège. Dans la **maison de la Vanille**, hors période de récolte et fabrication (sept.), un petit film vous explique tout le processus: l'échaudage, l'étuvage, le séchage...

Le passage à la **maison du Rhum** n'est pas désagréable non plus *(dégustation en prime)*. Le domaine fut l'un des pionniers dans la production de rhum agricole sur l'île.

PATRIMOINE

Tea time

Dans l'**usine de Bois Chéri,** où flotte une forte odeur herbacée, vous assistez à toutes les étapes de la fabrication du thé en passant d'un étage à l'autre. Les feuilles commencent par être étalées dans les salles de flétrissage pendant 16h: elles perdent au cours de cette première opération 30 % de leur eau. Le lendemain, on passe au broyage. Après la coupe, sur le tapis, les feuilles prennent progressivement une teinte brune: la fermentation est à l'œuvre (60 min). Après un passage au four (115-120 °C), la teneur en humidité du thé n'est plus que de 2,5 à 3 %.

⌄ Domaine de Saint-Aubin

• NOS ADRESSES •

CHUTES DE TAMARIN

OÙ DORMIR

Green Discovery

7 Cascades, Henrietta ☎ 684.98.84 et 57.60.83.67 (port.). 3 ch. Autour de 2500 Rs.

L'adresse idéale si vous voulez être à pied d'œuvre de bonne heure le lendemain pour rejoindre les cascades de Tamarin. Certains balcons offrent déjà une vue magnifique sur les chutes. Les appartements sont bien équipés (lave-linge, réfrigérateur, micro-ondes...). En outre, le propriétaire, Prakash Isram, est guide. Il peut vous accompagner dans la randonnée-canyoning, qu'il est vraiment déconseillé de faire seul (1300 Rs pour la 1/2 j.; 1800 Rs pour la j.).

SPORTS ET LOISIRS

Canyoning

Vertical World

PO Box 289 ☎ 697.54.30 et 52.51.11.07 (port.), www.verticalworldltd.com. Forfait découverte à 3800 Rs (incluant le déj.).

Les chutes de Tamarin conviennent pour une initiation, mais il y a aussi des parcours plus engagés. Programme demi-journée *(9h15-14h30)* ou journée *(7h30-18h)*.

Table d'hôtes Le Saint-Aubin

MIDLANDS

OÙ MANGER

Marie-Michèlle Kot

Chapelle Rd (22 km N de Grand Bassin, 8 km S-E de Curepipe) ☎ 57.91.32.71 (port.). T.l.j. sur rés. 24h avant. Menu 1600 Rs, boissons non alcoolisées comprises.

Un peu perdue dans la campagne, derrière la chapelle de Midlands, cette table d'hôtes tenue par deux complices, Marie-Michèlle et Brigitte, vaut le détour. Tout est délicieux. Sous la varangue, c'est l'occasion ou jamais de goûter le civet de cochon marron, ou celui de tangue (de hérisson) pour les plus audacieux, le « gato coco » ou le jus de tamarin. Voire de discuter avec une ex-coupeuse de cannes, qui travaille depuis l'âge de 11 ans.

BOIS CHÉRI

OÙ MANGER

Le Domaine de Bois Chéri

☎ 52.52.18.92 (port.), www.saintaubin loisirs.com. T.l.j. 10h30-15h30. Spécialités du chef autour de 550 Rs.

Dans un cadre zen, avec vue grand-angle sur le lac des Cygnes et les plantations de thé, tous les produits de l'entreprise trouvent un emploi savoureux: thé, miel, rhum 1819 de Saint-Aubin... Crevettes au thé maison, poulet fumé et gelée de thé... Même les pizzas peuvent se retrouver avec un chutney de thé!

SHOPPING

Thé

Chalet de dégustation

À 300 m de l'usine de Bois Chéri, fléchage. Dégustation seule: 250 Rs.

À l'usine de Bois Chéri (p. 179) comme au Chalet, vous trouverez en vente des thés mauriciens: thé noir, thé à la menthe, thé à la coco, thé à la vanille (le plus demandé localement), thé à l a bergamote... Il y a même un thé Paul et Virginie!

RIVIÈRE DES ANGUILLES

OÙ DORMIR

Chambres d'hôtes

L'Auberge de Saint-Aubin

Savanne Rd, sur l'A9, à g. lorsqu'on vient de Souillac ☎ 626.18.19 et 626.15.13, www.saintaubbinloisirs.com. 3 ch. (1 ch. double et 2 ch. familiales). Autour de 4200 Rs en demi-pension.

Parquets en teck, varangue... On réside dans les dépendances (1908) d'une demeure coloniale, ce qui fait tout le charme créole de cette « auberge », qui n'en est pas moins écologique: l'eau est chauffée par l'énergie solaire. Le plus? L'accès au domaine de Saint-Aubin (p. 181).

OÙ MANGER

Table d'hôtes

Le Saint-Aubin

Savanne Rd, Domaine de Saint-Aubin ☎ 626.18.19, www.sainaubinloisirs.com. T.l.j. 12h-16h (sur rés.). Plat principal 350-1300 Rs.

Tout le charme d'un repas créole pris dans une authentique demeure coloniale. Le potager et le verger de Saint-Aubin sont mis à contribution, pour la salade de palmiste par exemple. Et la vanille du domaine peut vous accompagner durant le déjeuner, le poulet à la vanille (490 Rs) étant le plat signature du restaurant.

12 LE LITTORAL sud

Cet itinéraire rouge latérite, vert canne à sucre et bleu lagon du littoral sud, longtemps présenté comme « sauvage », s'est laissé apprivoiser, sinon domestiquer. Malmenés par l'ouverture des marchés, les groupes à l'origine sucriers comme Rogers (Bel Ombre, entre autres) ont misé ici à la fois sur l'hôtellerie de luxe pieds dans l'eau et sur l'écotourisme. Alors, la petite route pittoresque qui longeait autrefois la plage est bordée d'un chapelet d'hôtels. La région conserve néanmoins un charme prenant. La nostalgie est toujours ce qu'elle était à Souillac, qui fut longtemps le port du sucre avant que le train ne concurrence les bateaux. Souillac, c'est aussi Gris-Gris et ses falaises que balayent les vents et les embruns. Dantesque, parfois. Un autre spectacle tourmenté s'offre à vous, quelques kilomètres plus loin : celui du Souffleur.

PRATIQUE

• Carte p. 166
• Nos adresses p. 191

↓ Se déplacer

Dans la partie ouest, le bus n° 8/8A (NTC) Souillac-Baie du Cap dessert toute la côte et notamment Bel Ombre. Mais si vous voulez rejoindre Le Morne, il faut emprunter le bus n° 5 (BOCS) Quatre Bornes-Baie du Cap, qui s'arrête notamment au Rocher de Macondé ou à la plage de La Prairie.

↓ Conseil

Sur la plage, à l'ouest, le C Beach Club (Domaine de Bel Ombre) offre le seul forfait à ce jour *One day* piscine + activités non motorisées à la mer (p. 192) de toute la région.

Du côté de Gris-Gris

L'ESSENTIEL

À ne pas manquer

La réserve Frédérica; La Vanille Nature Park; les falaises de Gris-Gris.

Expériences

S'offrir un « high tea » au château de Bel Ombre; se baigner dans les cascades de la réserve Frédérica; goûter le crocodile au Crocodile Affamé.

Les plus belles plages

Plage de la Prairie, plage de Bel Ombre.

Du morne Brabant à Souillac ✧

Quand on vient du morne Brabant, la route, à fleur d'eau, longe la **plage de la Prairie**, puis atteint la baie du Cap, entaille découpée sur un relief austère et gardée par l'éperon de basalte du **rocher de Macondé**. Des escaliers permettent de grimper à son sommet.

BAIE DU CAP ✧

À 7 km E de la sortie de la péninsule du Morne par la B9. Tables de pique-nique en bord de mer.

Le village de Baie du Cap s'étire dans une ligne droite au bord de la mer : il a conservé ses cases en tôle, ses pêcheurs qui vendent leurs prises du jour, les poules qui picorent sur la plage près d'une chèvre attachée.

BEL OMBRE ✧

À 13 km E du morne Brabant (B9).

Avant l'arrivée à Bel Ombre, en bord de mer, se dresse le **mémorial du *Trevessa***, un bateau qui fit naufrage en juin 1923 dans les eaux australiennes, à 1600 km de Maurice. Après 25 jours de voyage dans un canot, 16 membres de l'équipage réussirent à regagner la terre ferme à cet endroit. Ils furent accueillis au **domaine de Bel Ombre**, dont Charles Telfair avait repris la concession en 1816, la trouvant dans un piteux état (encadré p. 188).

La culture de la **canne à sucre** y avait été lancée à la fin du XVIIIe s., et une première sucrerie construite en 1802. Le domaine s'est beaucoup agrandi au fil du temps, couvrant jusqu'à 4000 ha (2500 ha aujourd'hui). Mais désormais, la canne n'est plus sa seule raison de vivre. La compagnie a aussi pris le virage du tourisme. Des hôtels de luxe se partagent la plage, que la route esquive.

LA PAUSE

Château de Bel Ombre

Comble du luxe, pour un prix tout à fait raisonnable : le *high tea* au château de Bel Ombre. Dans une demeure du XIXe s., on vous sert sandwichs au concombre et au fromage, scones avec crème chantilly, feuilletés à l'ananas... Personne ne reste sur sa faim !

> 605.53.32 et 55.11.58.88 (port.), www.lechateaudebelombre.com. T.l.j. sur rés. 15h30-17h. 990 Rs.

^ Pigeon rose dans la réserve Frédérica

Sur le terrain, l'histoire de cette plantation reste encore visible. L'ancienne sucrerie, qui a fermé ses portes en 1999, sacrifiée comme d'autres sur l'autel de la rentabilité, a entamé une deuxième vie, en partie comme musée dédié aux coquillages. Au bord de la B9, ses arches en pierres et ses turbines ont été conservées.

Restaurée, l'ancienne demeure coloniale du domaine s'est reconvertie en restaurant (encadré ci-contre et p. 191). Un golf 18 trous, réalisé par Peter Matkovich, s'étale à ses pieds.

Réserve Frédérica ✧✧

623.56.15, www.belombrenaturereserve.com. Rando quad de 2h30 ou 5h, à partir de 5750 Rs. Trekking guidé de 2h ou 5h (ce dernier avec pique-nique), 1450 Rs et 4500 Rs.

Bel Ombre, c'est aussi un immense terrain de jeux vallonné de 1300 ha, celui de Frédérica, qui s'étend jusqu'au parc national des gorges de la Rivière Noire (p. 151) et que l'on peut explorer à pied, en quad ou en buggy.

Avec l'aide de la Mauritian Wildlife Foundation, la nature a conservé ou repris ses droits, à l'ombre d'une ancienne cheminée sucrière, baptisée Frédérica, dont la construction remonterait à 1855. À l'époque, le « roi sucre » règne sans partage sur l'île, qui compte quelque 259 sucreries et produit déjà dans les 121000 t de sucre (1860).

Essayez de deviner l'âge de l'ébénier, au cœur noir comme jais, qui se dresse devant vous. Indice : il pousse de 2 à 3 cm par an ! Autrefois, on mélangeait le charbon de cet arbre au soufre pour en faire de la poudre à canon. Scrutez désespérément le moindre albizia : il passe pour un nid à « catover », comprenez « petite câteau verte », à mi-chemin entre le perroquet et la perruche. Au final, étape de rigueur à la petite cascade de l'Exemple, où l'eau rebondit sur les rochers noirs. On peut même se baigner.

BAIE DU JACOTET ET ENVIRONS ✧

À 20 km E du morne Brabant (B9).

La route continue à faire du saute-hôtels avant d'arriver à la baie du Jacotet, protégée par l'îlot Sancho, qui passe pour un ancien repaire de pirates.

Au XIXe s., elle a connu les premières escarmouches entre Anglais et Français, annonciatrices de la bataille du Grand Port (p. 227). En mai 1810, le capitaine anglais Willoughby y fit même prisonnier un gros propriétaire terrien qui défendait le secteur : et il ne consentit à libérer

Thomas Estienne Bolgerd, dit-on, que contre une rançon en nature : cochons, cabris et poules !

Un ou deux kilomètres plus loin part sur la gauche une petite route, qui rejoint, via Chamouny, les Hauts et le **parc national des gorges de la Rivière Noire** (p. 151) à travers les champs de canne à sucre du domaine de Saint-Félix.

Si l'on reste sur la côte, le parcours effleure la mer et les jolies **plages** publiques de **Pomponnette** et **Riambel**, que ronge aujourd'hui l'érosion des côtes. Solution adoptée en 2015 : des « tétrapodes » en béton, pour casser les vagues et retenir le sable.

Retour de pêche sur la plage de Riambel

LA PAUSE Chez François

Sur la plage de Bel Ombre, il est impossible de rater la cabane bleu azur de François et... la queue qui se forme devant son comptoir à l'heure du déjeuner ! Au menu : une quinzaine de types de boulettes (poulet, crabe, calamar, poisson, agneau, tofu, etc.) et des mines bouillis avec lesquels on choisit son accompagnement. On peut même s'attabler (les places sont chères), pieds dans le sable, yeux dans le bleu. Pas belle la vie ?

> Sur la plage ☎ 59.36.71.46 et 59. 88.83.33 (port.), Jeu.-mar. 10h-15h (16h le w.-e.). Boulette 15 Rs l'unité.

NATURALISME

Charles Telfair

« Au petit paradis de Bel Ombre », comme il l'appelait, ce naturaliste (1778-1833) d'origine irlandaise a voulu offrir des fleurs inconnues, comme le dahlia ou le lotus à fleurs roses, des nouvelles espèces de canne à sucre... Maurice lui devrait même la banane, importée de Chine en 1826. Humaniste et amoureux du progrès, il introduisit sur son domaine la charrue tirée par des bœufs (la *pioche-béf* selon ses gens !) et le premier moulin horizontal pour broyer la canne.

Souillac et ses environs ✧✧

À 26 km E du morne Brabant (B9).

Au pied d'une falaise, à l'embouchure de la **rivière Savanne**, ce nonchalant chef-lieu de district doit son nom au vicomte de Souillac, gouverneur de Maurice (1779-1787). C'est d'ici que partaient jadis pour Port Louis les cargaisons de sucre, de bois, d'arak (alcool) ou d'indigo chargées sur les chasse-marée (bateaux côtiers).

Au large de l'embouchure de la Savanne, une brèche dans la barrière corallienne permettait le passage de ces côtiers. L'ancien mouillage est au lieu-dit **Le Batelage**. Une partie des bâtiments, où l'on stockait le sucre, abrite un restaurant (p. 192).

CENTRE HISTORIQUE DE SOUILLAC ✧

Attention, l'accès au centre est à sens unique (est-ouest) : en venant de l'ouest, partir à g. sur l'A9, tourner à dr. et encore à dr.

Ses rives bordées de manguiers et d'arbres à pain, et ses bâtiments coloniaux surannés lui donnent un charme particulier : le **District Court** est installé dans une maison coloniale à varangue, et la gare victorienne de 1865 en briques rouges abrite la poste.

Classé monument national, le **poste de police** a servi d'hébergement aux esclaves qui travaillaient dans les plantations de canne à sucre, avant d'accueillir les voyageurs comme lieu de repos après le voyage en train.

L'**église Saint-Jacques**, construite en 1856, donne dans le néogothique.

Au centre du bourg, face à la mer, le **jardin Telfair**, baptisé du nom de l'ancien propriétaire de la sucrerie de Bel Ombre (encadré ci-contre), offre une belle vue, à l'ombre de ses banians et amandiers. C'est le seul jardin à Maurice qui donne sur la mer. Des bancs et un kiosque en font une aire de pique-nique naturelle très prisée.

Robert Edward Hart Memorial Museum ✧

Autard St. ☎ 625.61.01 ou 211.64.15, https://mauritiusmuseums.govmu.org. Lun.-mar. et jeu.-ven. 9h-16h, mer. 11h-16h, sam. 9h-12h ; f. j.f. Entrée libre.

Ce musée, consacré au poète franco-mauricien **Robert-Edward Hart** (1891-1954), s'est installé dans sa maison faite de chaux, de sable et de corail, où il a passé les dernières années de sa vie. Cette **Nef** – nom de la résidence – fut achetée par l'État en 1963, rasée en 2001, puis reconstruite à l'identique. Le musée comprend quatre pièces (dont le bureau), où sont exposés meubles, effets personnels et œuvres.

Robert-Edward Hart avait voulu rester le poète de Maurice, refusant de céder aux sirènes parisiennes. Il était pourtant descendant d'un poète de la Pléiade par sa mère, Valentine de Bissy. Un poste de bibliothécaire à l'Institut de Maurice lui avait permis de se consacrer à son œuvre, assez foisonnante (42 ouvrages), traversée par des images chatoyantes. Elle relaie le mythe de la Lémurie, continent englouti dans l'océan Indien dont Maurice serait un vestige. De 1943 à sa mort, il vécut à Souillac (où il est enterré), devenu un temps le lieu de prédilection des intellectuels du pays.

CHUTES ROCHESTER ✧✧

Rochester Falls

À l'arrivée dans Souillac, route sur la g. Fléchage (env. 2 km N). Parking sur la route et marche selon l'affluence. T.l.j. 6h-18h (mais aucun portail ne ferme la piste).

À l'intérieur des terres, on accède aux chutes Rochester par un chemin cahoteux, qui zigzague et descend parmi les cannes du domaine Terracine. Assez spectaculaire bien que modeste, cette cascade sur la rivière Savanne, d'une hauteur de 10 m, est originale: elle coule sur une paroi sculptée par l'érosion en de longs tuyaux de basalte verticaux. Le dimanche, c'est noir de monde. Les candidats se bousculent au sommet pour effectuer le « grand saut » devant la famille et les copains. Tout le monde doit y aller de son écot *(droit de parking)* au moment de reprendre sa voiture.

FALAISES DE GRIS-GRIS ✧✧✧

À 1 km env. après le musée Hart, petite route qui surplombe les falaises. Parkings sur l'esplanade et, pour la Roche qui pleure, vers Notre-Dame de l'Unité.

La route qui longe le littoral mène aux falaises noir basalte de Gris-Gris, un promontoire dominant les flots d'une centaine de mètres dans un cadre très breton. Un escalier rejoint le bord de mer en contrebas *(baignade dangereuse mais promenade agréable)*. Près de l'esplanade, une petite route part sur la g. vers la **Roche qui pleure**, assaillie par les vagues, dont l'écume retombe en... larmes. Certains croient reconnaître dans un rocher voisin le profil de l'écrivain Robert-Edward Hart: les sourcils proéminents, le nez, pas de doute, tout y est!

> Voir aussi la balade sportive: À vélo sur la côte sud (p. 194).

⌄ Chutes Rochester

Autour de Rivière des Anguilles

À 38,5 km E du morne Brabant via B9 et à 7 km N-E env. de Souillac par l'A9.

La route quitte la côte pour pénétrer dans le grand bassin cannier du sud-est de l'île. L'itinéraire traverse des bourgades, comme **Rivière des Anguilles**, qui ne sont pas sans charme, avec leurs échoppes rafistolées et autres « tabagies » (bureaux de tabac).

LA VANILLE NATURE PARK ✧✧

Senneville, Rivière des Anguilles. À 9 km N-E env. de Souillac. Fléchage dans Rivière des Anguilles (à dr.) 626.25.03, www.lavanille-naturepark.com. T.l.j. 9h-17h (17h30 oct.-avr.). Entrée: 975 Rs, incluant le musée. « Expériences » payantes en sus. Vis. guidée toutes les 30 min. Restaurant. Boutique.

Dans cette réserve luxuriante de 5 ha, entre bananiers, palmiers et bambous, les tortues géantes d'Aldabra (Seychelles) et les crocodiles du Nil (encadré ci-contre), originaires de Madagascar, raflent l'attention, surtout au moment de leur repas (11h et 13h pour les tortues, 11h30 pour les crocodiles). Mais le parc compte aussi iguanes, singes, chauves-souris, sangliers et animaux de la ferme. Une véritable arche de Noé!

On pourra également visiter la nurserie des tortues (vis. de 30 min 3 fois/j., 200-300 Rs), caresser les bébés crocodiles (muselés, 350 Rs) ou les nourrir (200 Rs).

Avis aux amateurs de fossiles: la réserve a ouvert aussi un **petit musée** qui comporte une collection d'ammonites de Madagascar de toute beauté.

LA PAUSE

Le Crocodile Affamé

Dans **La Vanille Nature Park**, les crocodiles font le spectacle. Mais ces carnivores peuvent finir dans votre assiette: le restaurant de la réserve, Le Crocodile Affamé, sert du saurien en beignets, en cari, en brochettes, en vindaye, en steak.

> T.l.j. 11h-16h, snack aux horaires d'ouverture de la réserve.

Le Souffleur ✧✧

À 57 km E du morne Brabant (B9, A9, B8) et à 25 km E de Souillac (A9, B8).

Au départ de la route du Souffleur, vous traversez le complexe d'**Omnicane** (prudence hors dim. et j.f.). C'est tout à la fois une raffinerie de sucre (200000t par an de sucre de canne blanc raffiné), deux centrales thermiques et une distillerie de bioéthanol (45000 t par an). Voici le nouveau visage de l'industrie cannière à Maurice, concentrée, intégrée, où rien ne se perd.

On retrouve vite les champs de canne; le macadam fait place à une piste pleine d'ornières. Au bout, le paysage est grandiose et le grondement des vagues assourdissant. Le phénomène de geyser dans une cheminée naturelle, d'où le nom de Souffleur, ne se produit que par mer haute et agitée.

Du Souffleur, un sentier le long des falaises vous porte jusqu'au **Pont naturel**, une arche de basalte. On peut le franchir, le dépasser et pousser jusqu'à la **plage du Bouchon** (2h30-3h env. A/R, 10 km).

• NOS ADRESSES •

BAIE DU CAP

OÙ MANGER

Mo Filaos

Royal Rd ☎ 57.96.61.60 (port.). Mar.-dim. 11h-13h et 17h30-21h30. Plats 295 Rs-1000 Rs.

Donnant sur la plage publique, ce restaurant tout simple est très fréquenté par les locaux. Sa longue carte affiche une dizaine de déclinaisons autour du poulet, et tout autant pour les camarons ! Les plats, copieux, dépassent rarement les 500 Rs.

BEL OMBRE

OÙ DORMIR

Résidences de tourisme

Autentik Garden

Hibiscus Lane ☎ 55.09.82.24 (port.), www.autentik-garden.com. 3 appart. d'1 ch., 2 de 2 ch., 1 de 3 ch. Piscine. Autour de 3 000-3 500 Rs toute l'année, sauf fêtes de fin d'année.

♥ Près de la plage, dans un beau jardin tropical, les six coquets appartements de cette résidence sont également hyper-équipés (lave-linge, parfois lave-vaisselle pour les plus grands). Comme dans un hôtel, le ménage est fait quotidiennement. Se voulant écoresponsable, l'établissement récupère l'eau de pluie tant pour le jardin que pour la piscine, et l'eau est chauffée grâce à l'énergie solaire. Tout est fait pour vous encourager à découvrir le village, ses estancots et ses plages sauvages.

Kaz'alala Hosted B&B

Coastal Rd ☎ 623.79.18 et 623.79.23, www.kazalala.com. 4 « cabanes » de 3 à 6 ch. 2 nuits min. en haute saison. Autour de 6 750 Rs.

Niché dans le domaine de Bel Ombre, ce B&B – il s'agit en réalité de 4 maisons indépendantes, celles d'anciens employés de la sucrerie, rénovées avec goût – est l'une des dernières diversifications du groupe Rogers. Le petit déjeuner est servi au restaurant Lakaz Mama. Bien équipées (micro-ondes, réfrigérateur, barbecue), ces maisons sont parfaites pour installer sa tribu à deux pas des palaces du groupe.

OÙ MANGER

Château de Bel Ombre

Domaine de Bel Ombre (à g. de la route si l'on vient du morne Brabant) ☎ 605.53.32 ou 55.11.58.88 (port.), www.lechateaudebelombre.com. Ouv. le soir en semaine (midi et soir, le w.-e. et en très haute saison). Menu déjeuner 3 450 Rs . Le soir, plat principal 1400-3800 Rs, menu dégustation 5 plats 5 200 Rs. *Wine tasting* t.l.j. à partir de 17h30 (à partir de 2 950 Rs). *High tea experience* (990 Rs, encadré p. 186).

On dîne sous la varangue des anciens maîtres de Bel Ombre. Piano-bar, argenterie, etc. La cuisine est aussi sur son trente-et-un : elle est à la fois inventive et parfumée, mais aussi locavore autant que faire se peut (le foie gras reste indétrônable !), le château ayant son potager bio. Une mousseline de taro accompagne un filet de bœuf angus, et le sucre muscovado enchante une mousse au chocolat.

Un golf écocertifié

Sur une île où l'eau peut cruellement faire défaut, au point que les hôtels se font livrer des citernes, les golfs ont mauvaise presse. Néanmoins, un deuxième golf a ouvert (2023) à Bel Ombre : il s'agit du premier et unique golf « écocertifié » de Maurice, qui privilégie le recyclage de l'eau.

CLUBS

C Beach Club

Domaine de Bel Ombre, entrée indépendante sur Royal Rd 601.55.29 et 55.11.58.85 (port.). Mar.-sam. 8h30-23h, dim.-lun et j.f. 8h30-18h. Bar (cocktails, mocktails, bières artisanales, etc.) et restaurant sur place. Forfait *One day* piscine + activités non motorisées : lun.-ven. 10h-16h (1000 Rs), sam. 12h-23h (1500 Rs, avec DJ), dim. (juin-août) 13h-17h (1000 Rs).

La formule est parfaite : plage de sable blanc, piscine, mojito et programmation musicale branchée. Le forfait *One day* piscine et activités en séduit plus d'un.

CHEMIN GRENIER

BIEN-ÊTRE

Spa

Shanti Spa

Shanti, Rivière des Galets 603.72.00, www.shantimaurice.com. T.l.j. 8h-21h, ouv. aux non-résidents de l'hôtel. Soins entre 45 min et 2h30. À partir de 3300 Rs.

Au cœur d'une forêt tropicale, cerclé d'eau, le spa s'étend sur 7000 m². C'est le plus grand de Maurice ! Gommages et enveloppements utilisent le café, le sucre brun, le sel, la noix de coco, la papaye et les feuilles de bananier.

SOUILLAC

OÙ DORMIR

Non loin de Souillac, pensez aussi aux chambres d'hôte du Domaine Saint-Aubin (p. 183).

Locations

Aurelia Lodge

64 Morcellement Gris-Gris (1,5 km du centre-ville) 57.43.24.62 (port.). 3 ch. 5500 Rs (sans petit déj.). 3 ou 5 nuits min.

Près de la plage de Gris-Gris, une maison à la décoration très *old school* qui peut accueillir jusqu'à 6 pers. Les plus : la gare routière de Souillac n'est pas loin et un kiosque sur le toit permet d'y dîner en plein air ou de s'y reposer.

OÙ MANGER

Chez Rosy

Plage de Gris-Gris 625.41.79. Mar.-dim. 10h45-16h, le soir sur rés. Plat principal 380-480 Rs.

On sert ici une cuisine créole simple et savoureuse : salade d'ourites, cari poulet, poisson à l'aigre-doux, bananes flambées. Les portions sont copieuses et les langoustes sur commande (1500 Rs).

Le Batelage

À l'entrée O de Souillac, Main Rd 625.60.83/84 et 57.72.57.47 (port.). Mar.-dim. 10h30-16h, le soir sur rés. Plats 850-1200 Rs.

Situé le long de l'estuaire, avec terrasse ouverte sur les anciens quais de chargement du sucre, ce restaurant est installé dans un cadre superbe. Mais la cuisine classique (cari de cerf, poisson du jour, langouste grillée) n'est pas toujours à la hauteur. Tentez votre chance !

Château de Bel Ombre

Balade sportive

À VÉLO SUR LA CÔTE SUD

C'est cheveux au vent (avec le casque néanmoins) que l'on s'embarque à vélo dans la découverte du vrai « Moris », avec ses pêcheurs à Souillac et un déjeuner chez l'habitant à Surinam. Le sucre ne règne plus sans partage dans ce Sud aux paysages superbes.

˅ Départ sur la plage

^ Dans le jardin Telfair

RENDEZ-VOUS À BEL OMBRE

Nous avons rendez-vous sur la place du Moulin à Bel Ombre, le « Bel Ombre d'antan », où s'élèvent les ruines – bien aménagées – de l'ancienne usine sucrière, qui a fermé ses portes en 1999. Ses murs en basalte, ses turbines laissées sur place racontent l'époque où le roi Sucre régnait sans partage à Maurice. Aujourd'hui, l'ancienne Compagnie Sucrière de Bel Ombre, créée en 1910, est devenue Agrïa, se diversifiant dans la production de fruits et légumes bio. Dans ce sud dit sauvage, le parcours file au milieu des champs. À gauche, toute ! Nous suivons les recommandations, prudentes, de notre guide et chef de file, Laurent.

Chasse au trésor...

Stop : Baie du Jacotet ; distance : 5 km

Premier arrêt, il y en aura beaucoup d'autres ! Derrière les filaos se dissimule la plage... irrésistible. La mer est d'un bleu profond. À marée basse, l'îlot Sancho peut s'atteindre à pied. Malheur à qui l'aborde sans bonnes chaussures, le sol y étant crevassé et les oursins nombreux. Légende tenace, la baie passe pour avoir abrité pirates et corsaires qui y auraient caché leur butin. En 1961, Bel Ombre y a même entrepris des fouilles, sans succès. Laissez Laurent vous raconter cette chasse au trésor infructueuse, avant de poursuivre votre chemin sur Rivière des Galets et sa plage de galets noirs (unique à Maurice), où les surfeurs trouvent quand même leur bonheur.

PETITE HISTOIRE DU GONI

Stop : Le Batelage, Souillac ; distance : 10 km

Franchissant la rivière Savanne, nous arrivons dans la petite ville de Souillac, au Batelage, qui fut, avant l'avènement du chemin de fer à la fin du XIXe s., le port où les « côtiers » (bateaux) embarquaient le sucre des plantations voisines à destination de Port Louis. La route,

^ Sur les chemins de terre de Gris-Gris

il ne fallait pas y penser ! Tout était chargé à dos d'homme dans des « gonis ». En fibre d'aloès, tissés localement, ces énormes sacs, qui pouvaient peser dans les 80 kg, vous cassaient les reins. Le goni n'en était pas moins « recyclable » en bandes molletières pour les travailleurs dans les champs, en matelas, en rideaux, en savates. Tout un symbole de labeur. Aujourd'hui, l'entrepôt où attendait le sucre a été partiellement converti en restaurant (p. 190). Et Souillac n'est plus qu'un port de pêcheurs.

Un jardin enchanté

Stops : Jardin Telfair, Souillac ; distance : 1 km. Falaises de Gris-Gris ; distance : 1 km.

Dans Souillac, à la suite de Laurent, tout le petit groupe s'engouffre dans les allées du jardin Telfair, nommé d'après Charles Edward Telfair (1777-1833), Irlandais comme son nom ne l'indique pas. Secrétaire particulier du gouverneur anglais, l'homme fut aussi l'un des premiers propriétaires de Bel Ombre, mais resta naturaliste avant tout. Il est donc naturel qu'un parc avec son banian (multipliant) légendaire lui soit dédié. On a comme l'impression de pénétrer dans la forêt des songes. Modeste, Telfair a néanmoins des allures de jardin enchanté. C'est un charmant prélude aux falaises de Gris-Gris, où les vagues déferlent en paquets sur la Roche qui pleure. La petite équipée pousse jusqu'à ce paysage tourmenté. Mais il est temps de penser au retour et… au repas chez l'habitant, près de Souillac (encadré ci-contre).

Un bon manzé mauricien

Dans le groupe, plus d'un a l'estomac dans les talons. Le repas est prévu à Surinam, chez Mala, qui nous accueille dans sa maison. « Une cuisine à l'indienne, rotis, gâteaux piments… Il s'agit d'un repas végétarien, ce qui convient à tout le monde », nous a prévenus Amélie, qui épaule son mari Laurent dans leur petite entreprise. Mala ne parle que créole et hindi. Mais sa cuisine, un bon *manzé* mauritien, est éloquente !

Samoussas et autres *gadjacks*

PRATIQUE

Contact

DunienZîl 58.28.86.85 (port.), https://explorenouzil.com.

Parcours

Sur route (70 %) et pistes en terre ou sable, 32-34 km A/R (selon détours). Prévoir la journée (8h30-15h). Enfants à partir d'1,45 m.

Budget

4000 Rs/pers., VAE (Vélo à assistance électrique) et déjeuner chez l'habitant compris.

Le plus

Un véhicule de sécurité suiveur (à partir de 4 pers.).

Autre version

Selon le groupe, baignade (ou pas) au retour aux Rochester Falls ou à la plage de Riambel.

L'ÎLE Rodrigues

Perdu dans l'océan Indien, un vieux caillou de 18 km sur 8 km se cache au creux d'un lagon deux fois plus grand que lui. Vu d'avion, le spectacle est magique : des eaux vert jade et une terre brûlée. Longtemps délaissée, Rodrigues, qui aurait été découverte vers 1528 par un navigateur portugais, Diego Rodriguez, est devenue une destination tendance. Cette ensorceleuse, restée encore sauvage, possède un charme singulier sous une enveloppe dépouillée. Même les Mauriciens espèrent y retrouver le Maurice du « tan lontan », il y a 20 ou 30 ans.

Rodrigues, qui compte quelque 44 000 habitants, change néanmoins jour après jour. À son rythme, tentant d'imposer un modèle de tourisme durable, écologique. Utopique ?

Lagon de l'île aux Cocos

Île Rodrigues

N
Île aux Fous
Anse aux Caves
Anse aux Anglais
Caverne Provert
Anse de Grand Baie
Baladirou
Jeantac
Rivière Banane
Pointe Vénus
Pointe Canon
PORT MATHURIN
Crève Cœur
Mont. Goyave
170
Mt Borne
281
Mont. Grenade
206
Pointe Coton
Camp du Roi
Mt Persil
275
Fumier
Baie aux Huîtres
Pavé
Bel Air
Roche Bon Dieu
Mt Charlot
252
Vainqueur
Baie de l'Est
Citronelle
Jardin Mamzelle
Mont Lubin
Brûlé
Réserve de Grande Montagne
Patate Théophile
Saint-François
Mt Piton
354
Saint d'Or
398
Les Choux
Mt Limon
Nouvelle Découverte
Mt Cimetière
Lataniers
Grande Montagne
Mont. Cabris E.
166
Trou d'Argent
341
352
Quatre Vents
341
Petit Gabriel
Sainte-Famille
Palissade Ternel
163
Mt Ursule
Sentier du Littoral
Saint-Gabriel
Quatre Vents
Saint-Louis
Eau Vannée
Graviers
Mont Chéri
167
Petit Gravier
Port Sud-Est
Canary
Rivière Cocos
Anse Mourouk
Pâté Reynieux
Anse Raffin
South East Marine Protected Area
Île Hermitage
Paille en Queue
Île Gombrani
Grande Passe
Île aux Chats
Île Plate
0
1
2 km

PRATIQUE

Carte p. 200-201
Nos adresses p. 214

Arriver sur l'île Rodrigues

En avion

Air Mauritius assure 4 vols par jour entre l'île Maurice et l'île Rodrigues. Comptez 1h35 de vol.
Une ligne aérienne hebdomadaire entre l'île de La Réunion (aéroport de Saint-Denis) et Rodrigues est également opérationnelle avec la compagnie Air Austral.

• **Aéroport Sir Gaëtan Duval**
📞 832.78.88.
Il est situé à Plaine Corail, dans le sud-ouest de l'île. Vous trouverez sur place un **bureau de change** (aux arrivées) et un distributeur.

• **Transferts**
Ils peuvent être assurés par les hôtels et les maisons d'hôtes (ce qui peut être compris ou non dans le forfait). Un bus effectue la liaison aéroport/Port Mathurin (env. 47 Rs) toutes les 30 min (1h le w.-e.) entre 6h et 14h30. Un transfert en taxi coûte 1100 Rs-2000 Rs suivant l'heure, le nombre de personnes et la distance.

En bateau

Il faut 36h ou 24h (au retour) pour effectuer la traversée entre Maurice et Rodrigues. Comptez 5000-8500 Rs selon la classe et la cabine (c'est aussi cher que l'avion). Mauritius Shipping Co Ltd : 📞 831.06.40, www.mauritiusshipping.net.

VOYAGEZ MALIN

Si vous comptez visiter dans le même séjour Maurice et Rodrigues, partez directement sur Rodrigues pour revenir ensuite à Maurice.

Sur Rodrigues, les passagers internationaux sont prioritaires et ils échappent à la limite des 15 kg de bagages en franchise.

Se déplacer sur l'île Rodrigues

En voiture

L'île dispose de 3 stations-service : à Port Mathurin, à Mont Lubin et à Grande La Fourche-Corail (près de l'aéroport).
• Location de voiture : Rent a car Rodrigues 📞 58.42.88.67 (port.), https://rent-a-car-rodrigues.business.site.

En bus

La gare routière se situe à Port Mathurin. Le prix du billet (17-47 Rs) dépend de la distance et du nombre d'arrêts. Attention, les bus ne fonctionnent pas après 18h (voire plus tôt).
Tous partent de Port Mathurin et y retournent.
• Sur la côte nord-est, empruntez la ligne 204 qui s'arrête à Grand Baie ou la 224 pour aller jusqu'à Baladirou.
• Sur la côte nord-ouest, le 205 va jusqu'à Baie du Nord.
• L'aéroport est desservi par les lignes 206/206 A, de même que la réserve François Leguat (+ 15 à 20 min de marche depuis l'arrêt du bus).
• Pointe Coton et Saint-François sont au bout de la ligne 208.
• Port Sud-Est et Mourouk sont sur la ligne 209.
• Malartic/Saint-Gabriel est un arrêt de la ligne 211.

À scooter (électrique)

ElectRod
📞 57.50.49.65/78 (port.), 800 à 1200 Rs/j.

Adresses utiles

Office de tourisme
Rue de la Solidarité, Port Mathurin
832.08.66/67, info@rodriguestourismoffice.org.
Lun.-ven. 8h-16h, sam. 8h-12h, dim. et j.f. 8h-10h. Documentations sur l'île.

SUR LE WEB

https://rodriguesile.com/port-mathurin : plan de Port Mathurin et, en construction, la liste de tous les bus.

www.rodriguesfriendly.com : le site d'un tour-opérateur qui propose des excursions thématiques hors des sentiers battus, vraiment originales.

^ Bus à Port Mathurin

RODRIGUES MODE D'EMPLOI

Système D

Ici, le système D et le bouche-à-oreille fonctionnent à merveille, que ce soit pour vous faire indiquer votre chemin et l'arrêt de bus auquel descendre, ou pour louer un moyen de locomotion, même pour une journée (voiture, bateau avec pêcheur, scooter, etc.) : les Rodriguais se feront un plaisir de vous aider !

Attention à l'eau

Ne la gaspillez pas ! Elle est précieuse, sur une île où la sécheresse sévit. Boire l'eau du robinet est néanmoins déconseillé (problèmes récurrents des usines de dessalement de l'eau de mer). L'eau de pluie est filtrée avant d'être servie à table. Ne vous étonnez pas de vous voir facturer l'eau aux repas.

13

À LA DÉCOUVERTE de l'île

La capitale de l'île, Port Mathurin, petite ville de 6 000 habitants, a emprunté son nom à l'un des premiers colons, le Français Mathurin Bréhinier. Boutiques colorées et rares maisons coloniales y côtoient un casino baptisé pompeusement « P'tit Monaco ». On s'y rend pour le marché du samedi avant de rejoindre la plage, où le kite fait fureur. Mais Rodrigues possède bien d'autres trésors derrière son lagon vert malachite, veiné par le courant des passes. Des nuées d'oiseaux sur l'île aux Cocos, une réserve de tortues à l'histoire surprenante… Il y a fort à parier que vous vous laisserez gagner par ses sortilèges et la gentillesse de ses habitants !

Une quincaillerie à Port Mathurin

L'ESSENTIEL

À ne pas manquer

L'île aux Cocos ; la réserve François Leguat ; la descente vertigineuse sur Port Sud-Est.

Expériences

Se déplacer en bus ou en scooter électrique ; s'initier au kite ; oser tyrolienne et pont suspendu.

Les plus belles plages

Baladirou, Trou d'Argent Saint-François.

Port Mathurin

Impossible de s'égarer ! Port Mathurin a hérité d'un plan en damier, où quatre rues parallèles croisent une demi-douzaine de rues perpendiculaires.

Parallèle à la mer, la rue principale, **rue de la Solidarité**, abrite la mosquée Noor-ud-Deen et l'église anglicane Saint-Barnabé. À deux pas, repérable à ses canons, **le Résidence** (1872), ex-demeure des gouverneurs anglais, accueille encore les hôtes de marque.

Quant à l'église catholique **Sainte-Cœur-de-Marie**, construite par un disciple du père Laval (p. 59), le père François Thévaux, il faut la chercher au coin de la rue François-Leguat (semi-piétonne) et Mamzelle-Julia.

CÔTÉ MER

À l'arrière, côté mer, il y a l'unique **port** de l'île ; encombré de conteneurs, il attend l'arrivée, jusqu'à cinq fois par mois, du *Mauritius Trochetia* ou du *Black Rhino*, reliant Maurice à Rodrigues (encadré p. 206).

On y trouve aussi le « nouveau » quartier administratif, créé au moment de l'accès à l'autonomie de l'île en 2002. Port Mathurin est en effet le siège de l'Assemblée régionale, qui comporte 17 membres, l'exécutif étant assuré par un *chief commissioner*. La vie politique de Rodrigues est émaillée de coups de théâtre et de discussions houleuses dont la presse locale se fait l'écho.

Vous tomberez aussi, au beau milieu d'un terrain vague, sur la statue d'un solitaire, oiseau endémique de l'île aujourd'hui disparu, exterminé comme son cousin, le dodo mauricien.

TRAFIC

L'arrivée du bateau

Deux fois par mois, en provenance de Port Louis, le *Mauritius Trochetia* pointe son étrave dans la **baie de Port Mathurin** à 6h du matin, au lever du soleil, sur fond de ciel rose. Un spectacle de toute beauté. Les commerçants, en rupture de stock, attendent aussi fébrilement le *Black Rhino* (uniquement pour le fret, trois fois par mois). Au XXIe s. encore, la vie de l'île est suspendue à ces rotations, tant pour ses importations que pour ses exportations. Côté passagers, en revanche, le trafic s'érode lentement, bien qu'il ait été un peu relancé en 2023.

LE BAZAR ✧✧

À Port Mathurin, le grand événement de la semaine reste le **marché du samedi** (en semaine, le marché est nettement plus petit). À l'entrée est de la ville, le bazar, encore flambant neuf, accueille ce rendez-vous joyeux. Tout le monde s'y retrouve avec sa « tente » (cabas en vacoas). Chantale, Rosemay, Lusine et les autres ont parfois quitté leur case à 3h du matin pour vendre giraumons, brèdes, limons (citrons), thym, menthe, ourites (pieuvres) séchées... Sur le marché ou chez Coco Zone (p. 215), il faut absolument acheter du miel de Rodrigues, un miel d'eucalyptus. L'île compte nombre de petits producteurs.

Vers Anse aux Anglais ✧✧

À 2 km E de Port Mathurin par la route côtière.

En sortant de la ville par l'est et le pont des Soupirs, on traverse la **rivière Cascade Pigeon** : sur ses bords s'installèrent François Leguat et ses sept compagnons en 1691. Protestants chassés de France par la révocation de l'édit de Nantes, ils veulent s'établir dans les Mascareignes. Le capitaine de leur bateau les a débarqués avec un équipement léger sur cette île déserte. Deux ans plus tard, ils rembarquaient sur un esquif de fortune, direction Maurice, sous pavillon hollandais. Leguat a laissé un récit de ses tribulations, fort précieux aujourd'hui, mais qui laissa ses contemporains incrédules : *Voyages et aventures de François Leguat et de ses compagnons en deux isles désertes des Indes orientales*, ouvrage paru en 1708.

‹ Ourites qui sèchent

POINTE CANON ✧✧

De Port Mathurin, on peut s'y rendre à pied par un sentier de chèvre. Sinon, 1re route à dr., dite la Route de l'Autonomie, après la gare routière, dir. Mont Lubin.

La route grimpe en lacets serrés vers **Mont Lubin**. Empruntez-la sur 200 à 300 m jusqu'à la station météorologique, logée à gauche dans un virage en épingle. À droite, un joli **point de vue** sur Port Mathurin s'offre de Pointe Canon, où la **statue de la reine de Rodrigues** (Marie) domine et protège la capitale. Ainsi qu'un canon, hérité de la Seconde Guerre mondiale.

POINTE VÉNUS

À 1 km env. du centre de Port Mathurin.

Vous passez au pied de Pointe Vénus, où l'astronome français Alexandre Guy Pingré est venu, en mai 1761, observer le transit de la planète Vénus devant le Soleil, événement rarissime (une à deux fois par siècle, le dernier ayant eu lieu en 2004).

ANSE AUX ANGLAIS ✧✧

À 2 km E env. du centre de Port Mathurin.

C'est là où les Anglais débarquèrent en septembre 1761 et prirent brièvement possession de l'île avant de reprendre le large à Noël. C'est aujourd'hui un quartier résidentiel, où se trouvent les **villas** des Mauriciens en poste sur l'île ainsi que les hôtels les plus anciens. Le site a été immortalisé dans *Le Chercheur d'or* de Jean-Marie G. Le Clézio. Dans cet ouvrage, l'écrivain raconte comment son grand-père fouilla la terre obstinément pendant plus de 25 ans dans l'espoir d'y dénicher le trésor de La Buse. Avant d'être pendu en 1730 à Saint-Paul, sur l'île de La Réunion, ce pirate, de son vrai nom Olivier Le Vasseur, jeta un plan dans la foule, plan crypté censé mener au butin de ses rapines : « Mon trésor à qui saura comprendre ! » Rodrigues est une terre qui porte bien des secrets, et le basalte d'Anse aux Anglais a su garder le sien.

FAUNE *Les roussettes de Rodrigues*

Au coucher du soleil, il suffit de grimper sur la route qui mène de Port Mathurin à Mont Lubin, de s'arrêter sous les arbres et de lever les yeux : on suit, fasciné, le ballet de ces petites chauves-souris rigolotes, frugivores, qui se pendent tête en bas dans les branches avant de repartir, d'un coup d'aile, deux arbres plus loin. Distrait, on peut confondre la roussette de Rodrigues *(Pteropus rodricensis)*, qui pèse dans les 250 g, avec un oiseau. Aujourd'hui, résideraient dans l'île quelque 20 000 spécimens, bien plus qu'en 1979 (70 individus). L'espèce n'est pas encore considérée comme tirée d'affaire, le moindre cyclone faisant des coupes claires dans leurs rangs.

SHOPPING

Vannerie

À Palissade Ternel, l'**atelier des frères Léopold** maintient, contre cyclones et marées, la tradition de la vannerie : chapeaux, paniers... Ici, on travaille l'aloès, le vacoa, etc. Les finitions sont soignées.

> **Palissade Ternel**, entre Mont Lubin et Grande Montagne, sur la route de Pointe Coton à dr. ☎ 58.75.32.27 et 54.74.73.94 (port.). Lun.-ven. 8h30-16h30, sam. 8h30-14h.

BALADIROU

À 8 km E de Port Mathurin par la route côtière.

En poursuivant vers le charmant village de **Caverne Provert** et sa plage proprette, on atteint ensuite la belle et profonde **anse de Grand Baie**. La route mène enfin à l'adorable **plage de Baladirou**. Un bout du monde splendide, où le vent du large fouette des rochers basaltiques noirs. En contrebas, après une volée de marches, une ou deux cases, des barques qui dansent dans la mer, une plage de sable blond déserte...

Vers Pointe Coton ✧✧

À Rodrigues, tous les chemins mènent à **Mont Lubin**, lieu de passage obligé pour aller à l'est et au sud. De là, les routes descendent à la mer, traversant un paysage aride fouetté par les alizés, où les vacoas *(Pandanus)* font de la résistance. Elles longent des villages dont les noms laissent songeur : Saint d'Or, Brûlé, Roche Bon Dieu, Patate Théophile...

ASCENSION DU MONT LIMON ✧

À 5 km S de Port Mathurin. Départ du sentier à 500 m E de Mont Lubin, dir. Grande Montagne, sur la dr.

Du sommet du **mont Limon** (398 m), la vue est exceptionnelle. Attention, le sentier est glissant après les ondées. L'ascension ne vous demandera qu'un quart d'heure. Les amateurs s'y rendent au coucher du soleil.

JARDIN DES CINQ SENS ✧

Mont Bois Noir (7 km S-E de Port Mathurin, à Palissade, après Mont Lubin, touner à dr. aux panneaux) ☎ 57.22.56.65 (port.). T.l.j. 9h-16h. Vis. guidée à 9h, 10h, 11h, 13h, 14h, 15h. Entrée : 300 Rs. Durée : 45 min à 1h. Table et maisons d'hôtes Le Tropical (p. 216).

La visite de ce petit jardin botanique aux parfums enivrants est accompagnée d'une dégustation de pain d'épices, de gâteaux de maïs et d'infusions de plantes.

RÉSERVE DE GRANDE MONTAGNE ✧

À 8 km S-E de Port Mathurin ☎ 831.48.62 et 831.45.58, www.mauritian-wildlife.org. Lun.-ven. 9h-15h, sam. 9h-12h. (f. 12h-13h). Accès libre. Vis. guidée lun.-sam. 9h30 et 13h15 (sauf sam.) ou sur rés. le sam. après-midi et le dim. Entrée : 500 Rs. Durée : entre 1h30 et 2h.

Au Visitor's Centre, une petite exposition sur les espèces disparues ou en danger à Rodrigues alerte le visiteur sur l'urgence de la situation. Pour les tortues ensellées, décrites par François Leguat au XVIIe s., c'est bien sûr trop tard ! À 300-350 m d'altitude, la réserve s'étend officiellement sur plus de 25 ha, sous la protection très vigilante de la Mauritian Wildlife Foundation,

Troupeau de moutons face à la mer ›

qui rêve de reproduire ici ce qu'elle a fait pour l'île aux Aigrettes à Maurice (p. 107). Des sentiers ont été aménagés. Vous y verrez un pied ou deux de **café marron** (café sauvage), une plante censée guérir « les maladies d'amour » : on la croyait disparue de l'île, on l'a miraculeusement retrouvée en 1980 du côté de **Saint-Gabriel**. Vous aurez probablement la chance d'apercevoir et d'entendre la fauvette et le foudi de Rodrigues, ce dernier aisément reconnaissable à son corps jaune et à sa tête orange. Quarante-trois espèces de plantes menacées sont conservées ici avec succès. Enfin, un superbe panorama sur la côte est vous attend au point culminant de la réserve.

POINTE COTON ET LE SENTIER DU LITTORAL ✧✧

À 13 km E de Port Mathurin.

Partez à pied découvrir les anses sauvages, les plages alanguies et (presque) désertes de l'est. C'est la plus belle balade que l'on puisse faire sur l'île.

En version courte, vous laisserez votre voiture ou votre scooter au bout de la route qui lézarde le long de la magnifique **plage de Saint-François** (à dr. avant Pointe Coton). Une fois franchi le « portail », qui interdit le passage à tout véhicule, vous pénétrez sous les filaos. Une petite demi-heure de marche vous permet d'atteindre **Trou d'Argent**, une crique superbe creusée dans la falaise, où s'engouffre le ressac : la baignade y est possible, mais la houle est parfois forte. Par calme plat, on peut, selon la légende, apercevoir une chaîne au fond de la mer, qui vous amènerait au trésor de quelque pirate. Un de plus…

Vous pouvez opter pour la version longue, **Saint-François-Petit Gravier** (6 km, 2 à 3h de marche), en comptant sur le bus pour vous ramener à votre point de départ (il est prudent de se renseigner sur l'heure du dernier passage). En clap de fin, vous pourrez admirer le ballet de corolles de kitesurf dans le ciel.

Vers Port Sud-Est ✧✧✧

Vous pénétrez dans le cœur vert de Rodrigues, là où le relief arrive à accrocher l'ombre et l'humidité des nuages. Jardins fleuris des écoles catholiques, églises de pierre sombre à l'allure très *british*, boutiques en tôle à l'abri de vieux manguiers, murets de roche volcanique soutenant quelques cultures en terrasses... les lieux ne manquent pas de pittoresque. Au matin, c'est ici que vous avez le plus de chances d'apercevoir des pailles-en-queue, tournant au-dessus des ravines.

CATHÉDRALE SAINT-GABRIEL ✧

À env. 6,5 km S de Port Mathurin ☎ 832.59.45.

Ne ratez pas, si vous êtes amateur d'ambiance, l'un des deux offices du dimanche (à 7h ou 9h) dans cette imposante église en pierre, construite entre 1936 et 1939 par les Rodriguais, qui transportèrent à dos d'âne parpaings et blocs de coraux. Qualifiée de cathédrale, elle peut recevoir jusqu'à 1750 fidèles assis. L'île est catholique à plus de 95 %. Aussi, tout le monde se retrouve ici le jour du Seigneur et communie : gamines qui étrennent leurs premiers talons hauts, vieilles dames en capeline blanche et robe noire. La jeunesse a une prédilection pour le second office.

PORT SUD-EST ✧✧✧

À 11 km S de Port Mathurin.

La descente sur Port Sud-Est est superbe : **52 virages s'enchaînent** sans souffler. Le lagon décline tout un camaïeu de verts et de bleus. L'**île aux Chats** (p. 213) s'étire devant vos yeux. À droite, à gauche, les **cultures en terrasses** tentent d'arracher à la terre quelques épis de maïs ou quelques tubercules de manioc. Port Sud-Est est le centre de pêche de Rodrigues. Dès l'aube, les voiles triangulaires blanches émergent du lagon. La journée de travail s'achève en milieu de matinée quand le soleil se fait trop fort, mais peut reprendre dans l'après-midi au rythme des marées : pêche à la senne en groupe avec des rabatteurs ou pêche solitaire au fil.

Dans le lagon, vous verrez aussi à l'œuvre les « piqueuses d'ourites » (pêcheuses de poulpes). C'est un petit métier emblématique de Rodrigues, qui se conjugue beaucoup au féminin. Il n'en est pas moins dur. Dès l'aube, armées d'une « aiguille » en ferraille, ces piqueuses arpentent le platier. Des heures et des heures, elles restent enfoncées jusqu'à mi-cuisse dans l'eau, à scruter le moindre mouvement qui trahirait la présence de l'une de ces petites bêtes à tentacules dans une « case ». Cette traque n'est pas exempte de blessures : morsures des « anguilles » (il s'agit des murènes), piqûres des oursins... Depuis 2012, cette pêche est fermée

PÊCHE

Le marché des banians

Sur la plage, à **Port Sud-Est** ou à **Petit Gravier**, vous finirez par repérer les « banians » (acheteurs d'ourites). Une simple balance, un carnet de comptes... ils attendent les « piqueuses d'ourites » (pêcheuses de poulpes) pour leur acheter leurs prises au poids (70 Rs à 100 Rs la livre). Les ourites, qui sèchent sur un étendage, constituent un des tableaux les plus typiques de l'île.

Grande Caverne, dans la réserve François Leguat (p. 212) ›

deux fois par an (sept.-oct. et fév.) pour respecter le cycle de reproduction des ourites, une femelle pouvant pondre jusqu'à 500 000 œufs si on la laisse en paix. Pendant cette période de chômage forcé, plus d'un millier de pêcheurs (1450 en 2022) sont employés à des travaux « alternatifs », rémunérés 500 Rs par jour de travail.

Port Sud-Est et l'**anse Mourouk**, juste en face, de l'autre côté de l'embouchure de la rivière Mourouk, offrent aussi pour les **kitesurfeurs** une belle salle de jeu de 35 km².

NATURE

Un parc marin

Dans le Sud, le **parc marin** de Rodrigues, South East Marine Protected Area, s'étale de Graviers à l'est à Pointe Corail à l'ouest. D'une superficie de 43,7 km², il englobe les îles Plate, aux Chats et Hermitage. La demoiselle de Rodrigues *(Pomacentrus rodriguensis)*, un poisson bleu, en est l'emblème. Objectif : sauver la biodiversité et le lagon, épuisés par une pêche trop intensive.

Au sud-ouest ✧✧

Côté plages, c'est le régime maigre. Tout le secteur baptisé **Plaine Corail** est un vaste plateau de calcaire corallien surélevé. Sous vos pieds, de ténébreuses galeries aux noms cocasses.

CARRIÈRES DE CORAIL ✧

À env. 16 km S-O de Port Mathurin. Accès libre.

Autrefois éblouissantes de blancheur, on peine aujourd'hui à les distinguer, la végétation les ayant colonisées. Sur le site, on débitait en long à la scie, jusqu'à une époque très récente (mars 2002), les briques qui servaient à construire les maisons rodriguaises.

CAVERNE PATATE ✧

À 18 km s-O de Port Mathurin. Corail, Petite Butte ☎ 832.08.66 (office de tourisme) et 58.05.10.22 (port.). Entrée : 100 Rs. Vis. guidée t.l.j. à 9h, 11h, 13h et 15h.

Pour ce voyage sous terre, long de 600 m, prévoyez de bonnes chaussures antidérapantes. Un effort d'imagination est requis pour repérer

^ Lagon vers l'île aux Chats

parmi stalactites et stalagmites « la Grande Muraille de Chine », « le fantôme » ou « Winston Churchill ». C'est ici que furent découverts en 1864 les ossements d'un solitaire (oiseau).

RÉSERVE FRANÇOIS LEGUAT ✧✧✧

Anse Quitor, à 17 km S-O de Port Mathurin ☎ 832.81.41. www.francoisleguatreserve.com. T.l.j. 9h-17h. Entrée: 600 Rs. Sur vis. guidées uniquement, à 9h30, 10h30, 13h30 et 14h30. Durée: 1h30 à 2h. Petit musée. Boutique. Restaurant.

« On pouvait voir, parfois, un troupeau de 2000 ou 3000 tortues, au point qu'il était possible de parcourir plus de 100 pas sur leur dos... sans avoir à mettre pied à terre », notait François Leguat dans le récit de ses *Voyages et aventures*. C'était en 1691. Depuis, ces reptiles avaient complètement disparu de Rodrigues. En octobre 2006, le bateau *Mauritius Pride* débarquait sur l'île 294 spécimens, expédiés par **La Vanille Nature Park** (p. 190). Des tortues géantes originaires d'Aldabra (Seychelles), très proches de l'espèce endémique rodriguaise, la vosmaeri dite « ensellée ». Depuis, ces immigrées se sont fort bien acclimatées dans la réserve d'**Anse Quitor** (20 ha), baptisée symboliquement du nom de François Leguat. Ce n'est pas tout: le lieu est truffé de grottes (37!). Une seule se visite: la **Grande Caverne** (comptez 500 m de marche, entre passerelles et escaliers). Enfin, au petit **musée** de la réserve, on découvre que le cœur des tortues bat à 30 pulsations/minute, qu'elles peuvent vivre 200 ans et que la température détermine dans une couvée le sexe des bébés.

> Voir aussi le coup de cœur de l'auteure: Réserve François Leguat (p. 220).

Les îlots ✧✧

Rodrigues ne compte pas moins de 17 îlots, qui piquettent le lagon. De quoi éveiller quelques vocations éphémères de Robinson. L'**île aux Cocos** fait partie des excursions les plus réclamées (pour la solitude, c'est raté).

L'ÎLE AUX COCOS ✧✧✧

À 4 km O des côtes de Rodrigues. Accès depuis Pointe du Diable/Baie du Nord essentiellement, mais aussi de Plaine Mapou (45 min à 1h30 aller); limité à un certain nombre de personnes, cet accès (payant) est autorisé entre 9h et 15h. L'île a des opérateurs agréés, la liste des bateliers étant fournie par l'office du tourisme (p. 203). De 1200 à 1700 Rs selon les prestations, droit d'accès compris.

À l'ouest de Rodrigues, l'île aux Cocos, 1,5 km de long pour 200 m de large, déclarée réserve naturelle, abrite une population dense d'oiseaux indigènes, surtout des sternes. L'île est envahie de **macouas** piailleurs (*Anous stolidus*): ces « hirondelles de mer » d'une couleur brun cendré chatoyante décollent presque sous votre nez, mais défendent bec et pattes leur progéniture (elles pondent un seul œuf), parfois installée à même le sol. À ne pas confondre avec le **malaine** ou noddi marianne *(Anous tenuirostris)*, gris, plus petit, à tête blanche. La goélette blanche, dite aussi « **oiseau la Vierge** » *(Gygis alba)*, du genre solitaire et farouche, elle, ne se laisse pas approcher. Sur place, un guide peut assurer une visite axée sur la faune et la flore.

Au retour, on fait en général un petit arrêt pour une dernière baignade idyllique devant l'**île aux Sables** (accès interdit), autrefois utilisée comme poste de quarantaine.

LES AUTRES ÎLOTS

Accès libre depuis Port Sud-Est principalement. Excursion à la journée: île aux Chats (4 km S de l'île-mère, à 40 min de bateau) + île Hermitage (1,5 km de l'île-mère) avec barbecue compris sur la première. 1500 Rs-2000 Rs selon les prestataires (voir Rodrigues Friendly p. 214).

Si vous voulez jouer les Robinson, l'**île aux Chats**, au sud de Rodrigues, est tout indiquée. Elle doit son nom à sa forme bien particulière! Petits crabes qui servent d'appâts pour la pêche à la traîne, cactus parfois en fleurs, belle plage de sable blond au milieu des rochers volcaniques noirs… l'île aurait pu accueillir Crusoé et Vendredi.

À mi-chemin, arrêt à **Couzoupa**, un canyon-aquarium naturel, profond de 5 à 15 m. C'est l'un des meilleurs sites de Rodrigues pour s'adonner au snorkeling. On peut y observer coraux, bénitiers, « carangues » et poissons-trompettes.

L'excursion vers l'île aux Chats se poursuit généralement sur l'**île Hermitage**, que les locaux surnomment « Le requin » en raison de son profil: son piton (on peut y grimper) ressemble vraiment à un aileron.

⌄ Île aux Cocos

• NOS ADRESSES •

PORT MATHURIN

OÙ DORMIR

Chambres d'hôtes

Le Palmiste Marron

Pointe l'Herbe, à l'O de Port Mathurin ☎831.23.68 et 58.75.84.81 (port.), www.rodrigues-eco-evasion.com. 3 ch. avec vue sur la mer et 1 petit studio à louer. Autour de 3000 Rs en demi-pension.

Si vous êtes amoureux de nature et de plongée, c'est la bonne adresse (encadré p. 219). Richard Payendee, son propriétaire, a dirigé longtemps l'antenne rodriguaise de la Mauritian Wildlife Foundation. Son fils est à la tête d'un club de plongée.

Hôtel

Escale Vacances

Fond la Digue, centre-ville ☎831.25.55 et 52.50.99.24 (port.), www.escale-vacances.com. 23 ch. climatisées. Autour de 5800 Rs.

Plaisant, l'hôtel croule sous les bougainvillées et les allamandas. Il est à deux pas du centre-ville et de la gare routière, pour ceux qui souhaitent explorer l'île en bus.

OÙ MANGER

Ti' Piment rouge

Johnston St. Entrée E, vers le bazar, la 1re rue perpendiculaire à la rue de la Solidarité, quand on a franchi la rivière ☎831.28.40. Lun.-sam. 10h30-21h. Plats autour de 500 Rs.

Une bonne petite cuisine sans prétention dans ce restaurant, où l'on trouvera caris (c'est créole) et mines frits (c'est chinois).

L'Atelier gourmand

Rue François-Leguat ☎831.05.41 et 54.96.07.14 (port.). T.l.j. à partir de 9h30 pour le bar, 12h pour le déj. et 19h pour le dîner. F. dim., mer. et j.f. Plat principal 550-850 Rs. Rés. recommandée.

À l'étage, sur une terrasse bien aérée, on savoure une cuisine locavore et moderne. Au menu : carpaccio d'ourite, tartare de wahoo (un poisson), mais aussi grillades. Jolie carte des vins (ce qui est plutôt exceptionnel à Rodrigues).

Table ouverte

La plupart des chambres d'hôtes font **table d'hôtes** pour le visiteur de passage (sur rés.). L'occasion d'apprécier la cuisine rodriguaise avec ses spécialités : le maïs, les haricots rouges (les « grains »), le cari d'ourite, le bouillon de poissons, le miel d'eucalyptus. Ainsi que la tourte en dessert (une pâte sablée avec de la compote d'ananas).

> Comptez en moyenne 700-800 Rs le repas, punch et café inclus.

CAFÉ

Rodrigues Friendly Café

Angle rues François-Leguat et Père-Gandy ☎54.98.00.10 (port), www.rodrigues friendly.com. Lun.-ven. 9h-16h. (f. à 13h le mer.), sam. 8h30-13h. Plat du jour 140-450 Rs.

Ce petit café organise aussi ponctuellement des afterworks tapas fort sympathiques. Tous les samedis, il lance des *walkings tours* (450 Rs) dans Port Mathurin pour découvrir son histoire et ses habitants, mais aussi des excursions thématiques.

SHOPPING

Marché

Le bazar

À l'entrée E de la ville, à dr. après avoir traversé le pont. Le sam. à partir de 5h.

Le grand marché du samedi se déroule sous une halle couverte (mais de nombreux étals débordent dans les rues aux alentours). On y trouve toutes les spécialités de l'île, les petits citrons verts, le miel, les ourites séchées, la tourte rodriguaise... En semaine, petite vente de fruits et légumes *(8h-15h)*.

Souvenirs

Coco Zone

Johnston St. Entrée E, vers le bazar, la 1re rue perpendiculaire à la rue de la Solidarité, quand on a franchi la rivière ☎ 831.17.66. Lun.-ven. 8h-16h, sam. 8h-12h.

Bijoux (boucles d'oreilles) et porte-clefs en noix de coco polie, mais aussi miels Lacaz. Le bonheur associé à une B.A.: la boutique reverse une partie de ses bénéfices à Care-co, une association qui aide les handicapés (sourds, aveugles).

La Compagnie des Artisans Rodriguais

Rue François-Leguat ☎ 832.12.92 et 59.73.89.01 (port.). Lun.-ven. 8h-15h, sam. 9h-12h.

Dans cette boutique de poche, on trouvera plein de petits cadeaux: T-shirts pour enfants (même peints à la main), torchons, mugs... Et surtout des sacs à main tissés en vacoa, vétiver, aloès ou simplement en tissu.

Tòti

Rue François-Leguat, bât. Patriko ☎ 52.55.45.75 (port.). Lun.-sam. 8h-15h.

Cette boutique minuscule vend des sacs et chapeaux, qui mixent macramé et fibres naturelles. Faite main, chaque pièce est unique. Très boho-chic!

CLUB

Les Cocotiers

Camp du Roi, à côté de la station de pompiers ☎ 58.75.92.93 (port.), www.cocotiers rodrigues.com. Sam. 21h-4h, dim. 13h-23h. Accès 200 Rs (Dj, dance-floor). Si concert, 300 Rs en prévente, 400 Rs à l'entrée.

C'est une expérience à vivre: ici, le dimanche avant 17h se déroule un bal traditionnel au son de l'accordéon, quasiment un bal d'antan, que les grands-mères appellent encore un bal « rann zarico ». L'origine de ce nom est d'ailleurs assez cocasse: autrefois, dans ces fêtes, on se partageait un gâteau de maïs où se dissimulait un haricot sec. Celui qui trouvait la fève devait alors organiser le prochain bal. Après 17h, la jeunesse prend possession de la piste de danse.

SPORTS ET LOISIRS

Casino

Le P'tit Monaco

Rue de la Solidarité ☎ 832.10.29. T.l.j. 10h-3h.

Le casino, ouvert en 2007, est censé mettre un terme aux tripots clandestins. Machines à sous, roulette.

Découverte de l'île

Eco Ballade

Market Pl. ☎ 57.87.60.96 (port.), https://ecoballade.crd.co

Si vous voulez vivre Rodrigues en mode écoresponsable, faites confiance à Marie Paule, la fondatrice de cette petite entreprise. Ici, l'île aux Cocos (1725 Rs la j.) ou les îles du sud s'abordent à la voile (barque traditionnelle), le snorkeling se pratique dans la baie de Rivière Banane, moins fréquentée que Couzoupa, la randonnée est l'occasion de visiter des artisans...

ANSE AUX ANGLAIS ET ENVIRONS

OÙ DORMIR

À Rodrigues, tout est négociable: location pure, accueil en B & B ou demi-pension.

Chambres d'hôtes

Le Bénitier

Grand Baie (4 km N-E du centre de Port Mathurin, 2,8 km d'Anse aux Anglais) ☎ 58.75.57.00 (port.), htttps://lebenitier.com. Piscine. 4 ch., 1 suite familiale et 1 studio. 4000 Rs en demi-pension (2 nuits min.).

Le gros atout: les hôtes, Sonia et Patrice, sont présents et aux petits soins dans cette maison qui dispose d'un jardin, à deux pas de la mer. Les chambres, colorées, sont simples.

La Giraudière Écolodge

Montagne Charlot (3 km S de Port Mathurin) ☎ 59.74.75.61 (port.), https://lagiraudiere.business.site. 3 ch. Piscine. Restaurant. Autour de 5000 Rs. Table d'hôtes sur rés. (formule plat + dessert 900 Rs ; entrée + plat + dessert 1200 Rs).

Perchée sur les hauteurs, la maison est bioclimatique (ventilation naturelle), l'eau de pluie (traitée) pourvoit aux besoins en eau, le chauffe-eau fonctionne à l'énergie solaire... Pimpantes, toutes les chambres ont vue sur l'océan. On en revient subjugué.

Résidence Foulsafat

Jeantac (sur les hauteurs, 3 km au N-E du centre de Port Mathurin, 1,7 km d'Anse aux Anglais) ☎ 831.17.60 et 58.75.07.70 (port.), https://residencefoulsafat.com. 4 gîtes en location, 1 de 3 ch., 2 de 2 ch. et 1 studio. Piscine. Autour de 4250 Rs. Table d'hôtes lun.-mar. et jeu.-ven. sur rés. 675 Rs.

Foulsafat, ce qui signifie « hibiscus », dispose de jolies échappées sur la mer. Le sourire d'Antoinette Jolicœur et l'exubérance de Benoît (ancien ministre de Rodrigues) sont un bonheur. La table, partagée par les convives, utilise les produits de la ferme, légumes du potager, canards et poulets de la basse-cour.

Domaine de la Paix

Jeantac (3,5 km du centre de Port Mathurin) ☎ 59.33.77.70 (port.), www.vacances-rodrigues.com. 8 ch. et studios. Piscine au magnésium. Restaurant. Espace massage Sérénité. 3 nuits min. Location de scooter. Autour de 6500 Rs.

Zénitude assurée (c'est d'ailleurs le nom d'un studio isolé, type yourte) sur ce domaine perché, installé sur plus de 2 ha. La quasi-totalité des chambres ou studios dispose d'une vue imprenable sur le lagon depuis sa terrasse.

Hôtel

Les Cocotiers

Anse aux Anglais (1,5 km du centre de Port Mathurin) ☎ 831.18.00, rés. 206.86.00, www.cocotiersrodrigues.com. 42 ch. et suites (dont 22 ont vue sur mer). 2 piscines, 1 restaurant et 1 bar. Soirées à thème les ven. et sam. Autour de 7000 Rs.

Au bord de la mer, un hôtel familial, convivial, où le Wi-Fi n'est accessible que dans les parties communes (l'occasion d'une détox?). Optez pour les chambres vue mer (plus chères) , d'où l'on voit les pêcheurs à l'œuvre au petit matin.

OÙ MANGER

Le Marlin Bleu

Anse aux Anglais, juste en face de la plage, au bord de la route ☎ 832.07.01. Ouv. midi (à partir de 11h) et soir (à partir de 18h). F. mar. Plats 425-700 Rs.

Le restaurant ne possède qu'une terrasse de poche. Qu'importe! On s'y presse pour des tas de raisons: le cadre est sympa et la cuisine goûteuse. Au menu figurent poissons grillés et ourite dans tous ses états (en daube, en curry, en sauté aux légumes, en pizza, mais aussi safranée au lait de coco).

AU CENTRE DE L'ÎLE

OÙ DORMIR ET MANGER

Chambres d'hôtes

Origin Éco-Chalets

Vainqueur (après Mont Lubin, rte à g.) ☎ 832.49.59 et 59.42.83.31, https://origin-rodrigues.com. 4 chalets en pin avec piscine privative et terrasse. Autour de 12000 Rs en demi-pension. Adultes seulement. Restaurant ouv. aux adultes et aux enfants. Plats 550-750 Rs.

Retour aux sources pour ce jeune couple (lui était ingénieur, elle restauratrice), qui a décidé de vivre en pleine nature et en... autonomie. *Eco friendly*, le domaine dispose de 20 réservoirs pour stocker l'eau de pluie et d'un réservoir des eaux usées pour le jardin. Dans les rondavelles à la décoration rustique chic, draps, serviettes et oreillers sont en fibre de bambou. Le restaurant dispose d'un potager, de poules, de moutons et de cabris, selon le concept « de la ferme à la fourchette ». Et *last but not least*, le mari d'Éloïse est un bon pêcheur!

OÙ MANGER

Le Tropical / Chez Jeannette

Montagne Bois Noir, entre Palissades Ternel et Lataniers ☎ 831.58.60 et 57.22.56.65 (port.), www.gite-letropical.com. Menu fixe à 600 Rs. Sur rés. uniquement.

De la cuisine rodriguaise pur jus (cari d'ourite, purée de maïs, haricots rouges) avec la bonne humeur de Jeannette en prime. Un vrai festin! Également neuf chambres, si vous voulez prolonger l'escale (4500 Rs).

SHOPPING

Le Havre gourmand

Citronelle (sur la route Port Mathurin-Mont Lubin) 832.43.50 et 58.75.76.50 (port.). Lun.-mer. et ven. 9h-16h, sam. 9h-13h. Confitures à partir de 150 Rs, gâteaux à partir de 50 Rs.

Jamais enseigne n'a aussi bien porté son nom ! La bonne fée des lieux, Valérie, vous régale de ses confitures (sans conservateurs) limon-gingembre, pamplemousse-vanille, limon-hibiscus-ananas. Ses gâteaux, génoise aux fruits de la passion ou chocolat-framboise, ont un goût de revenez-y. Elle produit aussi achards et piments et loue un studio indépendant.

Miel Victoria

Bigarade, Quatre Vents (partir à dr. à Mont Lubin en direction de l'aéroport) 833.74.12 et 59.39.36.34 (port.). Lun.-ven. 9h-15h, sam. 10h-14h.

Marie-Claude Donzé a créé toute une ligne de produits dérivés du miel de Rodrigues: des bonbons, des savons au miel et à l'avocat qui laissent la peau douce, des crèmes à base de cire d'abeille, huile coco et citronnelle (300 Rs) à usage antimoustique.

SPORTS ET LOISIRS

Tyroliennes

RodrigAventure

Montagne Malgache (rte à g. après Mont Lubin en direction de Grande Montagne) 54.22.31.18 (port.) . Lun.-sam. 9h-17h (f. 12h-13h). 3 tyroliennes. 1200 Rs.

Palpitations garanties! Il s'agit littéralement de se lancer dans le vide, qui s'ouvre jusqu'à 100 m sous vos pieds, sur une distance de 400 m. Mais le jeu en vaut la chandelle: on survole une gorge profonde avec l'océan et anse Mourouk pour horizon. Deux autres tyroliennes vous attendent ensuite pour rejoindre votre point de départ.

Via ferrata

RodrigAventure

Montagne Tonnerre (dans l'est, tourner à dr. à Quatre Vents, en allant sur La Fouche) 54.22.31.18 et 57.33.11.33 (port.). T.l.j. sur rés., départ à 9h et 13h. Durée 2h env. pour 500 m. 1200 Rs.

Si vous avez envie de vous mesurer à une falaise haute de 55 m, vous êtes au bon endroit. En grimpant, le panorama sur la côte nord-ouest est époustouflant. Si cela vous paraît plus « facile », vous pouvez redescendre en rappel.

Pont suspendu

RodrigAventure

Cascade Pistaches (près de La Ferme, dans l'Est) 54.99.69.70 (port.). À partir de 5 ans. 1200 Rs.

Long de 130 m, sécurisé par une ligne de vie, le pont se balance au-dessus de la ravine de Cascade Pistache, à 40 m du sol. Les pieds se posent avec précaution sur les planchettes... Les plus téméraires osent même le saut pendulaire depuis une plate-forme au milieu du pont. C'est le Français Manu Picard qui a importé à Rodrigues le concept diabolique de ce pont.

POINTE COTON ET ENVIRONS

OÙ DORMIR

Tekoma

Anse Ally, vers Saint-François 831.88.10 et 483.49.70 (pour rés.), www.tekoma-hotel.com. 32 ch. Spa. Restaurant (Tek Tropical Dining, p. 218). Autour de 18500 Rs en demi-pension.

L'hôtel « luxe pieds nus », comme il aime à se définir. En fait de chambres, il s'agit de cases indépendantes, à la fois spacieuses et au bord de l'une des plus belles plages de l'île. L'établissement, se voulant *eco friendly*, a renoncé aux palmiers: seule la végétation endémique (filaos, vacoas, veloutiers, bois sirop...) a droit de cité. Doté de panneaux solaires, l'hôtel possède en outre sa propre centrale de dessalement de l'eau de mer, ce qui permet de prendre douches et bains sans trop mauvaise conscience.

Auberge Saint François

Les Plages, Saint-François ☎ 831.87.52 et 52.56.30.37 (port.). 10 ch. dans « l'auberge », un bungalow (la maison Ravane) pour 4 pers. Restaurant. 2 nuits min. en haute saison. Autour de 3500 Rs ch. seule. Petit déj. 550 Rs, dîner 900 Rs.

Certaines chambres, simples mais charmantes grâce aux tableaux en bois de Christophe Meunier, peuvent avoir vue sur la mer. Une simple route à traverser permet de se retrouver sous les filaos, les pieds dans le sable de la plage de Saint-François.

OÙ MANGER

Chez Solange et Robert

Plage de St François ☎ 831.88.21 et 57.33.19.68 (port.). Mar.-dim. 11h30-14h30. Poisson grillé au poids 400-450 Rs le kg.

Voici une paillote toute simple, au bord d'une route calme, abritée sous les feuilles de latanier. Solange et Robert y proposent poissons grillés (licorne, cordonnier, etc.) mais aussi crevettes en brochette, poulet ou saucisses, le tout au barbecue. Cela ne désemplit pas, mais il n'y a pas de réservation possible, premier arrivé, premier servi. Un conseil : gardez de la place pour la banane flambée en dessert ! Le couple a aussi deux chambres d'hôtes (2000 Rs, prix fixe toute l'année).

Ho Aloha

Plage de St François ☎ 833.43.47 et 54.99.44.03 (port.). Dim.-lun., mer.-sam. midi et lun., mer., ven.-sam soir (à partir de 19h). Plat 400-500 Rs.

À deux pas de la plage, le cadre a du peps. On s'attable sur la terrasse ouverte aux alizés avant de déguster poisson grillé, cari d'ourite, burger ou tartare de thon.

Tek Tropical Dining

Tekoma Hôtel (p. 217), Anse Ally. Ouv. 12h-15h et 19h30-23h (le soir sur rés.). Plats 700-800 Rs, menu fixe le soir 1650 Rs.

L'hôtel Tekoma a déniché une perle rare, Agathe Jean Duverger, Rodriguais de souche. On dégustera sa cuisine légère et créative, qui sublime les crabes carlets (crabes des mangroves) et les poissons locaux.

SPORTS ET LOISIRS

Snorkeling

Steddy Begué

Pointe Coton ☎ 831.83.04 et 58.75.86.56 (port.). 800 Rs la sortie de 2h, palmes, masque et tuba fournis.

Le départ de cette jolie sortie se fait de Pointe Coton, près de l'hôtel Cotton Bay. Destination : plus au nord, la baie de Rivière Banane, encadrée de falaises basaltiques, où nichent les phaétons à bec jaune. Cette baie a aussi son « aquarium », où les coraux sont encore nombreux.

PORT SUD-EST ET ENVIRONS

OÙ DORMIR

Chambre d'hôtes

La Terrasse

Port Sud-Est ☎ 832.30.17 et 57.05.07.00 (port.), https://sharethefun-rodrigues.com. 5 ch (dont 2 ch. familiales). École de kitesurf Flying Fish. Loc. de matériel de kite, kayak, scooter. Massages sur place. 3000 Rs en demi-pension.

Un peu à l'écart de la route qui descend sur Port Sud-Est *(sur la g.)*, une adresse sympa et plutôt bon marché dans sa catégorie. Vous dominez vraiment la baie. Les chambres semblent comme suspendues au-dessus du lagon. Et vous êtes à deux pas du plus beau site de kite de Rodrigues : l'anse Mourouk.

La Belle Rodriguaise

Graviers ☎ 832.43.59 ou 58.75.05.56 (port.), www.labellerodriguaise.com. 12 ch. réparties entre 3 bungalows + 2 ch. familiales. Piscine. Organisation sorties pêche, plongées, kite, massages sur place. Autour de 8500 Rs en demi-pension.

♥ C'est un endroit idyllique, isolé, au bout d'une route improbable. La plage, où l'on improvise des barbecues, est en contrebas ; le jardin bio a pris forme, le soleil fournit l'eau chaude ; des panneaux photovoltaïques assurent clim' et électricité. À l'étude : une unité de dessalement de l'eau de mer… Excellent

SOS coraux

Ici, comme à Maurice, les coraux souffrent : la faute en est à l'élévation de la température des océans, à l'acidification de l'eau et aux pratiques de pêche ou de plongée. À Rodrigues, l'association **Bluer Ocean Project** s'est lancée dans la « coralliculture », fixant sur des cadres en fer plus de 5500 boutures de coraux sur six sites autour de l'île (2023).

> *https://blueroceanproject.org*

spot pour kitesurfers (juin-oct. étant la meilleure saison) et cours de cuisine assurés par l'émérite Françoise, auteur des *Délices de Rodrigues*.

Hôtels

Bakwa Lodge

Var Brûlé, Port Sud-Est (front de mer) 📞832.33.07, https://bakwalodge.com/fr. 7 lodges en bois blanc (dont une villa 8 pers.). Restaurant-bar. Accès direct à la plage. Autour de 13000 Rs en demi-pension.

La piste défoncée pour y arriver peut en rebuter plus d'un. Ce serait dommage ! La déco piquetée de touches bleu océan joue avec goût sur les matériaux naturels et les objets recyclés. *Eco friendly*, l'établissement récupère l'eau de pluie pour la filtrer. En bord de mer, vous êtes également à pied d'œuvre si vous comptez faire du kite.

Play Mourouk

Pâté Reynieux, Anse Mourouk (Port Sud-Est). https://playmourouk.com. 66 ch. Restaurant panoramique. Vélos électriques, randonnées guidées, école de voile et surtout de kite. Club pour enfants. Autour de 11500 Rs en demi-pension.

Ce trois-étoiles familial se préoccupe de l'environnement : le plastique y est banni et l'accent est mis sur les enjeux écologiques, comme la protection des coraux dans le lagon. Le kite figure au cœur du concept *fun* de l'établissement. Kitesurfeur professionnel et mauricien d'origine, Louka Pitot en est devenu l'ambassadeur.

SPORTS ET LOISIRS

Plongée

Bouba Diving Center

Mourouk public beach, Port Sud-Est 📞832.30.63 et 58.75.05.73 (port.), www.divingrodrigues.com. F. en sept. Forfait 3, 5 ou 10 plongées. Baptême. Plongée de nuit.

Le Jardin de corail, Couzoupa, Castel Rock, le site de Neptune et même Coco Fesse figurent en plongée parmi les morceaux de bravoure. Le club a pour mantra : « La plongée plaisir. » Tout un programme.

Kitesurf

Club Osmosis

Anse Mourouk, Port Sud-Est 📞58.75.49.61 (port.), www.kitesurf-rodrigues.com. Initiation de 2h. 4000 Rs, équipement inclus.

Le tout premier club de kitesurf de l'île s'adresse aussi bien aux débutants qu'aux vrais mordus. En cas d'absence de vent (rare !), on se rabat sur le paddle. Autres activités du club : windsurf et wingfoil, praticables toute l'année (sauf déc.).

Plongée, le top !

De l'avis des amateurs de plongée, **Rodrigues**, c'est vraiment le top. Champs d'anémones, demoiselles qui vous taquinent, bancs de chirurgiens, rencontres avec des carangues *ignobilis* (1,70 m, 68 kg !), énormes assiettes de corail… Le milieu a été relativement bien préservé. **Attention, il n'existe pas de caisson de décompression sur l'île.** Enfin, de mi-juin à fin juillet, la période est « venteuse » et l'eau trouble. Chaque club baptise comme il lui convient ses sites de plongée. Pas pratique pour s'y retrouver !

Coup de cœur de l'auteure

RÉSERVE FRANÇOIS LEGUAT

DES TORTUES ET DES HOMMES

Sur 20 ha, la réserve François Leguat abrite des tortues Aladabra (mais pas que), tandis que les pailles-en-queue tournent au-dessus de leurs têtes. Une aventure hallucinante pour recréer à la fois l'écosystème primitif de Rodrigues et pour sauvegarder ces reptiles préhistoriques.

⌄ Sculpture en ferraille recyclée de Dhiraj Badory

UNE OASIS DE VERDURE

Difficile à le croire tant la réserve est verdoyante aujourd'hui. Mais lorsqu'elle fut créée en 2004, il n'y avait rien sur le terrain destiné à accueillir les tortues. *« La réserve s'est installée dans le lieu le plus aride qui soit, sur la partie calcaire de l'île. Depuis, nous avons planté près de 300000 plantules appartenant à une quarantaine d'espèces pour l'essentiel endémiques, recréé une couverture verte »*, explique son directeur général Aurèle André. Latanier rodriguais, palmier marron... Il y a même deux plants de café marron. Les tortues ont donné un coup... de patte : en broutant, elles dispersent les graines.

PRATIQUE

Accès

Anse Quitor ☎ 832.81.41, www.francoisleguat reserve.com.
T.l.j. 9 h-17h.
Sur vis. guidée.
Entrée plein tarif : 600 Rs.

Conseil

Dans le canyon Tyeul, vous pouvez caresser les tortues sous le cou ou sur la tête (elles adorent, elles peuvent même donner la patte !), mais ne touchez pas leur carapace.

Restaurant

Plat principal 350-750 Rs (curry de légumes, salmis de canard, etc.). Jus de tamarin à découvrir.

< Canyon Tyeul

Quelque 3 000 tortues

Apparemment, les tortues Aldabra (*Aldabrachelys gigantea*) importées de l'île mère (Maurice) en 2006 ont apprécié leur nouvelle installation ! Elles sont actuellement quelque 3000 dans la réserve. Les femelles n'atteignent leur maturité sexuelle que vers 15 ans. Toute leur vie, elles pondent entre neuf et 25 œufs par an de la taille d'une balle de ping-pong, qu'elles enfouissent soigneusement dans le sable mais dont elles ne s'occupent plus ensuite. La période d'incubation de ces œufs peut s'étaler jusqu'à 240 jours en fonction de la température. À la pouponnière de la réserve (la visite débute ici), on constate que la relève est assurée !

< Tortues Aldabra

Quarante jours sans manger ni boire

Rendez-vous ensuite dans le canyon Tyeul, où les tortues sont relâchées lorsqu'elles sont en mesure de se nourrir. Ici, elles dévorent de l'herbe, des feuilles, mais ne dédaignent pas les petits escargots en dessert. Fait surprenant : elles peuvent rester 40 jours sans boire ni manger, voire davantage. De vrais chameaux ! On ne s'étonne plus qu'elles aient servi de rations de viande fraîche pour les navigateurs au long cours, qui les embarquaient sur leurs bateaux. Autre fait non moins étonnant : lourdaudes (elles peuvent peser plus de 150 kg), elles parviennent néanmoins à monter l'escalier de 54 marches, par où l'on s'extrait du canyon Tyeul. À leurs risques et périls (gare à la chute qui ne pardonne pas, elles sont incapables de se retourner et meurent asphyxiées), cela leur prend 4h. Toute sortie est définitive ! Mais elles ont désormais le domaine entier pour elles.

TROIS MILLIONS D'ANNÉES

En dernier, le parcours inclut une incursion dans la Grande Caverne, où la moindre goutte d'eau a une résonance extraordinaire. Il est interdit bien sûr de toucher aux stalactites et aux stalagmites, dont la réunion peut former une colonne... en trois millions d'années. C'est l'occasion pour chacun de faire fonctionner son imagination : avez-vous repéré le crocodile, les gorilles ?

Adoption

Si vous êtes tombé sous le charme, il est possible de parrainer une tortue (1700 Rs/an), lui donner un nom, avoir de ses nouvelles et lui rendre visite quand on le souhaite.

TOUT SAVOIR SUR...

L'histoire

LA GASTRONOMIE,

LA RELIGION

LA CULTURE...

SOMMAIRE

Vous voulez en savoir plus sur l'histoire de l'île Maurice, connaître les secrets de ses traditions, goûter à sa gastronomie ou découvrir son incroyable variété naturelle ? Ces pages sont faites pour répondre à vos questions et à bien d'autres...

HISTOIRE

^ Dodo

LES DATES QUI ONT FAIT MAURICE

Placée sous le tropique du Capricorne, Maurice a occupé une position stratégique sur ce que l'on appelait autrefois la route des Indes et des épices. Ces dernières valant de l'or, l'occupation de l'île devint un enjeu capital. Les Hollandais furent les premiers à s'y intéresser et à s'y installer, avant que Français et Anglais ne se disputent ce bout de terre.

Une colonie « franglaise »

Une île baptisée « Mauritius »

Au gré de ses « inventeurs », Maurice a changé de nom. Les Arabes de l'Afrique de l'Est, dont les boutres – des petits navires à voile – sillonnent l'océan Indien dès le XIIe s., la surnomment « Dina Arobin » (de *diva harab*, « l'île abandonnée »).

Au début du XVIe s., les Portugais, qui naviguent sur la route des Indes, inscrivent sur les cartes *Ilha do Cirne* (« l'île du Cygne »). Peut-être en référence aux dodos (encadré p. 44) qui peuplaient la côte ? L'île est inhabitée.

En 1598, une tempête contraint une partie de l'escadre du vice-amiral Van Warwick à faire escale dans ce qui est aujourd'hui Vieux Grand Port (p. 109) ; les Hollandais baptisent alors l'île « Mauritius » en l'honneur du **prince Maurice de Nassau**, *stadhouder* des Provinces-Unies. Ils tenteront deux fois de peupler l'île entre 1638 et 1710, date à laquelle ils s'en iront, après avoir exterminé les dodos et ravagé les forêts d'ébéniers. Mais non sans avoir introduit la **canne à sucre**, qui va changer le destin de l'île.

L'Isle de France

Après le départ des Hollandais, l'île ne reste pas longtemps sans maître. En septembre 1715, le Malouin **Dufresne d'Arsel** débarque dans la rade des Moluques (l'actuel Port Louis) et en prend possession. Mauritius est rebaptisée « Isle de France ». Elle devient la base maritime dont les Français et leur Compagnie des Indes avaient besoin. Un autre Malouin, Mahé de La Bourdonnais (encadré ci-dessous), va véritablement lancer la colonisation de Maurice. Il construit Port Louis, fait creuser le port. Il crée des sucreries à Pamplemousses et Ferney, développe le trafic du « bois d'ébène » (la traite des esclaves).

Le temps des corsaires

Port Louis devient une base navale stratégique sur la route des Indes. Elle y gagne un titre ronflant (« Étoile et clef de la mer des Indes ») et rayonne d'une apparente prospérité. Les belles en dentelles y côtoient les aventuriers de tous bords.

Avec l'indépendance américaine (1783), le conflit franco-anglais reprend de plus belle. Les navires britanniques, qui mouillent à Rodrigues à leur guise, font le blocus de Maurice de manière sporadique. Le 4 juin 1793, le gouverneur français Malartic délivre les premières lettres de marque (mission) aux corsaires. Cette « guerre de course », financée par les armateurs, devient une véritable industrie. Entre 1793 et 1810, une centaine d'écumeurs des mers multiplient les « prises », qui enrichissent les caisses de la colonie et donnent lieu à un opulent négoce avec les nations neutres. À lui seul, le bouillant Surcouf inscrit 47 navires anglais à son palmarès, dont le fameux *Kent*, avec sa cargaison.

Mauritius anglaise

Au début du XIXe s., la **guerre des colonies** fait rage. Les Anglais, maîtres du Cap depuis 1806, appliquent un terrible blocus sur les Mascareignes, s'emparent de Bourbon (La Réunion) puis s'attaquent à l'Isle de France en 1810. Après une défaite à **Grand Port** (la seule bataille navale remportée par Napoléon sur la flotte anglaise), sir John Abercrombie débarque en vainqueur au cap Malheureux. En 1814, le traité de Paris cède officiellement Mauritius aux Anglais ; la France récupère La Réunion. Mais les Britanniques ne peuvent pas effacer près d'un siècle de présence française : le Code Napoléon, la langue créole ou le catholicisme demeurent solidement ancrés sur cette île devenue « franglaise ».

Le boom sucrier

Sous l'administration anglaise, l'île change de vocation : la production agricole prend le pas sur l'activité portuaire, ralentie au profit d'autres possessions britanniques. La **canne à sucre**, qui n'occupait que 10 % des sols cultivés du temps de la colonisation française, devient rapidement une monoculture et modifie le paysage économique et social de l'île. Partout, on défriche pour planter.

Avec l'abolition – prévisible – de l'**esclavage** effective en 1835, Maurice doit trouver une autre

MAHÉ DE LA BOURDONNAIS

En février 1699 naît à Saint-Malo, patrie des corsaires, Bertrand François Mahé de La Bourdonnais. À 10 ans, il s'embarque comme mousse et va finir par connaître l'océan Indien comme sa poche. Entre deux expéditions, il prend le temps de faire un mariage d'amour, à 32 ans. Son beau-père est un membre influent de la Compagnie des Indes. Voilà notre marin nommé gouverneur général des Isles de France (Maurice) et de Bourbon (La Réunion). Le couple débarque à Port Louis en juin 1735. À l'origine simple campement d'une cinquantaine de cases couvertes de feuilles de latanier, il va en faire un port sûr et digne de ce nom. Mais plus dure sera la chute : tombé en disgrâce, Mahé de la Bourdonnais est rappelé en France en 1747 et embastillé pendant trois ans. En 1753, il meurt, ruiné, épuisé par le scorbut. Loin des îles.

source de main-d'œuvre : les *coolies* (porteurs, manœuvres), venus d'Inde à titre d'« engagés », permettent à l'île de poursuivre son essor dans le domaine du sucre. Les premiers débarquent le 2 novembre 1834. En 1861, cette population originaire de l'Inde est déjà majoritaire.

Vers l'indépendance

« Maurice aux Mauriciens »

Le gouverneur sir **John Pope Hennessy** (de 1883 à 1886 et de 1888 à 1889) est l'inventeur de la célèbre formule « Maurice aux Mauriciens ». Elle fut lancée par cet Irlandais catholique – la précision n'est pas inutile –, lors d'une remise de prix au Collège Royal. Elle embarrassa fort Londres à l'époque. En 1885, ce dirigeant atypique poussa son gouvernement à introduire une Constitution, afin que les Mauriciens puissent choisir leurs représentants au Conseil du gouvernement, doté de pouvoirs législatifs. Les premières élections eurent lieu en janvier 1886. À côté de ces 10 élus, le Conseil comporte une majorité de fonctionnaires (huit) et de membres « nominés » (neuf) choisis par le gouverneur.

Un processus de démocratisation se met donc en marche. N'exagérons rien : en 1886, sur une population de près de 360 000 habitants, moins de 4 000 habitants (des hommes) sont en mesure de voter, en raison de l'existence d'un cens électoral. Ce cens électoral, qui réserve le vote aux plus riches, est défendu bec et ongles par la communauté franco-mauricienne, qui craint une « indianisation de l'île ».

LA « FIÈVRE DE MAURICE »

Une épidémie de malaria – surnommée « la fièvre de Maurice » – déferle sur l'île à partir de 1866, provoquant près de 32 000 décès pour la seule année 1867. Ce fléau déclenche l'exode des populations vers les hauts plateaux. La construction du réseau de chemin de fer aurait favorisé la propagation de la maladie, les grands travaux laissant derrière eux des mares d'eau stagnantes. L'île Maurice a compté deux lignes principales, la ligne du nord, Port Louis-Mahébourg, et celle du centre, Port Louis-Grande Rivière Sud-Est, achevées en 1865.

L'indépendance

Maurice a acquis son indépendance quasiment sans douleur. L'idée en sera portée par le **Labour Party**, créé en 1936. Ce parti travailliste devient très puissant dans les années 1950 sous la houlette de **Seewoosagur Ramgoolam** (1900-1985). Surnommé affectueusement Chacha (« oncle » en hindi), ce dernier est né à Belle Rive (Flacq). Son père était un émigré du Bihar (Inde). Étudiant à Londres, il a pu rencontrer Gandhi et Nehru. Il sera l'artisan de l'indépendance, finalement accordée en 1968. Chacha (Seewoosagur Ramgoolam) dut se résigner à en payer le prix, en abandonnant les Chagos, un archipel qui compte le très stratégique îlot Diego Garcia (c'est aujourd'hui une base militaire louée aux Américains).

Sur le Champ de Mars, à Port Louis, le 12 mars 1968, l'Union Jack est descendu et le drapeau à quatre couleurs mauricien hissé. On y entend pour la première fois l'hymne national, *Motherland* (Mère Patrie).

Sir Seewoosagur Ramgoolam devient le Premier ministre du nouvel État mauricien, dont la Constitution est modelée sur celle de Westminster.

Il ne verra pas ce qu'on a appelé « le miracle mauricien », à savoir le décollage économique de l'île dans les années 1980.

Une vie politique agitée

Une jeune république

Le 12 mars 1992, l'île Maurice abolit la monarchie; elle devient une république, mais demeure néanmoins dans le Commonwealth. Elle garde un régime parlementaire. La fonction de président de la République est surtout une fonction honorifique: ce président, sur proposition du Premier ministre, est élu par les députés pour une période de cinq ans. Depuis décembre 2019, le président de la République est Prithvirajsing Roopun.

Le paysage politique mauricien n'a rien cependant d'un fleuve tranquille. Les renversements d'alliances, où les ennemis d'hier fraternisent sous le crépitement des flashs, sont monnaie courante. En outre, on retrouve toujours aux premiers postes les mêmes familles: les Rangoolam, les Duval, les Jugnauth... Les « fils de » monopolisent le pouvoir. Un système électoral complexe et des sigles confus ne font rien pour arranger les choses. Le tout sur fond de scandales, qui font remonter à la surface affaires de corruption et existence de caisses noires. Maurice n'en est pas moins une démocratie, avec tous ses défauts et ses qualités.

LES DÉBUTS DU TOURISME

En 1945, le RLAF (Réseau de lignes aériennes françaises) crée une ligne aérienne Paris-Maurice, avec sept escales. Le trajet dure six jours! Suivront Qantas (1952), South African Airways (1957), Air India (1967)... Pour accueillir ces touristes ou hommes d'affaires, les premiers hôtels apparaissent.

En 1965, Maurice enregistre 10058 arrivées.

Le gouvernement actuel

Depuis 2017, **Pravind Jugnauth**, un membre de la communauté hindoue, est Premier ministre. Aux dernières élections législatives de 2019, une coalition de centre gauche-gauche, l'Alliance morisien, formée par le Mouvement socialiste militant (MSM) et le Movman Liberater (ML), l'a maintenu au pouvoir. Elle a remporté 48 sièges sur les 70 que comporte l'Assemblée nationale.

Pour en savoir plus: www.govmu.org (Constitution, lois, etc.).

‹ Stèle à la mémoire des esclaves marrons au pied du morne Brabant

ÉCONOMIE

^ Des champs de canne à sucre

LE « DRAGON DE L'OCÉAN INDIEN »

À la suite de son spectaculaire essor économique dans les années 1980 et 1990, Maurice a gagné le surnom de « dragon de l'océan Indien ». La libéralisation des échanges commerciaux à l'échelon mondial, qui a fini par atteindre le sucre, devait forcer l'île, dans les premières années du XXIe s., à réinventer son avenir.

« Le sucre dans le sang »

En **1639**, les Hollandais firent cadeau à Maurice de la canne à sucre. Depuis, le sucre a dominé toute l'histoire de l'île. Au départ, le souci principal des Hollandais était de ravitailler en arak (alcool) leurs navires, qui faisaient escale à Maurice sur la route des Indes. Si les premières sucreries furent créées par La Bourdonnais, ce sont les Anglais qui firent de Maurice une colonie de plantations. La production de sucre s'emballe: 10 869 t en 1825, 115 000 t en 1858. L'île se hérisse de cheminées, qui sont tout un symbole, l'équivalent de notre clocher. Dans son ombre, tout est assuré sur place: logement, soins, école. « Une cheminée qui arrêtait de fumer, c'était une organisation sociale bouleversée » (l'Aventure du Sucre, p. 98).

« Nous avons le sucre dans le sang. Le sucre, c'est notre vie », expliquait un petit planteur (*Le Monde*, octobre 2005). À Maurice, l'industrie cannière – on ne parle plus d'industrie sucrière – a dû affronter et surmonter un véritable cataclysme.

Fini le « **protocole sucre** », signé en 1975 et qu'on avait cru éternel; fini les quotas assurés et les prix garantis par la Communauté européenne. Maurice doit s'aligner sur les cours mondiaux, inférieurs d'un bon tiers. Résultat? Les groupes sucriers ont réduit la voilure, diminuant les surfaces consacrées à cette culture (44000ha en 2020 contre 71000 ha en 2005). Ils ont développé mécanisation et irrigation dans les champs; rationalisé et modernisé la production, récoltant près de 271000 t de sucre en 2020, bien loin des 700000 t produites dans les années 1970. L'île a conservé trois usines seulement sur les 11 qu'elle possédait encore en 2002 et exporte désormais du sucre raffiné, mais aussi des sucres spéciaux à forte valeur ajoutée. Ces deux derniers constituent aujourd'hui plus de 90 % de la production.

Énergie verte

L'heure est aussi à la diversification. Les **productions maraîchères ou fruitières** supplantent la canne. Aujourd'hui, Labourdonnais est connu pour ses vergers (p. 93). Plus insolite: les groupes sucriers se positionnent comme **producteurs d'énergie verte**. Dans le sud de l'île, à L'Escalier, Omnicane est un parfait exemple de cette nouvelle industrie cannière (p. 190). Pouvant produire jusqu'à 200000 t de sucre raffiné, elle utilise la bagasse (les déchets de la canne à sucre) pour créer de l'électricité verte (jusqu'à 40 % de l'électricité renouvelable fournie par l'île) pendant une partie de l'année. Sa distillerie transforme la mélasse, que laissent les opérations de raffinage, en bioéthanol (jusqu'à 80000 l/j.).

On retrouve enfin les groupes sucriers, Médine et consorts, dans le **tourisme**. Ils sont à la tête de projets immobiliers colossaux et à la base de parcs de loisirs nouvelle génération, qui se veulent des « *nature reserves* ».

Ombres sur le textile

Au début des années 1970, la création d'une zone franche d'exportation a permis d'industrialiser l'île en attirant d'importants capitaux étrangers par le biais d'avantages fiscaux généreusement consentis. Ces derniers allaient de l'exonération de taxes jusqu'à l'imposition allégée à l'entrée de certaines matières premières ou de produits semi-finis. Les résultats sont là: les Export Oriented Enterprises – l'ancienne zone franche, pour simplifier – employaient encore plus de 35000 personnes en 2022 et fournissaient de substantielles recettes (50 milliards de roupies en 2022).

Seule ombre au tableau: c'est le textile qui joue les locomotives. Or, dans ce domaine, Maurice a vu surgir de redoutables concurrents, qui produisent à moindre coût: l'Inde, le Pakistan, la Chine, le Vietnam, l'Égypte. Aujourd'hui, pour garder ses marchés ou en conquérir de nouveaux, l'île doit offrir un visage *clean*; à cet effet, elle combat la **contrefaçon**. Fini le temps où le moindre village affichait son magasin d'usine Ralph Lauren: la marque a fini par montrer les dents, et sa campagne antipiratage en 2003-2004 a marqué les esprits. Une vigoureuse contre-offensive continue d'être menée contre les « voleurs de marques », dont les touristes se font les complices en achetant des faux manifestes à des prix défiant toute loyale concurrence. Des fleurons de l'industrie textile à Maurice se sont aussi engagés à atteindre la neutralité carbone d'ici 2040. Le groupe Firemount, l'un des plus gros exportateurs du pays, doit ainsi se doter d'une ferme photovoltaïque de 30 mégawatts.

Tourisme : la culture du luxe

Le **tourisme** est le troisième **pilier de l'économie mauricienne**. En général, il représente presque un quart du PIB du pays. En 2022, ce dernier a accueilli près d'un million de visiteurs, mais n'avait pas encore retrouvé les chiffres d'avant Covid : en 2019, 1418 000 touristes avaient fait le choix de Maurice, y dépensant plus de 80 milliards de roupies. L'année suivante, la destination s'était effondrée, franchissant à peine la barre des 300 000 visiteurs. La France, et d'une manière générale l'Europe (Royaume-Uni, Allemagne), La Réunion et l'Afrique du Sud fournissent encore les plus gros contingents. Pour autant, le modèle hôtelier mauricien, longtemps calqué sur celui des clubs de vacances, semble aujourd'hui en perte de vitesse, même s'il est de bon ton de mettre certaines contre-performances sur le compte d'un « billet d'avion trop cher ». Maurice se voit préférer d'autres pays de l'océan Indien comme le Sri Lanka, pourvoyeur de séjours donnés comme plus authentiques. Ce n'est pas un hasard si un groupe mauricien comme Attitude a adopté comme concept moteur « l'otentik attitude », otentik étant bien sûr la traduction en créole d'« authentique ». D'autres groupes hôteliers ont cherché leur salut dans le fameux *Integrated Resort Scheme* (IRS), qui autorise les étrangers à devenir propriétaires sur le sol mauricien, ces étrangers acquérant du même coup le statut, intéressant fiscalement, de résident. À l'ombre des hôtels, on a vu fleurir des villas, en location ou à l'achat. Sarcastiques, certains dénoncent ces « ghettos de luxe », où tout ne serait que « calme, luxe et... sécurité ».

L'île durable...

Le luxe peut être *eco friendly*. Dans l'océan Indien, Maurice entend bien le prouver. Elle se veut « l'île durable », qui compte réduire sa dépendance énergétique, en réutilisant la bagasse ou en faisant appel au solaire et à l'éolien. Mais, au nom du développement économique, les dégâts causés par l'installation d'hôtels au bord de parcs marins ou le « remodelage » sans pitié de plages concédées au privé passent par pertes et profits. Certains disent que Maurice est en train de tuer la poule aux œufs d'or. Néanmoins, certains hôtels ont d'ores et déjà bien intégré cette dimension « verte » dans leur communication, voire dans leur conception. Par ailleurs, l'accent est mis sur un « tourisme vert », un tourisme de retour à la nature dans les forêts, les *wetlands* (marais) et les « montagnes » de Maurice.

Panneaux solaires

ENVIRONNEMENT

ENTRE PITONS ET LAGONS

Maurice fut d'abord un volcan en furie, surgi des eaux entre huit et dix millions d'années en arrière, la dernière éruption remontant à « seulement » vingt-cinq mille ans. L'île est presque entièrement entourée par une barrière de corail, qui isole un lagon éblouissant. Aujourd'hui, des menaces planent sur tant de beauté.

‹ Un lagon bleu azur

Une île de feu

Avec ses 1865 km², l'île a la même superficie qu'un petit département français comme l'Essonne. Et son point le plus haut, le **piton de la Petite Rivière Noire**, ne dépasse pas 828 m. Maurice offre pourtant des paysages oniriques, où se découpent les silhouettes étranges de montagnes « comme ciselées par la main des dieux », selon l'image de l'écrivain Malcolm de Chazal. C'est une « Olympe de pierre », renchérit le poète dans *Petrusmok*.

Commençons par le **Pouce** (812 m, p. 62), qui se dresse comme le doigt d'une main géante pétrifiée. À ses côtés se tient en pénitence le **Pieter Both** (820 m, p. 58), coiffé d'une extravagante boule de basalte. Ce piton a forme humaine: selon la légende, c'est celle de l'imprudent, foudroyé par les fées, qui n'aurait pas su tenir sa langue en révélant leur présence. Plus au sud, le **morne Brabant** (556 m, p. 146) boude. Il est bien ce « château peuplé d'oiseaux de mer [...] sans un arbre, sans une plante », décrit par Jean-Marie G. Le Clézio. À l'est, le **Chat** (231 m) et la Souris esquissent un drôle de jeu mortel et la **montagne du Lion** (480 m, p. 110) fait le dos rond. Montagnes totems, montagnes sentinelles...

De passage à Maurice en 1836, où il tente et réussit l'ascension du Pouce, Charles Darwin trouve l'explication scientifique idoine: « Ces montagnes sont sans doute ce qui reste des volcans immenses dont les sommets ont explosé ou ont été avalés dans les abysses. »

^ Murène léopard

Un lagon paradisiaque

Cocotiers, lagon et sable blanc… sur 330 km de côtes, le littoral mauricien offre un cadre enchanteur, où les bleus explorent toute la palette : bleu azur, bleu céladon, bleu-vert émeraude, bleu turquoise… Chacun y trouvera sa **plage**. Grande comme une serviette de bain ou interminable comme un jour sans soleil. Venteuse ou abritée. Trépidante ou solitaire. Il y a les plages populaires, où se balancent des filaos échevelés qui sèment leurs aiguilles à tout vent. Les vendeurs de beignets de bringelles (aubergines) y chassent mollement le client. Quelques barques de pêche aux couleurs écaillées dansent dans la baie. Il y a aussi les plages *middle class*, où les pelouses des résidences secondaires tentent de conquérir le sable. Il y a enfin les plages des happy few, où seul le palmier a droit de cité et où les hors-bord font des ronds dans l'eau.

Un jardin sous la mer

Les eaux mauriciennes abritent quelque **600 espèces de poissons**. Leurs noms rivalisent de poésie : demoiselles, anges, capitaines, dames béri…

Côté couleurs, c'est un enchantement, entre le rouge des sacré-chiens, le bleu ou le vert des perroquets, le teint de soleil des gueules pavées. Les fonds marins offrent parfois un tableau digne des graphismes abstraits du mouvement pop art : rayures verticales des sergent-majors ou horizontales des empereurs adultes, taches mouchetées de certains balistes. Il y a même des balistes-Picasso ! Dans le lagon, de faible profondeur (généralement moins de 10 m), le plongeur peut déjà trouver son bonheur.

Ramassage de feuilles de vacoas à Rodrigues >

Mais avec les récifs, côté mer, il aborde un autre univers. Fascinant. Féerique. Grouillant de vie. Impitoyable. Les clowns se cachent dans les anémones de mer, et les autres poissons ne s'en méfient pas assez : happés, ils sont paralysés par leur venin, puis digérés. Pendant ce temps, les papillons « broutent » le corail... Aux parages des tombants (cassures qui suivent la barrière de corail) et des grandes passes (brèches dans la barrière), les « gros » pointent leur nez : thazars, thons, barracudas, dorades coryphènes, marlins et autres espadons... ainsi que des requins, qui longent le récif en seigneurs.

Aujourd'hui, toute cette beauté se trouve menacée. Même les données gouvernementales (2020) reconnaissent que 75 % des récifs entourant les lagons mauriciens sont endommagés. Devant la progression du blanchiment des coraux, annonçant leur mort prochaine, Maurice s'est lancée dans la « coralliculture ». Des boutures de coraux sont immergées à Flic en Flac ou près de Mahébourg (encadré p. 105).

Dauphins et galipettes

Les **dauphins** sont devenus l'une des attractions majeures de la baie du Tamarin (encadré p. 137). Chaque matin, ou presque, des éclairs noirs zèbrent la grande bleue : une colonie de 50 à 200 dauphins batifole. Il s'agit de dauphins à long bec *(Stenella longirostris)*, qui sont les acrobates des mers, les champions du saut en longueur... Vrilles et sauts périlleux font partie des danses de séduction. De petite taille (entre 1,30 m et 2,10 m), ils pèsent en moyenne entre 45 et 95 kg. On peut difficilement les confondre avec les **grands dauphins** *(Tursiops truncatus)*. Présents aussi dans la baie, ces derniers se déplacent en petites tribus (entre deux et huit individus). Les « souffleurs » (c'est un de leurs surnoms) sont des poids lourds (entre 150 et 650 kg), et peuvent mesurer jusqu'à 3,9 m de longueur. Il vous sera néanmoins difficile d'entendre le chant des dauphins, fait de sifflements, claquements, couinements... Il ne faut pas confondre ces vocalises

avec les « clics », signaux émis et réfléchis, qui leur permettent, comme un sonar, de repérer les obstacles et de s'orienter.

Une biodiversité en péril

Aujourd'hui, un écologue comme Vincent Florens, de l'université de Maurice, n'hésite pas à déclarer que l'île est « ravagée en termes de biodiversité ». Constat effrayant : les espèces indigènes n'occupent plus que 1,2 % de l'île, à peine 30 km^2, et cela bien que Maurice ait été colonisée tardivement. La culture presque exclusive de la canne à sucre (elle occupe encore près de 50 % des surfaces agricoles) tout autant qu'une pression démographique très forte en sont responsables. Au XXIe s., il ne subsiste plus que des lambeaux de la forêt primaire, essentiellement dans le parc des gorges de la Rivière Noire (p. 152) alors qu'elle couvrait à l'origine la moitié du territoire. Par ailleurs, 80 % des plantes à fleurs sont considérées comme menacées d'extinction, ce qui représente l'un des taux les plus forts de la planète. Les tentatives pour restaurer l'écosystème « brique après brique » de la Mauritian Wildlife Foundation, que ce soit à l'île aux Aigrettes ou ailleurs, apparaissent d'autant plus salutaires.

Le visiteur n'a nullement conscience de ce danger. Au fil des promenades, il rencontre **badamiers** et **filaos** (appellation locale du casuarina, une sorte de pin tropical) en bord de mer, **multipliants** (banians aux racines aériennes) et **flamboyants** (arbres en parasol originaires de Madagascar qui se parent de rouge pendant l'été austral). Il croise des buissons colorés de **bougainvillées** et d'**hibiscus**, il apprend à reconnaître le **vacoa**, présent surtout à Rodrigues – *vacoa* étant l'appellation locale du **pandanus**, dont les feuilles séchées sont utilisées en vannerie.

Allée de flamboyants

SOCIÉTÉ

LE PEUPLEMENT DE L'ÎLE

Inhabitée avant 1598, Maurice est une nation jeune sur tous les plans. C'est un melting-pot. Sa population est originaire de trois continents : l'Europe des colonisateurs, l'Afrique des esclaves des plantations de canne à sucre, et l'Asie des « engagés », indiens pour la plupart, venus au XIXe s. remplacer les esclaves.

^ Femme indo-mauricienne

Le temps margoze

Le temps margoze, c'est celui de l'**esclavage**. Il a emprunté son nom à un petit légume condiment amer, tout un symbole. Ici comme ailleurs, l'histoire du peuplement de l'île a été une horrible **déportation** de travailleurs dans des conditions épouvantables. Dès le début de la colonisation, la Compagnie des Indes prône avec cynisme l'introduction d'esclaves, comme le rapporte à l'époque l'un de ses émissaires : « Il faudrait des Noirs pour cultiver [les terres] et faire les travaux nécessaires. Un Noir ne coûte pas vingt sous de pacotille. Mais il faudrait y prendre garde et les tenir dans la crainte, car ils pourraient tuer les Français et se rendre maîtres de l'île. » Rappelons-le : c'est **La Bourdonnais**, gouverneur général de l'Isle de France (p. 227), qui a amplifié ce trafic, dans un premier temps avec le **Mozambique portugais**.
Entre juin 1735 et janvier 1740, 2 599 esclaves furent « importés » dans la seule Isle de France. Entre 1767 et 1807, le nombre d'esclaves sur cette île passe de 15000 à 65000 (pour moins de 6500 Européens). Depuis les débuts de la colonisation en 1670 jusqu'en 1810, au moins 160000 esclaves furent amenés aux Mascareignes, dont 45 % provenaient de Madagascar, 40 % du Mozambique, 13 % de l'Inde et 2 % d'Afrique de l'Ouest. Ils furent échangés contre du beurre, du riz, des fusils. On estime que 20 % des esclaves africains, transportés comme du bétail, périssaient sur les navires les conduisant à Port Louis : dans les soutes, deux à cinq hommes étaient entassés sur 1,43 m^{3}. Dans l'île, leurs conditions de vie sont loin d'être idylliques

(encadré ci-dessous). Ils doivent travailler de l'aube au crépuscule, recevant pour toute nourriture une pâtée de maïs cuite à l'eau et du pain de manioc. On ne s'étonnera pas que les colons aient dû affronter le problème des **marrons** (esclaves en fuite). Grand administrateur, La Bourdonnais forma une « maréchaussée de Nègres de Madagascar » afin de purger l'île des bandes de fugitifs qui y sévissaient alors. Pour ces rebelles, le **Code noir** disposait d'une échelle de peines : une oreille coupée à la première tentative de fuite, une mutilation du jarret en cas de récidive, la mort par pendaison au troisième essai. Les coups de fouet et les chaînes venaient en prime.

En février 1794, la Convention abolit l'esclavage, mais les colons mauriciens font de la résistance, expulsant manu militari les deux envoyés du gouvernement français chargés d'appliquer le décret, tandis que l'émeute envahit la rue. Quelques années plus tard, le Consulat et Napoléon firent table rase des décisions révolutionnaires. En 1814, les Anglais interdisent la traite ; mais il est de notoriété publique que le **gouverneur Farquhar** (1810-1823) a fermé les yeux sur la poursuite de ce commerce, qui transitait par les Seychelles. L'esclavage n'est effectivement aboli qu'en 1835, une indemnisation étant prévue pour les propriétaires d'esclaves (plus de deux millions de livres sterling ont été payées rubis sur l'ongle).

Le *trade coolies*

Le **2 novembre 1834** débarquent dans la rade de Port Louis 36 ***hill coolies*** (*coolies* des collines) originaires du Bihar. Depuis l'Inde, ils ont voyagé pendant plus de six semaines à bord du navire *Atlas*. La société Hunter-Arbuthnot les a engagés pour travailler sur ses plantations de Belle Alliance (Rivière du Rempart) et The Mount (Pamplemousses). C'est le point de départ de ce qu'on a appelé le *trade coolies* (commerce des *coolies*) qui va toucher 450 000 travailleurs dits « engagés ». L'esclavage est en passe d'être aboli, Maurice doit trouver une autre source de main-d'œuvre : les *coolies* venus d'Inde permettent à l'île de poursuivre son essor dans le domaine du sucre. Ces *coolies* sont recrutés à Calcutta, Madras ou Bombay. Il est permis de douter que des informations sérieuses leur soient fournies tant sur la nature du travail qui les attend que sur la longueur du trajet. La situation de ces travailleurs immigrés, sous contrat de trois ou cinq ans, est à peine plus enviable que celle des anciens esclaves. Leurs « droits », en principe garantis par un protector, sont sans cesse rognés : une ordonnance de 1847 leur

TERRE D'ESCLAVAGE

Bien avant de publier *Paul et Virginie*, **Bernardin de Saint-Pierre** expose un point de vue abolitionniste dans *Voyage à l'isle de France* (1773) : « J'ai vu, chaque jour, fouetter des hommes et des femmes pour avoir cassé quelque poterie, [...] j'en ai vu de tout sanglants, frottés de vinaigre et de sel pour les guérir ; j'en ai vu sur le port, dans l'excès de leur douleur, ne plus pouvoir crier [...]. Il est, dit-on, de notre intérêt de cultiver des denrées qui nous sont devenues nécessaires, plutôt que de les acheter à nos voisins. Mais puisque les charpentiers, [...] les maçons et les autres ouvriers européens travaillent ici en plein soleil, pourquoi n'y a-t-on pas des laboureurs blancs ? [...] On dit que le Code noir est fait en leur faveur [des esclaves]. Soit ; mais la dureté des maîtres excède les punitions permises, et leur avarice soustrait la nourriture, le repos et les récompenses qui sont dus. »

enlève par exemple deux jours de salaire pour un jour d'absence *(double cut)* et les oblige à porter sur eux permis de travail et laissez-passer lors de leurs déplacements, sous peine de rejoindre un *vagrant depot* (cachot pour vagabonds). Une autre, en 1858, leur ôte le droit de choisir leur employeur à leur arrivée. Par ailleurs, les conditions de transport et d'accueil restent déplorables. Deux bateaux sont ainsi mis en quarantaine à l'île Plate en 1856: sur les 697 passagers, 284 vont mourir du choléra, de dysenterie ou de fièvre. L'affaire fait grand bruit, stoppant net toute immigration. Elle reprend vite, pour atteindre un pic en 1859, où l'on enregistre 44397 arrivées. Jusqu'à l'arrêt de l'immigration en 1923, avec la venue du vaisseau *Surada*, l'île accueille ainsi plus de 450000 *coolies*, dont seulement un tiers (169000) regagnera l'Inde. L'arrivée de ces travailleurs indiens, mais aussi chinois (les premiers Chinois ont débarqué en 1760 à bord de deux navires capturés par les Français), forge définitivement le **visage cosmopolite** de la société mauricienne, qui n'en reste pas moins encore très inégalitaire.

LES MAURICIENS AUJOURD'HUI

Maurice aimerait qu'on retienne d'elle une image idéale: celle d'une nation arc-en-ciel, où chaque communauté peut faire entendre sa différence. La réalité est tout autre. Entre l'intégration à marche forcée, souhaitée par certains, et le « communalisme », pratiqué par d'autres qui font passer l'intérêt général après les intérêts particuliers de tel ou tel groupe ethnique, la voie est malaisée.

‹ Retour de pêche

La nation arc-en-ciel

Dense, jeune et bigarrée: ces trois adjectifs pourraient définir la population mauricienne. Avec ses 1123260 habitants au dernier recensement (2022), chiffre en léger recul par rapport à celui de 2011, la densité de l'île (600 hab./km² env.) fait de Maurice l'un des 10 pays les plus densément peuplés du monde. L'île ne compte pas moins de cinq communautés originaires de trois continents: l'Afrique, l'Asie et l'Europe; elles composent un arc-en-ciel dont les couleurs se côtoient, sans vraiment se mélanger. Chacune a son histoire, avec ses blessures qui peuvent se rouvrir à la moindre occasion. Mais on peut vous le

confirmer: les Mauriciens forment l'un des peuples les plus accueillants qui soient. Et cela va bien au-delà du sourire marketing, de mise envers l'étranger pourvu de devises.

La palette mauricienne

Les **Indo-Mauriciens** sont les plus nombreux: environ 67 % de la population. Pour l'essentiel, ce sont les descendants des *coolies* venus en masse au XIXe s. (p. 227). Ils sont parfois devenus propriétaires de la terre qu'ils cultivaient. Ce groupe inclut des **musulmans** (17 %), dont les racines sont au Bengale ou au Bihar: ils pratiquent un islam modéré avec un sens communautaire aigu. Mais il est composé surtout d'**hindous** pratiquant l'hindouisme (40 %). Il faut faire une place à part aux **Tamouls** (6 %), originaires du Tamil Nadu, dans le sud de l'Inde, qui ont pu arriver à Maurice au XVIIIe s. et s'installer comme tailleurs, cordonniers, orfèvres. Cette communauté comporte aussi **Télougous** (2,5 %) et **Marathes** (1,5 %). Aujourd'hui, les Indo-Mauriciens sont partout. Ils ont activement participé à un processus d'indianisation du pays, s'emparant du pouvoir politique aux dépens du groupe traditionnellement dominant formé par les Mauriciens blancs.

Les **Sino-Mauriciens**, d'origine chinoise (12 000 individus environ), sont surtout actifs dans le commerce, notamment à Port Louis. Le reste, c'est-à-dire la « **population générale** », expression officielle et politiquement correcte pour l'administration locale, se répartit entre **créoles** d'origine africaine et **Franco-Mauriciens** (ou **Blancs de Maurice**). Les créoles descendants

d'esclaves et rangés au catholicisme, comme le prévoyait le **Code noir**, forment une communauté importante en nombre mais socialement peu favorisée. Les Franco-Mauriciens (2 %), descendants des colons européens, ont su conserver un pouvoir socio-économique malgré leur petit nombre. Vivant en vase clos, ils représentent toujours une certaine « aristocratie ». Ils tiennent encore les rênes des groupes sucriers et se sont reconvertis dans le tourisme.

Le malaise créole

Contrairement aux usages de la Martinique ou de la Guadeloupe, à Maurice, « créole » désigne des individus « de couleur », qu'ils soient noirs ou métis. Descendants en majorité d'anciens esclaves malgaches ou africains, ces créoles, qui ne sont pas reconnus en tant que groupe ethnique, se sentent exclus du développement économique. Il existe un malaise identitaire dans cette communauté mauricienne, qui dénonce aussi la discrimination larvée dont elle fait l'objet: il n'y a par exemple que 2 % de créoles dans la fonction publique...

Une société cloisonnée

De passage dans l'île en 1946, l'écrivain français Armand Guibert définissait Maurice comme « l'île aux cloisons ». **Malcolm de Chazal**, lui, a été plus cruel: l'île « cultive la canne à sucre et les préjugés ». Aujourd'hui, la compartimentation du pays est encore de mise. Chaque individu appartient à un groupe, et chaque groupe a sa place dans la société mauricienne. L'individu fait partie d'une communauté ethnico-religieuse, voire d'une caste pour les hindous, avant d'appartenir à une nation. Si la cohabitation se passe avec tolérance, elle suit des règles précises et n'exclut pas certains heurts, à l'image des graves **affrontements entre communautés** qui survinrent entre créoles et musulmans à la veille de l'indépendance, ou des troubles qui éclatèrent en 1999 à la mort plus que suspecte dans sa cellule de Joseph Reginald Topize, un chanteur-musicien d'origine créole plus connu sous le nom de Kaya. Considéré comme l'inventeur du seggae (un mix de séga mauricien et de reggae des Caraïbes), l'artiste avait été incarcéré après sa participation à un meeting du Mouvement républicain (MR), à Rose Hill, en faveur de la dépénalisation du cannabis. Les conclusions de l'enquête judiciaire n'ont jamais été rendues publiques. Ayant annoncé que le décès du chanteur était consécutif à une fracture du crâne, le journal *L'Express* fut poursuivi pour diffusion de fausse nouvelle, poursuites abandonnées en 2010.

De nos jours, malgré une plus grande conscience nationale, le « **communalisme** » – un corporatisme communautaire à la mauricienne – se perpétue par le biais de l'administration, qui colle une « étiquette ethnique » sur chaque citoyen. Depuis 2014, néanmoins, les candidats aux élections ne sont plus tenus de déclarer leur appartenance communautaire. Un petit pas vers « un seul peuple, une seule nation », de l'hymne national, *Motherland*.

Néanmoins, aux dernières élections législatives en 2019, la Cour suprême a rejeté les candidatures affichant simplement « Mauricien ».

CULTURE

^ Danseuse de séga

SÉGA ET *SIRANDANES*

Depuis 2014, le séga tipik mauricien, qui est de toutes les fêtes, est inscrit au patrimoine mondial de l'humanité par l'Unesco. Cette musique et cette danse aux déhanchements sensuels furent celles des esclaves africains. L'ignorance du créole nous fait passer à côté de la subtilité des textes, qui peuvent être coquins ou acides. Et du sel des *sirandanes*, devinettes traditionnelles.

La musique et la transe

Difficile de résister à un petit air de **séga**, au tempo court, scandé, endiablé, sensuel, qui vous donne des fourmis dans les jambes. Sur la piste, les corps se frôlent, se défient, paraissent entrer en transe. Si vous vous laissez porter par les mots en créole, il peut être question de soleil, de plage où les *manzelles* sont jolies, et de bonheurs fugaces. Mais aussi d'un « bater bis », profiteur qui vous pourrit la vie.

Pourtant, jusqu'au milieu du XXe s., le séga est un genre profondément méprisé, assimilé au temps margoze, celui de l'esclavage. Coupés de leurs racines africaines et dénués de tout, les esclaves ont en effet trouvé refuge dans cette musique et cette danse, confectionnant des instruments de fortune avec tout ce qui leur tombait sous la main, calebasses, bois, roseaux ou canne à sucre. Le séga ne comporte que des pas glissés, les pieds ne quittant pas le sol. Tout se joue au niveau des hanches. La faute au sable, transformé en piste de danse improvisée, voire aux fers, qui enserraient les chevilles des danseurs.

En 1948, le premier 45-tours produit à Maurice sera néanmoins un 45-tours de séga. Son auteur? **Ti Frère** (« petit frère » en créole). Jean Alphonse Ravaton – son nom à la ville – va enchaîner les succès populaires, tout en restant dans une misère noire. Sur une musique dominée par l'accordéon, son *Anita* est devenu un grand classique.

Aujourd'hui, les politiques font même campagne sur un air de séga! *Viré mam* (« Virez Navin Ramgoolam », Premier ministre alors en poste et candidat à sa propre succession) a fait un tabac lors des élections de 2014.

Chaud devant...

L'instrument de base reste la **ravanne**, un tambourin taillé en principe dans le goyavier de Chine et recouvert d'une peau de chèvre: c'est elle qui donne sa cadence infernale au séga. La ravanne traditionnelle (baptisée « tambour » à Rodrigues) a besoin d'être chauffée avant son utilisation.

Le crépitement de la **maravanne** (boîte de forme rectangulaire remplie de graines ou de graviers) et le son aigu du **triang** (triangle) métallique l'accompagnent.

Dans l'archipel mauricien, il existe des variantes régionales. Rodrigues a son séga tambour et son séga kordéon, où l'accordéon apporte une touche musette. D'autres instruments, insolites, se glissent dans ce séga rodriguais comme le katchia katchia, un sachet de feuilles de vacoas contenant des graines d'acacia.

DYNASTIE DE SÉGATIERS

En 50 ans de métier, **Jean-Claude Gaspard**, qui a pris sa retraite en 2014, fut l'un des ségatiers les plus prolifiques à Maurice. On ne compte plus ses compositions depuis son premier 45-tours en 1968, *Wachi Wala*. De *Pran sa pou twa* à *Ti cabane* en passant par *Maladi lamour*, il a enchaîné les succès. Dans la famille Gaspard, la relève est assurée avec Mary Jane, sa fille, et Denis Claude, son fils.

Seggae Man

Depuis que guitare et synthétiseur sont entrés dans la danse, le séga se mâtine de reggae, de rap, de hip-hop, de zouk, de jazz. Ti Frère, « le roi du séga », disparu en 1992, a de nombreux héritiers iconoclastes. Même s'il ne se serait sans doute pas reconnu dans la rage d'un Kaya (1960-1999). Grand admirateur de Bob Marley, le fondateur du groupe Racine Tatane est arrivé à mixer les rythmes ternaires du séga et binaires du reggae. Le *seggae man* était né.

Aujourd'hui, chanteurs et formations bénéficient d'une vitrine: le **festival international Kreol**.

Jeux de mots

Les Mauriciens ont leurs *sirandanes*, devinettes teintées de poésie, de malice et de tendresse. Rien que le nom, c'est déjà une musique à l'oreille. Saurez-vous reconnaître ce qui se cache derrière « dilo dibuté » (de l'eau debout)?

La canne à sucre, pardi! Et que peut révéler un « figir en zenfan kasiet anba labarb en bonhom » (« un visage d'enfant caché sous la barbe d'un bonhomme »)? Ne cherchez plus: c'est la noix de coco.

On retrouve ce goût pour les jeux de mots, très mauricien, chez un écrivain comme **Malcolm de Chazal** (1902-1981). Doté ou encombré d'ancêtres (petite noblesse de robe auvergnate) partis faire fortune à Maurice, et d'un père qui « faisait des affaires pour s'amuser », cet ingénieur sucrier de formation est resté, dans la vie et dans ses ouvrages, patricien jusqu'au bout des ongles. On aime ou on n'aime pas l'humour subtil et surréaliste de ses aphorismes dans *Sens-plastique* (éd. Gallimard).

Notre prix Nobel de littérature 2008, **Jean-Marie G. Le Clézio**, qui se revendique de culture mauricienne (« C'est ma vraie nationalité »), a édité chez Seghers en 1990 un recueil de *sirandanes*.

FÊTES ET RELIGION

^ Mariage hindou

TRADITIONS EN FÊTES

Dans ses églises, kovils ou mosquées, l'île vénère Dieu, Bouddha, Shiva, Allah...

Chaque communauté a ses traditions festives. Les Chinois ont leur nouvel an, qui n'est pas celui des Télougous. Les chrétiens célèbrent Noël tandis que les musulmans se réservent pour l'Aïd el-Fitr, la fin du ramadan. Mais toutes ces fêtes figurent au calendrier des jours fériés, quinze dans l'année.

Les religions

Avec une population comptant environ 50 % d'hindous et tamouls, 30 % de chrétiens et 17 % de musulmans, les trois grandes religions sont représentées sur l'île. La cohabitation se fait sans heurt ni extrémisme, des passerelles pouvant exister entre les croyances : ainsi de nombreux Mauriciens d'origine tamoule ou chinoise vont à l'église tout en continuant de respecter certains rites traditionnels. Par ailleurs, en marge des religions « officielles », les pratiques populaires liées à la superstition ou au culte des ancêtres restent vivaces, et Maurice a ses longanistes (sorciers des campagnes et adeptes de magie noire).

Les fêtes chrétiennes

La grande majorité des chrétiens est **catholique** ; issus de la classe dominante ou descendants d'anciens esclaves, ils pratiquent leur religion avec autant de ferveur que d'ostentation. Mais on ne tire plus le canon pour la **Fête-Dieu**. **Noël** a ses coutumes héritées des anciens colonisateurs : en plein été austral, Santa Claus (le Père Noël en version *british*) transpire sous sa houppelande rouge et certaines familles dégustent un pudding dans la plus pure tradition anglaise. Les sectes d'influence **protestante** (adventistes...) connaissent aussi un grand succès.

Les fêtes chinoises

Si la communauté chinoise pratique assez discrètement dans les quelques temples privés de Port Louis, le **nouvel an chinois**, plus connu comme Fête du printemps, est unanimement célébré le premier jour du premier mois de l'année lunaire (entre le 21 janvier et le 21 février). Exceptionnellement, les Chinois ferment boutique – la seule fois dans l'année – et la société mauricienne tout entière ne travaille pas ce jour-là. La veille, dans une maison nettoyée du sol au plafond, les familles se rassemblent pour « le dîner de la réunion ». Histoire d'amadouer la chance, il comporte « lingots d'argent » (des œufs!) et « phénix » (un banal poulet). Le lendemain, on se rend visite pour se souhaiter *Kung Hsi Fa Ts'ai* (bonne et heureuse année), tout en se gardant de prononcer n mot grossier, d'utiliser un couteau ou de donner un coup de balai. Les enfants reçoivent des petites enveloppes rouges contenant de l'argent.

Dates: 10 février 2024 (dragon); 29 janvier 2025 (serpent) ; 17 février 2026 (cheval).

LE NOUVEL AN CHINOIS

L'aube est saluée par des salves de pétards, censées chasser les mauvais esprits. Les festivités sont surtout spectaculaires à Port Louis. Cymbales et gongs accompagnent la danse traditionnelle du lion et du dragon dans les rues. Un spectacle chatoyant et... bruyant.

Les fêtes musulmanes

La majorité des musulmans mauriciens sont des **sunnites modérés**, actifs sur le plan politico-religieux et très soudés entre eux. L'**Aïd el-Fitr**, la fin du ramadan, est l'une des fêtes les plus importantes du calendrier islamique: les mosquées (une centaine) sont pleines à craquer; on se rend visite pour déguster en famille ou entre amis le *briani* ou *biryani* (du riz cuit avec des légumes, de la viande, des épices). Mais ce plat, de fête à l'origine, se retrouve sur bien des tables au quotidien.

Dates: 10 avril 2024; 31 mars 2025; 21 mars 2026.

Les fêtes hindoues

Les fêtes hindoues sont toutes tributaires du calendrier lunaire. En février ou mars, **Maha Shivaratree** jette sur les routes des dizaines de milliers de « dévots » en direction de Grand Bassin (encadré p. 179). En **mars ou avril**, **Ugaadi** est le nouvel an télougou; ce jour-là, ces hindous originaires de l'Andhra Pradesh, dans le sud de l'Inde, vont porter l'*ugaadi patchadi* au temple (à Rose Hill entre autres), pour le partager. Cette préparation, composée de six saveurs – âcres, amère, aigre, sucrée, salée et pimentée – symbolise les hauts et les bas de la vie. Des feuilles de manguier et des fleurs sont suspendues au-dessus de la porte d'entrée des maisons tandis que des tableaux de riz colorés tapissent le sol. En **août ou septembre**, les hindous originaires du Maharashtra célèbrent la naissance de **Ganesh Chaturthi.** Ce dieu à tête d'éléphant, qui est le fils de Shiva et de la déesse Parvati, supprime les obstacles, apporte la sagesse et la prudence. Au soleil couchant, les fidèles se rassemblent sur la plage ou au bord de l'eau pour assister à l'immersion des *mourthis* (représentations du dieu réalisées en glaise pour la circonstance). À voir du côté de Roches Noires (nord-est de l'île) ou Chemin Grenier (côte sud).

LA BANANÉ À RODRIGUES

Sur l'île de Rodrigues, la *banané* (« bonne année ») est un événement important! Chaque famille tue un cochon et déguste ensuite sa viande en boudins, rôtis et grillades. Lors des repas, on sert aussi la tourte rodriguaise, un gâteau fourré aux fruits en compote (ananas, papaye, etc.). Les festivités durent jusqu'au 6 janvier, jour de l'Épiphanie, lors duquel on lève un dernier verre: « Lé roi boir! »

En **octobre ou novembre**, enfin, on décore rues et maisons de 1000 lumières à l'occasion de **Divali**, la plus animée des fêtes dans les communautés hindoues et tamoules (p. 80). Les hindous prient la déesse du bien, Luxmi, tout en célébrant la victoire de Rama, ou Ram, avatar du dieu Vishnu, sur le mal. Les tamouls, eux, vénèrent en cette occasion Krishna qui, selon la mythologie, a terrassé le démon Narakasuram.

Maha Shivaratree: 8 mars 2024; 26 février 2025; 15 février 2026.

Ugaadi: 9 avril 2024; 30 mars 2025; 20 mars 2026.

Ganesh Chaturthi: 8 septembre 2024; 27 août 2025; 15 septembre 2026.

Divali: 1er novembre 2024; 20 octobre 2025; 8 novembre 2026.

Procession au temple pour une marche sur le feu

LES FÊTES TAMOULES

À Maurice, les Tamouls ne se reconnaissent pas comme hindous. Leurs cérémonies, où l'on se purifie de ses passions, haine ou envie, sont spectaculaires et colorées. Marches sur le feu et autres rites, l'esprit cartésien sent chavirer toutes ses certitudes.

Thaipoosam Cavadee

Au bord d'une route, toute l'année, vous pouvez croiser un *cavadee*, ou *kavadi*, une procession qui se rend au kovil, c'est-à-dire au temple le plus proche. Mais les plus grandes manifestations ont lieu en janvier ou février pour Thaipoosam Cavadee. Âmes sensibles, s'abstenir! Ce jour-là, les pénitents ont le corps hérissé d'aiguilles en forme de vel, de fer de lance, qui est l'attribut du dieu **Muruga**, fils cadet du dieu Shiva. Ceux qui ont fait vœu de silence ont la langue transpercée. Incantations vibrantes et fumées d'encens, l'air y est chargé de tension, certains participants entrant littéralement en transe.

Dates: 26 janvier 2024; 11 février 2025; 1er février 2026.

USAGES

On vous laissera suivre une **cérémonie tamoule**, mais le prêtre officiant peut vous demander de remiser votre appareil photo. Soyez courtois: demandez toujours l'autorisation de prendre une photo, elle vous sera rarement refusée. Vous serez les bienvenus dans un **temple hindou,** à condition de vous déchausser et de ne pas porter de cuir.

^ Préparation d'une marche sur le feu

Marches sur le feu

En l'honneur d'**Amman** ou Ammen (la Mère), les ***thimiti,*** ou marches sur le feu, se déroulent surtout en milieu rural, en décembre ou janvier. Mais un temple en milieu urbain, le Sri Devi Karumaari Ammen Kovil à Port Louis, a son *thimiti* début août. Hommes et femmes, parfois des enfants, affrontent l'épreuve du feu au temple, en marchant, sans brûlures apparentes, sur un tapis de braises ardentes censé représenter le sari d'Amman. La marche s'achève dans un petit bassin rempli de lait. Dix jours de carême sont observés avant d'affronter cette épreuve, décidée souvent après la réalisation d'un vœu. D'autres le font en signe de purification. Certains font remonter l'origine de cette coutume au Râmâyana, épopée de la mythologie hindoue, où Sita doit subir un tel supplice pour prouver sa pureté. Où en voir? Par exemple le 1er janvier à Solitude près de Triolet.

GASTRONOMIE

UN MONDE DE SAVEURS

De peu, la cuisine mauricienne tire le meilleur. Sans doute parce qu'elle sait utiliser avec un art consommé les épices et les moindres feuilles comestibles, baptisées « brèdes ».

C'est une cuisine qu'on retrouve dans la rue, avec tous ses *gadjacks*, en-cas dont on ne fait qu'une bouchée, le plus célèbre des plats de cette street food restant le dholl puri.

Spécialités > mauriciennes

Une cuisine sous influences

Le touriste qui se respecte commence évidemment par éplucher la carte des restaurants. Il s'aperçoit alors très vite qu'il n'y a pas « une » cuisine mauricienne. Ou alors que cette cuisine est celle de tous les métissages. Elle picore en effet dans tous les répertoires: français, chinois ou indien... Une daube de cerf longuement mijotée peut côtoyer **mines frits** (nouilles chinoises sautées, qui sont une institution nationale), **poulet au gingembre** ou encore **vindaye de thon**. D'ascendances variées, cette cuisine est toutefois fortement marquée par l'Inde. Mais sur une **base riz-cari**, l'utilisation renforcée des **épices**, le goût prononcé pour l'**aigre-doux** et la place de choix accordée aux **produits de la mer** donnent aux plats mauriciens une coloration originale.

Cari pour tous

Le cari (dit aussi curry), mot originaire de Madras, a fini par désigner tout ce qui se mange avec du riz. On peut aussi bien vous proposer un **cari d'ourite** (poulpe) qu'un **cari de poulet** ou **de langouste**. Pour remonter aux sources, ce qui fait le cari c'est le **massala** (mélange d'épices), qui donne sa touche caractéristique au plat. Il peut comporter safran vert, gingembre, cannelle, clou de girofle, coriandre, piment – qui peut être le « piment pétard » (aïe!) de Maurice ou le piment de Rodrigues –: la liste n'est pas exhaustive.

Spécialités mauriciennes

Le **vindaye** de poisson ou de volaille, dont le nom est dérivé de « vin d'ail » et qui serait originaire de l'ouest de l'Inde, est un plat typiquement mauricien qui associe les parfums de l'ail, du vinaigre et de la moutarde. Il peut se déguster en entrée ou en en-cas avec du pain, froid de préférence, après avoir reposé une journée (encadré ci-contre). Vous goûterez aussi à la **salade du millionnaire**, où le cœur de palmiste, cru, est coupé en rondelles. Sachant qu'un seul palmiste ne fournit que 600 g de chair, l'origine de l'appellation s'éclaire.

La mer dans votre assiette

À Maurice, les amateurs de poisson seront comblés. Ils auront de nombreuses occasions de se faire plaisir: **marlin** et **thazar** fumés, **sacré-chien** à la chair fine et délicate que les grands chefs préparent « rose à l'arête »... La carte ressemble à un poème: on vous y propose, simplement grillées, **gueule pavée**, **vieille rouge**... Et comment reconnaître le **cateau bleu** (le perroquet des lagons) sous ses innombrables sobriquets créoles: « dents rouillées », « mordé vert »?

Achards et chatinis

Pour l'accompagnement, on peut vous proposer des **achards**, une préparation fortement pimentée à base de légumes ou de fruits (telle la mangue verte) blanchis, revenus dans l'huile avec des épices et mis à macérer dans le vinaigre. Autre escorte: les **brèdes**, qui sont les feuilles comestibles de légumes ou de plantes comme le chouchou, le giraumon, le « songe ». Les chatinis, dont le nom provient de l'anglo-indien *chutney*, sont des purées grossières de légumes crus ou grillés, comme les pommes d'amour (tomates) ou les bringelles (aubergines), relevées avec du gingembre, du citron et tutti quanti. Contrairement aux achards, les chatinis ne se conservent pas plus de quelques jours, voire quelques heures.

Gadjacks, sur le pouce

Enfin, il faudra vous lancer et goûter les ***gadjacks*** mauriciens. Ce sont des petits en-cas, dont on ne fait qu'une bouchée, comme les gâteaux piments. Herbes et piments assaisonnent ces beignets, à base de légumes (pomme de

VINDAYE DE CREVETTES

Ingrédients pour 6 personnes: *750 g de grosses crevettes, 500 g d'oignons, 4 gros piments, 10 gousses d'ail, 2 c. à café de safran jaune, 2 c. à café de graines de moutarde, 4 c. à soupe de vinaigre, huile, sel et poivre.*

Dans un bol, mettre les graines de moutarde, le safran, l'ail écrasé et les piments fendus en deux. Délayer le tout avec 3 cuillerées d'eau. Faire chauffer un peu d'huile dans une cocotte et y laisser roussir les ingrédients pendant 10 min à feu doux. Ajouter les crevettes, les oignons émincés, du sel et du poivre. Laisser mijoter 10 min. Retirer du feu, ajouter le vinaigre et bien remuer. La recette peut aussi être réalisée avec du thon ou du bœuf. Les « gros piments » sont une variété de piments verts mi-forts ayant l'apparence de nos « piments doux ». Par « safran jaune », on entend curcuma.

^ Piments cultivés sur l'île

terre, manioc, aubergine, etc.), enrobés dans une farine de pois cassés (ou pois chiches). Vous les dégustez chauds, sur la plage, dans les gargotes du marché ou auprès d'une carriole ambulante. Mais, pour le Mauricien, aucun de ces *gadjacks* ne surpasse dans cette cuisine de rue le **dholl puri**.

De bon matin, à l'heure du déjeuner ou à celle de la sortie des bureaux, bref à toute heure du jour, on se presse autour des vendeurs de ces galettes fines et souples. À base de farine de pois cassés (ou pois chiches), elles rappellent les chapatis indiens. Garnies de cari de légumes, elles constituent un must.

Piment *or not* piment ? On a le bon goût de vous laisser le choix.

Vous êtes plutôt « sucré » ? Des petits **ananas Victoria** épluchés et prêts à croquer, des gâteaux de manioc à la coco induisent en tentation les gourmands.

> Voir aussi la balade gourmande : *Food tour* à Port Louis (p. 52).

À la chasse aux cerfs

Le cerf proposé sur les tables mauriciennes provient en grande majorité des *chassés*. Sur ces domaines (il en existe environ 80) qui pratiquent l'élevage extensif, on a mis en place des quotas de chasse. Pendant une période très courte, de juin à septembre, plus de 11000 cerfs ont été tués en 2022 selon une estimation. Ce qui équivaut à 450-500 t de viande de cerf arrivant sur le marché, vendue aux bouchers entre 200 et 225 Rs le kg. Ce type de chasse est encore considéré comme « le sport des rois », où le tirage au sort détermine l'attribution des « chutes », c'est-à-dire d'une clairière avec son mirador. Le chasseur doit attendre que le cerf apparaisse dans sa ligne de mire.

La chasse à l'approche qui, elle, concerne jeunes cerfs et cochons marrons (sangliers), se pratique du 15 mai au 15 décembre.

LEXIQUE CULINAIRE

Le vocabulaire de la cuisine mauricienne est plein de poésie. Connaissez-vous les pommes d'amour ? Ce sont les tomates ! Vous trouverez sur les marchés des paquets de « songes ». Ce sont des brèdes, des feuilles comestibles, qui donnent une saveur acidulée au moindre plat. Pour vous aider à vous y retrouver dans une carte de restaurant...

Achards. Légumes (ou fruits) blanchis, revenus dans l'huile avec oignons, ail, gingembre, piments, et mis à macérer dans le vinaigre.

Alooda. Boisson à base de lait, d'agar-agar (gélose) parfumée à la vanille, à la fraise.

Ananas Victoria. « Bébé » ananas.

Arouille. À prononcer « aoui ». On trouve en France ce tubercule sous le nom de « **taro** ». On en fait des gâteaux, des boulettes.

Babonne. Poisson de récif rouge et jaune, à la chair blanche et fine.

Boulettes. À Maurice, c'est tout un monde ! Des boulettes de poisson aux boulettes de viande, en passant par les boulettes d'arouille et les boulettes chouchou, il y en a pour tous les goûts !

Brèdes. Il s'agit de feuilles comestibles de légumes ou de plantes. Il y a des brèdes chouchou, des brèdes malbar, des brèdes songe...

Briani ou **biryani.** Poissons ou viandes marinés dans du yaourt parfumé à la menthe, à la coriandre et autres épices.

Bringelles. Aubergines.

Camarons. Crevettes d'eau douce.

Cari. A fini par désigner tout ce qui se mange avec du riz.

Caripoulé. L'équivalent de notre laurier. Les feuilles s'utilisent pour parfumer caris et fricassées.

Cateau bleu. Le poisson-perroquet. La cuisine chinoise l'accommode en boulettes ou en soupe.

Chatinis. Oignons, gingembre, coriandre, herbes, vinaigre ou citron, piment assaisonnent ces purées de légumes crus ou grillés.

Chouchou ou christophine (aux Antilles), « chayotte » (sud de la France). Variété de courge, appréciée en salade et en gratin.

Cochon marron ou sanglier. Servi avec des patates douces.

Cœur de palmiste, dit aussi chou palmiste ou salade du millionnaire. Cœur de la cime (avec les jeunes feuilles), il se mange en achards, en salade, au beurre ou frit au sucre.

Combava. Citron (peau granuleuse).

Coco cono. Bulot, escargot de mer à Rodrigues. Nature, en salade, au curry... Il est pourtant en voie de raréfaction.

Cordonnier ou poisson-chirurgien à la chair ferme.

Cotomili. Coriandre en feuilles.

Crabe. Trois espèces sont comestibles à Maurice : le crabe bouillon, le crabe faye-faye des profondeurs, et le crabe carrelet.

Daube. Plat très proche du rougail.

Dholl puri. Galettes fines à base de farine de pois cassés ou pois chiches. Elles sont fourrées de cari, d'achards...

Farata. Synonyme de **dholl puri**.

Gâteaux piments. À base de purée de pois chiches ou de pois cassés et frits.

Giraumon. Courge d'Amérique.

Gombo. Un légume effilé, vert extérieurement, de la consistance d'un mucilage. Se déguste en chatini, frit, en beignet, en vinaigrette et en soupe.

Goyave de Chine. Petits fruits rouges très prisés à Maurice, que l'on mange avec sel et piment. On en fait aussi d'excellentes gelées et confitures. Ne pas confondre avec la goyave.

Gueule pavée. La dorade tropicale.

Limon. Citron vert.

Longanes. Fruit qui ressemble au litchi, en moins juteux.

Margoze. Condiment-légume amer.

Massala. Traditionnellement mélange d'épices. À Maurice, cela a fini par désigner le plat en sauce lui-même, qui utilise ce mélange d'épices.

Mines frits. Nouilles chinoises sautées.

Ourite. Poulpe. Spécialité de Rodrigues, consommée fraîche ou séchée.

Pomme d'amour. Tomate.

Quatre épices. Arbre cousin du giroflier, dont on utilise baies et feuilles en cuisine pour parfumer les plats mijotés; elles développent notamment des arômes de muscade, de girofle, de cannelle, de poivre.

Rhum arrangé. Il est « arrangé » avec raisins secs, canne à sucre, café...

Rougail ou rougaille. Sauce tomate, revenue avec des épices (pour les ragoûts).

Tamarin. Gousses brunes et bosselées dont les graines sont consommées sous la forme d'une pâte de pulpe collante et épaisse à la couleur sombre. Saveur aigre et fruitée utilisée en confiserie (sirop, bonbons).

Songe. Type de brèdes.

Vacoas. Poisson à la chair blanche.

Vindaye. Plat qui contient de l'ail et du vinaigre et se mange tiède, froid, en entrée ou comme en-cas.

SOUVENIRS

Que rapporter de l'île Maurice ? Outre les **épices** achetées sur les marchés, on trouvera dans les supermarchés une variété de **condiments en bocaux** (achards, chatinis, citrons confits...) et du thé de Bois Chéri (p. 179). Les épiceries fines du Caudan à Port Louis et de Grand Baie proposent du **café de Chamarel** et des petits paquets de **sucre non raffiné**. Les musées et les hôtels ont également des boutiques.

Ananas Victoria

LANGUE

LE *MORISIEN* EST NÉ

Le créole mauricien, ou *morisien*, est la première langue parlée dans le pays. Plus de 86 % des Mauriciens l'utilisent à la maison. Cette langue savoureuse a désormais son *Diksioner*, qui tente de fixer l'orthographe des mots. Enfin, depuis 2012, elle a fait son apparition officielle en classe, devenant une matière à part entière, mais optionnelle.

Côté dialectes et langues, c'est la tour de Babel. Maurice est une île multilingue. L'**anglais** est réservé au monde des affaires et à l'administration. Si la grande bourgeoisie indo-mauricienne le pratique, moins d'un quart de la population le lit et l'écrit couramment. Le **français** est largement répandu dans la culture et les médias ; proche du créole, il est compris presque partout et bénéficie d'un gros capital de sympathie sur cette île, membre de la francophonie. Les différentes communautés ethniques ont parfois conservé aussi leur **langue** d'origine : le **mandarin** chez les Sino-Mauriciens, le **bhojpuri** (fortement modifié par le contact avec le créole) chez les Indo-Mauriciens et l'**ourdou** chez les musulmans, aujourd'hui concurrencé par l'arabe.

Kouma on dir sa?

Mais le ***kreol morisien*** arrive largement en tête des langues parlées à la maison. Le recensement de 2011 confirmait sa progression : à cette date, 86,5 % des Mauriciens osaient avouer l'utiliser en famille contre 52 % en 1972. Plus question de le ravaler au rang de « patois nègre ». Il constitue une langue à part entière, qui a son *Diksioner*. Son étude n'a pourtant été introduite que fort récemment (2012) à l'école primaire, et seulement à titre d'option. *Kouma on dir sa* (« Comment on dit ça ? »). Ce *morisien*, où les mots sont mis en musique, n'a toujours pas droit de cité au Parlement, où l'anglais et le français dominent.

Aïo ?

L'étranger est surpris par l'aisance avec laquelle le Mauricien passe d'une langue à l'autre dans la même phrase, mixant anglais, français et *kreol*. Ce qui est parfois source d'incompréhension. Faut « accommoder un client » ? Ne vous méprenez pas : on doit lui trouver un hébergement (*accommodation* en anglais).

Pis : le ton peut complètement changer le sens d'un petit mot créole passe-partout, comme « *aïo* » ! Un traînant « *a*... ïo », et il faut entendre « pauvre diable ». Un cinglant « *aïo!* » signifie « fous-moi la paix ». Un interrogatif « *aïo?* » doit se traduire par « non, c'est pas vrai ? ». Et si !

CARNET PRATIQUE

Tout pour réussir vos vacances...

CARNET PRATIQUE

FORMALITÉS

Passeport en cours de validité six mois après votre retour ; pour un séjour de moins de deux mois, le visa n'est pas utile.

Permis de conduire national si vous souhaitez louer un véhicule.

Autorisation de sortie du territoire pour les mineurs non accompagnés.

Remplir avant le départ le formulaire disponible sur **https://safemauritius.govmu.org**.

BUDGET

Devise : la roupie mauricienne (Rs ou MUR)

En octobre 2023, 1 € = 50 Rs env. et 1 Rs = 2 cts.

Budget en haute saison :

–	+	++
75-100 €/j.	≈ 150-200 €/j.	≈ 250 €/j.

TÉLÉPHONE

Depuis la France vers Maurice :

00 230 **n° du correspondant**

(les nos de portables commencent par un 5).

Depuis Maurice vers la France :

00 33 **n° du correspondant**

(sans le 0 initial).

SANTÉ

Aucun vaccin n'est obligatoire. Pas de traitement antipaludéen préconisé.

ÉLECTRICITÉ

220 V partout, avec les mêmes prises à 2 fiches qu'en Europe mais aussi beaucoup de prises « anglaises » à 2 ou 3 fiches (prévoir un adaptateur).

DÉCALAGE HORAIRE

+ 2H en été, + 3h en hiver.

SAISON ET CLIMAT

Une saison chaude et humide, de novembre à avril, et une saison « fraîche » (17 °C min., 26 °C max. !) et sèche, de mai à octobre.

Aucune période n'est à déconseiller, mais choisir mai-juin est un bon plan : la pluviométrie est faible, le lagon est encore à une température tropicale (25-26 °C) et les prix sont au plus bas.

BON À SAVOIR

Langue

Si **la langue officielle est l'anglais**, les Mauriciens parlent couramment le français et le créole.

Sécheresse

Les îles Maurice et Rodrigues sont affectées par des périodes de sécheresse extrême. Des hébergements ont recours à de petites unités de **dessalement de l'eau de mer** ou se font livrer des **camions d'eau potable**.

Adresses utiles

Ambassade

Ambassade de la République de Maurice
127, rue de Tocqueville, 75017 Paris
☎01.42.27.30.19.

Office de tourisme

Office de tourisme de l'île Maurice
☎01.53.25.04.28
www.mymauritius.travel ou https://mauritiusnow.com
Pas d'accueil du public, il s'agit d'une agence de communication. Elle fournit sur demande une petite documentation gratuite sur Maurice et Rodrigues (contenant des infos sur les hôtels, les activités, les festivités, etc.).

LE COIN DES INTERNAUTES

https://mauritiusnow.com : site de l'office de tourisme (MTPA).

www.mra.mu : site de la douane mauricienne.

www.ahrim.mu : site des hôteliers et restaurateurs.

http://metservice.intnet.mu : tout savoir sur le temps qu'il fait.

www.mauritianwildlife.org : pour découvrir Maurice en respectant l'environnement.

Comment y aller ?

Il existe des vols directs pour Maurice, mais pas pour Rodrigues. Pour rejoindre Rodrigues, voir p. 202.

Vols pour Maurice

Maurice est à env. 11h de vol de Paris, sans escale. Tous les vols rejoignent à Plaine Magnien l'**aéroport Sir Seewoosagur Ramgoolam** (SSR), dans le sud de l'île (p. 34). **Air France** et **Air Mauritius** desservent l'île Maurice par des vols directs ; **Air Austral, Corsair, Turkish Airlines** et **Emirates Airlines** avec escale.

Les tarifs varient selon la saison et les promotions. En général, il faut compter entre 850 € et 1500 €.

Sans escale

- **Air France** ☎09.69.36.36.54, www.airfrance.com. Au départ de Roissy-CDG, elle assure, en partage de code avec Air Mauritius, 2 vols quotidiens.
- **Air Mauritius**, ☎0.890.71.03.15, www.airmauritius.com. Au départ de Roissy-CDG, 2 vols/j. avec Air France. Le site Internet indique les vols opérés avec avion et équipage mauriciens.

Avec escale

- **Air Austral** ☎0.825.013.012 (surtaxé), www.air-austral.com. Depuis Roissy-CDG, avec escale à La Réunion (entre 14h et 20h de voyage avec l'escale).
- **Corsair** ☎39.17 (surtaxé) ou 01.70.39.22.10, www.flycorsair.com. Au départ de Paris-Orly, avec escale à La Réunion (env. 14h de voyage avec l'escale).
- **Emirates Airlines**, ☎01.57.32.49.99, www.emirates.fr. Au départ de Roissy-CDG, l'escale obligatoire est Dubaï ; comptez 16h à 27h. La compagnie propose des vols vers Dubaï depuis Lyon ou Nice.
- **Turkish Airlines** ☎01.57.97.98.49, www.turkishairlines.com/fr-int. Vol depuis Roissy-CDG avec escale à Istanbul. Cela peut prendre jusqu'à 24h. La compagnie opère des vols vers Istanbul depuis plusieurs villes françaises (départ de 11 aéroports).

Liaisons Maurice-Rodrigues ou La Réunion-Rodrigues

- **Air Austral** (coordonnées ci-contre). Compagnie régionale de l'océan Indien, elle assure un vol hebdomadaire à destination de Rodrigues depuis l'aéroport de Saint-Denis. Comptez 2h de vol.
- **Air Mauritius** (coordonnées ci-contre). Liaisons Maurice-Rodrigues jusqu'à 4 vols/j. (1h30 de vol). Si vous comptez visiter Rodrigues et Maurice, commencez par Rodrigues : vous échapperez à la limitation de bagages imposée (15 kg).

Trouver un séjour

Forfait vol + hôtel

Il est préférable d'acheter un forfait vol + hôtel. Vous paierez votre chambre moins cher que le prix affiché, certains hôteliers surévaluent même volontairement leurs tarifs officiels pour favoriser les voyagistes avec lesquels ils ont passé des accords. À vrai dire, personne ou presque ne paie le prix annoncé (sauf ceux qui se présentent en dernière minute)!

• **AHRIM (Association des hôteliers et restaurateurs de l'île Maurice)**, www.ahrim.mu

• **Association des hôtels de charme**, www.smham.net. Des hôtels et résidences hôtelières disposant au maximum d'une soixantaine de chambres.

Groupes hôteliers

• **Hôtels Attitude**, http://hotels-attitude.com/fr. Le dernier-né des groupes hôteliers mauriciens (2008) possède déjà 10 hôtels (trois ou quatre-étoiles), disséminés sur les plages de l'île (encadré p. 73).

• **Lux* Hotels**, www.luxresorts.com/fr. Traduisez Lux* par « lumière » et non par « luxe ». Le groupe possède ou dirige quatre hôtels cinq-étoiles sur l'île. Il entend offrir à ses clients des « expériences inédites, ludiques voire insolites » pour rendre leurs vacances « plus légères, plus lumineuses ». Balades à vélo, cinéma sous les étoiles, séances de méditation ou cabine téléphonique mise à disposition pour appeler gratuitement ses proches...

• **Hôtels Sunlife**, www.yoursunlife.com. L'ex-groupe Sun resorts (La Pirogue, p. 141, Long Beach, etc.) a décidé d'impliquer ses clients dans le développement écoresponsable. Dans les jardins, des vélos statiques permettent de produire de l'électricité pour éclairer palmiers et voies piétonnes en soirée; des visites de fermes d'élevage de coraux sont organisées, etc.

• **Veranda Resort (Rogers Hospitality)**, https://veranda-resorts.com. Le groupe Rogers exploite cinq hôtels de bonne catégorie (trois-étoiles SUP et quatre-étoiles) dans le nord, l'ouest et l'est de l'île. « *Feel Maurician* » (sentez-vous Mauricien) est la nouvelle devise du groupe, qui inscrit le développement durable dans ses démarches. Il fut aussi l'un des premiers à créer une ligne de soins pour le spa « local », Seven Colours.

Voyage organisé

Spécialistes des îles

• **Austral Lagons** ☎01.53.71.19.79, www.australlagons.com. Sur Maurice, le tour-opérateur offre, outre une quarantaine d'hôtels, la réservation avant le départ d'excursions sur place.

• **Beachcomber Tours**, ☎01.44.94.72.72, www.brochuresenligne.com. Les hôtels Beachcomber, pionniers des activités nature, multiplient les initiatives en matière de tourisme durable.

• **Exotismes**, ☎0.826.96.5000 (surtaxé), www.exotismes.com. L'offre est très élargie: hôtels, résidences de vacances, villas, etc. Des forfaits pour des excursions à la journée ou à la demi-journée sont aussi mis en avant.

• **Tropicalement vôtre**, ☎01.43.70.99.55, www.tropicalement-votre.com. L'un des rares voyagistes à proposer un circuit « autotour », en 4 étapes réparties dans l'île, ce qui permet de vivre Maurice

DITES OUI !

Pour que vous puissiez convoler à l'île Maurice, certains voyagistes s'occupent de tout, des formalités au petit déjeuner romantique sur la plage. Mais Maurice n'est pas Las Vegas. Il vous faut obtenir d'abord un certificat de non-résidence auprès du ***Registrar of Civil Status***, en envoyant un mois avant la date prévue du mariage photocopies des actes de naissance de moins de trois mois et des trois premières pages des passeports. Un droit de 100 € env. sera demandé si le mariage est célébré dans un lieu privé.

> **Central Civil Status Office**, 7e ét., immeuble Emmanuel-Anquetil, Sir Seewosagur Rangoolam St. (près de la municipalité), Port Louis ***(plan p. 40 / C2)*** ☎ (00.230) 201.17.27, https://csd.govmu.org.

« autrement ». Il offre aussi un combiné Maurice-Rodrigues.

Sur mesure

- **Émotions de Kuoni** ☎01.55.87.84.35, https://emotions.kuoni.fr. Quand le luxe n'est pas seulement une question d'étoiles…
- **Secrets de Voyages**, ☎01.53.71.19.70, www.secretsdevoyages.com. Les plus beaux hôtels pour des *happy few*.
- **Voyageurs du monde**, ☎01.42.86.16.00, www.voyageursdumonde.fr (antennes en région).

Voyages sportifs

- **Golf autour du monde**, ☎01.53.43.36.36, http://golf.voyages-gallia.fr. Les hôtels sélectionnés ont évidemment un golf à demeure ou un partenariat avec un golf.
- **Fun & Fly**, ☎05.82.88.11.90, www.fun-and-fly.com. Kitesurf, stand up paddle, windsurf, choisissez votre spot.
- **Ultramarina**, ☎0.825.02.98.02 (surtaxé), www.ultramarina.com. Les plus beaux voyages de plongée… Et cela peut se faire en famille.

Quand partir

Saisons

On distingue deux saisons à Maurice et Rodrigues, inversées par rapport à celles de l'Europe : l'**été austral**, de novembre à avril, et l'**hiver austral**, de mai à octobre. Le climat mauricien est un climat tropical maritime, sans écarts de température importants, en raison du relief doux. C'est pendant l'été, en janvier-février, que les risques de cyclone sont les plus importants. Mais ils sont rarement violents.

L'**ouest** et le **nord** de l'île sont en général **plus chauds** et **moins humides** (600 mm de pluie) que le sud et l'est (1400 mm). Le **plateau central** connaît une pluviosité régulière et très marquée (4000 mm).

Météo

Informations en français : http://metservice.intnet.mu/forecastbulletin-french-mauritius.php. Prévisions sur 72h pour Maurice et Rodrigues, ainsi que des informations sur les **cyclones**.

Formalités

Papiers et passeport

Pour séjourner à Maurice et Rodrigues, les ressortissants de l'Union européenne et de la Suisse (entre autres) n'ont pas besoin de demander un **visa**. Il est accordé automatiquement à l'arrivée si vous avez un **passeport** valide après la date de retour, une **somme d'argent** suffisante pour votre séjour, l'adresse du lieu d'hébergement et un **billet retour**. N'oubliez pas de remplir avant le départ le **formulaire** sur https://safemauritius.govmu.org. Votre entrée à Maurice en sera facilitée. Si vous comptez séjourner plus de deux ou trois mois, selon les cas, il faudra en demander la prorogation au **Bureau des passeports et de l'immigration** à Port Louis (ci-contre).

Ambassade sur place

Ambassade de France, 14, St George St., Port Louis *(plan p. 40 / B2-B3)* ☎ 202.01.00 ou 52.57.61.00 (pour les urgences), https://mu.ambafrance.org. Lun.-ven. 8h-12h.

Union européenne, 8e ét., St James Court, St Denis St., Port Louis *(plan p. 40 / B-C3)* ☎ 207.15.15, delegation-mauritius@ec.europa.eu.

Bureau des passeports et de l'immigration, Headquarters Sterling House, 9-11 Lislet Geoffroy St., Port Louis *(plan p. 40 / C2-3)* ☎ 260.20.73, https://passport.govmu.org/passport/

Douane

À Maurice, vous pouvez importer en **franchise** 250 g de tabac (incluant cigares ou cigarettes), 2 l de spiritueux, 6 l de vin ou bière (autres choix : 5 l de spiritueux ou 10 l de vin ou bière). Chats et chiens seront placés en quarantaine pendant un mois. L'importation de **plantes** est soumise à permis. L'introduction de canne à sucre est interdite.

Infos Douane Service 📞0.811.20.44.44. Ouv. lun.-ven. 8h30-18h, www.douane.gouv.fr et www.mra.mu/download/CustomsInformationFr.pdf.

Assurances et assistances

Les **assurances** (en cas d'annulation de voyage, perte de bagages, accident ayant porté un préjudice matériel à autrui) et **assistances** (rapatriement et assistance médicale) sont rarement incluses dans le forfait acheté ; elles sont proposées, en option, par les agences de voyages, voire sur Internet. Attention ! Certaines **cartes bancaires internationales** couvrent déjà une part de ces risques, si vous avez réglé votre déplacement avec ladite carte.

- **Allianz Travel** 📞01.42.99.82.82, www.allianz-voyage.fr.
- **AVA (Assurance Voyage Assistance)** 📞01.53.20.44.20, www.ava.fr.
- **Europ Assistance** 📞01.41.85.93.65, www.europ-assistance.fr.

Location de voitures

Il faut avoir 21 ans et posséder un permis de conduire depuis plus d'un an. Pour une semaine, en kilométrage illimité, une voiture catégorie B (Kia Picanto ou Suzuki Celerio) se loue entre 400 et 500 € auprès des grandes compagnies, où un paiement anticipé est plus avantageux qu'un paiement sur place.

- **Avis** 📞0.821.230.760 (surtaxé), www.avis.fr.
- **Budget** 📞0.825.003.564 (surtaxé), www.budget.fr.
- **Europcar** 📞0.825.358.358 (surtaxé), www.europcar.fr.
- **Hertz** 📞09.69.39.49, www.hertz.fr.

Regardez aussi les sociétés locales (p. 35), qui peuvent offrir un tarif jusqu'à deux fois moins élevé.

LOCATION DE VÉHICULE : À SAVOIR

Voici quelques astuces à savoir pour louer un véhicule sans tracas :

- Vous êtes obligé d'**utiliser la même carte bancaire** pour la souscription de la location et pour l'empreinte de carte qui sera prise sur place pour la caution. Si vous ne présentez pas la même carte, l'agence peut vous refuser le véhicule sans vous rembourser la location.
- Beaucoup de loueurs (souvent les moins chers) exigent une **carte de crédit** pour la caution. Or, la quasi-totalité des Français ne disposent que d'une carte de débit ! Contactez votre banque pour savoir comment en obtenir une. Si vous ne présentez pas une carte de crédit, l'agence peut vous refuser le véhicule sans vous rembourser la location.
- Si vous louez par un **comparateur** (comme BSP Auto, Carigami, Rentalcars...), celui-ci n'est pas responsable des contentieux avec le loueur : il faudra vous retourner directement contre celui-ci.
- Lisez toujours très attentivement le **contrat de location** pour connaître les options et les assurances incluses. Les loueurs les moins chers imposent une franchise (somme qui reste à votre charge en cas de problème) très élevée et vous proposent à votre arrivée de « racheter » cette franchise pour un coût quotidien qui peut doubler le prix initial de la location.
- Pensez toujours à **prendre en photo le véhicule** sous tous les angles possibles (extérieur et intérieur) au moment de la prise de la voiture, puis également au moment de sa restitution.
- Certains loueurs donnent le véhicule avec seulement un **réservoir à moitié plein**, et même parfois moins. Vous devez restituer le véhicule avec au minimum le même niveau.
- Certaines cartes bancaires (type Visa Premier) disposent d'une **assurance incluse** pour les véhicules citadins, mais celle-ci n'est **pas valable pour les 4x4 ni pour les camping-cars**. Prenez, dans ce cas, une assurance à part ou celle proposée par l'agence de location.
- Il est fréquent que la **caution** soit réellement débitée et ne soit remboursée que plusieurs semaines après la restitution du véhicule.
- En cas de dégâts sur votre véhicule, **contactez immédiatement votre assurance** et demandez quels papiers sont nécessaires pour obtenir le remboursement des frais. Exigez-les fermement au loueur.

Argent et budget

Argent

Devise

L'unité monétaire à Maurice et Rodrigues est la roupie mauricienne. Les prix sont généralement inscrits en abrégé et à l'anglo-saxonne (10 roupies = Rs10). Il existe des pièces de 5 et 20 sous, ainsi que des pièces de 1, 5, 10 et 20 roupies. Les billets sont en coupures de 25, 50, 100, 200, 500, 1000 et 2000 roupies.

Moyens de paiement

Vous ne trouverez pas de roupies mauriciennes avant de partir. À Maurice, les principales cartes bancaires sont acceptées comme moyens de paiement et permettent de retirer des roupies aux distributeurs automatiques. Vous pouvez aussi emporter de l'argent liquide en euros pour procéder au change en arrivant.

Carte perdue ou volée

Avant de partir, procurez-vous auprès de votre agence bancaire le numéro de téléphone à composer de l'étranger pour faire opposition en cas de perte ou de vol de carte. De France, vous pouvez faire appeler le service groupé de mise en opposition **☎0.892.705.705**.

- **Carte bleue Visa** www.visa.fr.
- **American Express** www.americanexpress.fr.
- **MasterCard** www.mastercard.com/fr.

Budget

Votre budget va dépendre de l'hébergement. En hôtel, la demi-pension étant souvent de rigueur, vous vous contenterez d'un déjeuner sur le pouce ou d'un plat principal dans un restaurant (de 300 à 2000 Rs – entre 6 et 40 € – selon le standing des lieux et les plats choisis, hors langouste, mais beaucoup moins si vous optez pour la *street food* locale). Les hôtels offrent des activités gratuites (ski nautique, dériveur, catamaran...) et peuvent proposer des tarifs préférentiels sur d'autres (golf, plongée en bouteille).

En autonomie complète, c'est différent: vous remplirez votre panier pour trois fois rien aux marchés et supermarchés, mais vous paierez le prix fort pour vos loisirs.

Encore aujourd'hui, vous trouverez parfois des prix indiqués hors VAT (la TVA locale), qui est de 15 %.

Y aller

On trouve des affaires autour de 1100 € pour un séjour 7 j./5 nuits tout inclus dans un hôtel trois-étoiles, vol compris. Pour un budget moyen, tablez plutôt sur 1400 € et plus.

Comptez entre 850 et 1500 € pour un simple vol A/R selon la saison.

COMBIEN ÇA COÛTE ?

Ticket de bus	Session plongée	Entrée de musée	Plat de cari au restaurant	Café de Chamarel
max. 47 Rs max. 1 €	3200 Rs 64 €	300-600 Rs 6-12 €	300-700 Rs 6-14 €	100-150 Rs 2-3€

Hébergement et restauration

Hébergement

Hôtels, locations, maisons d'hôtes, logement chez l'habitant... Ces dernières années, le choix s'est élargi. Si le **camping** sauvage existe, il est le fait d'autochtones le week-end sur les plages, aucun terrain n'étant répertorié. Il existe néanmoins quelques adresses de « glamping » (néologisme résultant de la contraction des mots « glamour » et « camping »): les Bubble lodges à Bois Chéri et l'île aux Cerfs (p. 124), ainsi qu'Otentic à Deux-Frères (p. 115).

MODE D'EMPLOI

Dans ce guide, le tarif des hébergements s'entend pour une chambre double en haute saison, petit déjeuner inclus (sauf mention contraire).

Hôtels

Avec plus de 110 hôtels, Maurice offre une palette large: du palace cinq-étoiles, marché dominé par les groupes Beachcomber, Constance ou Lux*, à l'hôtel de charme, devenu la spécialité des groupes Attitude ou Veranda. Dans cette dernière catégorie, on a vu naître une génération de « boutique-hôtels », dont le petit nombre de chambres peut afficher un style contemporain.

Locations

Si vous voyagez en famille, vous avez intérêt à vous tourner vers la location. On trouve de tout: du petit **appartement** dans une résidence à la **villa** luxueuse pieds dans l'eau. Nombre de « campements » (résidence secondaire au bord de la mer) sont proposés. Cela peut être le fait de particuliers. Prenez vos précautions, renseignez-vous avant de verser les acomptes demandés: cet hébergement bénéficie-t-il de l'agrément du ministère du Tourisme? Sachez enfin que, d'une agence à l'autre, les comparaisons s'avèrent difficiles: les villas changent de nom à la vitesse d'un clic.

- **www.mauritius-villa.com,** ☎01.78.90.04.96 (depuis la France). Pour toute villa louée, un arbre planté... en Indonésie.
- **www.musevillas.com,** ☎(00 230) 59.41.98.81 (port., depuis Maurice). Le nec plus ultra en matière de villas.
- **www.villas-maurice.com,** ☎ (00 230) 57.28.88.12 (port., depuis Maurice). Des villas ou des appartements les pieds dans l'eau (ou pas), aux quatre coins de l'île. Une quarantaine de propositions.

Chez l'habitant

L'économie de partage a aussi investi Maurice. Des particuliers louent chambres ou appartements sur **Airbnb** (www.airbnb.fr), **BedyCasa** (https://fr.bedycasa.com) ou **House Lettings** (www.holidaylettings.fr). Mais **Homelidays** (www.homelidays.com) et **Abritel** (www.abritel.fr) sont aussi présents.

Restauration

Vous trouverez de tout à Maurice: des **food trucks** qui débarquent sur les plages, des **gargotes** qui débordent sur les trottoirs, des **petits restaurants** qui, sans sortir nappes blanches et argenterie, proposent une cuisine savoureuse mais classique, et des **grandes tables**, surtout dans les hôtels. Fait nouveau: on voit émerger une génération de **chefs mauriciens** comme Kritesh Halkory au Constance Prince Maurice ou Agathe Jean Duverger (p. 218) au Tekoma à Rodrigues. Maurice a d'ailleurs participé pour la première fois au Bocuse d'Or en 2023.

Enfin, les **tables d'hôtes** proposent un menu où tout est compris. Elles permettent la découverte d'une cuisine familiale, authentique, sans chichis.

FOOD TOURS

Trois villes à Maurice (Grand Baie, Mahébourg et Port Louis) proposent des circuits guidés axés sur la découverte des spécialités culinaires, permettant d'appréhender l'île par le biais de sa gastronomie. Attendez-vous à beaucoup marcher!

> **Food Tour Mauritius** ☎59.76.10.01 (port.), www.foodtourmauritius.com.

> **Taste Buddies** (p. 52 et 75) ☎266.74.96, https ://tastebuddies.mu/fr.

Téléphone, courrier et internet

Téléphone

Vu les coûts prohibitifs de certains opérateurs si vous tentez de téléphoner depuis votre téléphone portable, il est préférable de contacter vos interlocuteurs, français ou mauriciens, via WhatsApp, et toujours en Wi-Fi.

Perte (ou vol) de son portable

Pensez à noter en lieu sûr le **code IMEI** de votre portable, il sera nécessaire. Il suffit de taper *#06# sur le clavier pour l'obtenir. Il se trouve aussi sous la batterie et sur la facture d'achat.

En cas de vol ou perte, ayez le réflexe de faire suspendre immédiatement votre ligne. Cela peut être fait depuis le site Internet de votre opérateur ou par téléphone.

- **Bouygues Telecom** 📞00.33.6.60.61.46.14.
- **Free** 📞00.33.1.78.56.95.60.
- **Orange** 📞00.33.6.07.62.64.64.
- **SFR** 📞00.33.9.70.83.963.

Internet

Les bars et restaurants proposent assez souvent une connexion Wi-Fi gratuite. Tous les hôtels ou presque offrent une connexion Wi-Fi ou Internet à leurs clients, gratuite dans les espaces communs et parfois (rarement) payante dans les chambres. Attention, n'utilisez que le Wi-Fi sur votre téléphone (coupez les données mobiles), sous peine de recevoir une facture salée à votre retour !

Il est possible aussi d'avoir une connexion dans sa voiture louée à Maurice (avec un petit supplément).

Courrier

Il faut au minimum quatre jours pour acheminer un pli vers l'Europe.

Pour une **lettre** à destination de l'Europe, vous payez selon le poids (min. 43-49 Rs/0,86-1 €). Pour les **cartes postales**, (max. 105 mm x 148 mm), 32 Rs/0,64 €.

Vie quotidienne

Heure locale

Il y a 2h (en été) ou 3h (en hiver) de décalage horaire. Lorsqu'il est midi à Paris, il est 14h ou 15h à Port Louis.

Santé

Aucun **vaccin** n'est obligatoire, mis à part celui contre la fièvre jaune pour les personnes en provenance de pays affectés. Il est cependant conseillé d'être à jour pour les vaccins tétanos, polio, diphtérie, hépatite A et B. Le **paludisme** étant en voie d'éradication, aucun traitement préventif n'est

HORS TAXES, MODE D'EMPLOI

Sur vos achats (bijoux, chaussures, vêtements, électronique, parfums), vous pouvez vous faire rembourser la VAT *(Value Added Tax)*, qui est de 15 %.

Étape 1. Choisir un magasin agréé ***tax refund***. La liste de ces magasins, y compris dans les *shopping malls*, est disponible sur www.taxfreeshopping.mu. On doit vous remettre une facture portant le numéro de votre passeport (l'avoir toujours sur soi !), le numéro et la date de votre vol de retour. Un montant d'achats minimal est demandé : 2300 Rs (46 €). **Étape 2.** À l'aéroport, se présenter dans le hall d'enregistrement au comptoir des **douanes de la Mauritius Revenue Authority** pour faire valider ses reçus (pour de gros achats, il vaut mieux les avoir avec soi). **Étape 3.** Après avoir passé les contrôles de sécurité, rendez-vous dans la salle d'embarquement au comptoir de la **MCCI Tax Refund**, où le remboursement sera fait en euros. Mais attention, il y a des frais : le remboursement effectif n'est que de 9 %.

nécessaire; consultez néanmoins un médecin en cas de fièvre.

Maladies sexuellement transmissibles (MST) et **sida** ne sont pas absents; même si l'île n'est pas des plus touchées, prenez vos précautions.

Pour trouver un médecin ou un hôpital proche, allez sur le site de l'ambassade de France (https://mu.ambafrance.org/Santé): il fournit une liste non exhaustive de médecins (généralistes, spécialistes), d'hôpitaux et cliniques à Maurice.

La liste des hôpitaux sera plus complète sur https://health.govmu.org.

Un **service médical** existe dans les grands hôtels et un médecin peut toujours être appelé en cas d'urgence.

Maurice est une destination salubre; seuls **coups de soleil**, **moustiques** et **coraux** coupants sont à redouter, ainsi que, beaucoup plus rares, les piqûres du poisson-pierre (encadré ci-contre).

Nul besoin de prévoir une **trousse à pharmacie** très fournie, les officines mauriciennes étant assez bien approvisionnées. Le seul hic: sur place, vous retrouverez vos médicaments habituels sous une autre appellation! Si vous êtes sujet aux **troubles intestinaux**, emportez des médicaments contre diarrhées et coliques du type Imodium. Pour le **mal des transports**, les médicaments type Mercalm sont tout indiqués.

Voyage avec des enfants

L'Île Maurice est le lieu idéal pour des vacances en famille: pas de vaccins, pas de palu, peu de décalage horaire, un lagon sécurisé, des plages de sable fin, de nombreux mini-clubs... C'est le paradis des grands et des petits!

Transports

Utiliser les services d'un chauffeur de taxi (p. 35) permet de profiter du paysage sans stresser... Si vous louez une voiture, il peut être plus intéressant d'emporter votre propre siège auto pour bébé. Enfin, le bus est une alternative très économique.

Hébergement

Vous retrouverez dans les grands hôtels des mini-clubs généralement pour enfants à partir de 3 ans et des activités pour les ados. Le baby-sitting est très courant à Maurice, les hôtels proposent plusieurs modes de garde.

Change

La plupart des **hôtels** changent les devises, mais avec une forte commission. Les **banques**, nombreuses, pratiquent des taux très voisins, même à l'aéroport. La **Mauritius Commercial Bank** et la **Barclays Bank** sont les deux principaux établissements où l'on peut retirer de l'argent au guichet avec une carte **Visa**, **American Express** ou **MasterCard**. Dans chaque ville et dans presque tous les lieux touristiques, les **distributeurs automatiques** permettent de retirer des roupies mauriciennes (max. 20 000 Rs/400 € env./j. avec une Visa). Attention, certains n'acceptent qu'une marque de carte (voir les logos collés sur le distributeur).

Enfin, pensez à utiliser les cartes gratuites des banques en ligne (Boursorama, Fortuneo, BforBank, etc.) pour limiter les frais (retrait, conversion, etc.). Entre la commission fixe et le pourcentage appliqué sur la somme retirée, les frais représentent par exemple 5,60 € en moyenne pour un retrait de 100 €.

Horaires

Les **bureaux** sont ouverts du lun. au ven. de 9h à 16h dans le secteur public, de 8h30 à 16h15 dans le secteur privé, et le sam. de 9h à 12h pour certains.

Les **banques** sont ouvertes du lun. au jeu. de 9h à 15h et jusqu'à 15h30, voire 17h, le ven. Les horaires des **magasins** diffèrent selon les régions: à **Port Louis**, ils ouvrent du lun. au ven. de 9h30 à 18h, le sam. et éventuellement le dim. de 10h à 12h; sur les **hauts plateaux**, ils sont parfois ouverts seulement le matin le jeu., de 10h à 17h30 le reste de la sem.

Les magasins dont les propriétaires sont musulmans ferment entre 12h et 14h le ven.

Attention aux poissons-pierre

Les piqûres de ces poissons, qui ont un art consommé du camouflage, sont peu fréquentes mais extrêmement douloureuses. Le poisson-pierre possède en effet 13 épines dorsales venimeuses. Les hôpitaux régionaux à Maurice disposent du sérum antipoison. En attendant les secours, il est préconisé d'immerger dès que possiblle le membre touché dans l'eau chaude à 40-42 °C (la toxine est sensible à la chaleur).

URGENCES

URGENCES

Police ☎ 999 ou 112

Police du tourisme
☎ 57.27.62.81 pour Port Louis ; ☎ 57.27.62.82 (Grand Baie) ; ☎ 57.28.28.45 pour l'ouest ; ☎ 57.27.59.94 pour le sud ; ☎ 57.27.62.84 pour l'est ; ☎ 57.28.07.21 pour le Centre.

Samu ☎ 114

Informations touristiques

La **Mauritius Tourism Promotion Authority (MTPA)** a son siège à Port Louis (p. 38) et deux comptoirs d'information, l'un à l'aéroport SSR (p. 34), l'autre à Rodrigues (p. 203). Vous pouvez également consulter www.ilemaurice-tourisme.info pour avoir les nouvelles sur le plan touristique.

Pourboire

Le service, sauf exception, est toujours compris dans le prix, mais compte tenu des bas salaires pratiqués à Maurice, un pourboire sera toujours apprécié.

Sécurité

Port Louis est une capitale plutôt tranquille et les sites touristiques sont peu touchés par la délinquance. Comme dans tout pays où le contraste est important entre le luxe réservé aux touristes et la réalité économique locale, les tentations sont grandes et il vaut mieux prendre les précautions d'usage : laissez vos objets de valeur à l'hôtel, évitez de laisser traîner vos affaires sur la plage, fermez systématiquement à clé les portes de votre voiture ou de votre bungalow... Sachez aussi que le gouvernement ne badine pas avec la **drogue**. De lourdes amendes et des peines de prison frappent les contrevenants.

À bon entendeur...

Spas

Les groupes Attitude, Lux* ou Veranda (p. 257) ont développé des **lignes de soins mauriciennes**, en utilisant les épices locales (cardamome, gingembre...). Aujourd'hui, le **spa mauricien** se veut « détox », sans trop oser utiliser ce mot très en vogue en Europe. On lui préfère le terme *wellness* (« bien-être » en français). Au-delà des traitements et des tisanes, issues du potager voisin et offertes à la sortie, c'est toute une ligne de (nouvelle) vie qui est proposée. Cela passe par des séances de yoga ou de méditation, des « marches vitalité » (promenades de santé accompagnées de quelques exercices de respiration). Les restaurants des hôtels sont parfois mis à contribution, même si l'on se refuse à parler de diététique : quelques astérisques peuvent signaler dans une carte les plats qui correspondent à une nourriture plus saine, mieux équilibrée mais toujours savoureuse. Maurice, où la population d'origine indienne est majoritaire, c'est aussi toute une **culture ayurvédique** qui attend l'Européen. Cette « science de la vie », traduction du mot *âyur-veda*, est basée sur des textes très anciens. On peut parler d'une « médecine de Bouddha », qui utilise exclusivement des principes actifs d'origine végétale (entre 600 et 700 actifs). Des spas peuvent se revendiquer ayurvédiques : la séance doit démarrer par une véritable consultation (souvent payante en sus).

Attention, dans un spa, les **femmes enceintes** doivent signaler leur état : les huiles essentielles franchissent en effet la barrière de la peau.

Toilettes

Bien qu'il soit préférable de prendre ses précautions dans les établissements hôteliers ou dans les restaurants, l'hygiène, dans les endroits les plus fréquentés, fait partie des priorités des autorités. De gros progrès ont été réalisés sur les plages...

Jours fériés

La République mauricienne, respectant la diversité religieuse de la population, ne compte pas moins de 15 jours fériés dans l'année. Certains sont à date fixe, d'autres dépendent du calendrier lunaire, pour lequel les dates sont données à titre indicatif, à un jour près.

1er et 2 janvier: nouvel an.

1er février: jour anniversaire de l'abolition de l'esclavage.

10 février 2024: fête du Printemps (nouvel an chinois).

8 mars 2024: Maha Shivaratree (fête hindoue).

12 mars: fête de l'Indépendance.

9 avril 2024: Ugaadi (le nouvel an télougou).

10 avril 2024: Aïd al-Fitr.

1er mai: fête du Travail.

15 août: Assomption.

8 septembre 2024: Ganesh Chaturthi (fête hindoue).

1er novembre 2024: Divali (fête hindoue et tamoule).

1er novembre: Toussaint.

2 novembre: commémoration de l'arrivée des premiers immigrants indiens à Maurice.

25 décembre: Noël.

> Voir aussi « Traditions en fête » p. 244.

> Pour les années suivantes, voir le site https://timesles.com/fr/holidays/years/2025/mauritius-132/

ENVIRONNEMENT

Un petit nombre d'**ONG** (Organisations non gouvernementales) sont à la pointe du combat pour préserver la biodiversité à Maurice.

Mauritian Wildlife Foundation ☎697.60.97 (Maurice) et ☎831.45.58 (Rodrigues), www.mauritian-wildlife.org: on trouvera sur le site des fiches autant sur le cardinal de Rodrigues (un oiseau) que sur le bois bouquet banané (un arbre).

Mauritius Marine Conservation Society ☎696.53.68, www.mmcs-ngo.org. Elle a du pain sur la planche: stopper les pêches à la dynamite et au fusil sous-marin, mettre en place des récifs artificiels, répertorier et protéger les cétacés... Elle est particulièrement préoccupée par les (mauvaises) pratiques du *dolphin watching* (p. 137).

Indian Ocean Marine Life Conservation ☎57.75.45.54 (port.), www.indianoceanmarinelifefoundation.org. Elle se concentre sur l'étude des cachalots à Maurice (encadré p. 136).

LEXIQUE

Politesses

Bonjour/Bonsoir	*Bonzour/ Bonsoir*
Comment allez-vous ?	*Konman sava? Ki manyer?*
Bien/D'accord	*Korek*
À bientôt	*Oplesir*
Je ne comprends pas	*Mo pa konpran*
Excusez-moi	*Eskize moi*
Ne vous inquiétez pas	*Na pas tracassé*
Je m'appelle…	*Mo appelle…*
J'ai 42 ans	*Mo éna 42 ans*
J'habite en France	*Mo habite en France*
Je repars lundi prochain	*Mo pé réaller lot lindi*

Autres mots utiles

Je	*Mo*
Tu/Vous	*Ou*
Où ?	*Koté?*
Qui ?	*Ki?*
Quoi ?	*Kwa?*
Comment ?	*Ki manyer?*
Pourquoi ?	*Akoz?*
Maintenant	*Konmela*
Aujourd'hui	*Azordi*

Marchandage

Marché	*Bazar*
Boutique	*Laboutik*
Je ne fais que regarder	*Mo pé rodé selman*
C'est un peu cher	*Li impé ser*
Combien ça coûte ?	*Comié li couté? Ki so prix?*
C'est trop cher	*Li tro ser*
Quel est votre meilleur prix ?	*Ki dernier prix?*
Vous n'avez rien de moins cher ?	*Ou pena pli bon marsé?*
C'est bon	*La li bon*
Juste un peu	*Zis en pe*

Au restaurant

Repas	*Manzé*
Menu	*Meni*
Œufs	*Dizef*
Riz	*Diri*
Eau gazeuse	*Delo gazé*
La bière	*Labier*
Le thé	*Dité*
Le sucre	*Disik*
Le sel	*Disel*
Fruit à pain	*Friyapen*
Café	*Kafé*
Addition	*Kont*

Autres expressions de survie

Où puis-je trouver un taxi ?	*Koté mo kapav gagne ene taksi?*
Où est l'arrêt de bus ?	*Koté bis stop?*
Arrêtez-vous ici s'il vous plaît	*Aret isi si ou plé*
Où sont les toilettes s'il vous plaît ?	*Koté cabiné si ou plé?*
Où puis-je téléphoner ?	*Koté mo kapav téléfoné?*
J'ai besoin…	*Mo bizin…*
Je veux…	*Mo oulé…*

INDEX

Q-R

S

T

U-Z

CRÉDITS PHOTOS

Hemis

ANTONI Georges: p. 234; ARTHUS-BERTRAND Yann: p. 165; CHAPUT Franck: p. 138, p. 187; CORMON Francis: p. 91, p. 92 b.; DEGAS Jean-Pierre: p. 7 ht, p. 7 b., p. 11, p. 53 ht, p. 55, p. 78, p. 96, p. 105, p. 107, p. 139, p. 150, p. 169, p. 178, p. 180, p. 181, p. 229, p. 248, p. 239, p. 244; DOZIER Marc: p. 235; FRILET Patrick: p. 42; FRUMM John: p. 10 ht, p. 9, p. 237, p. 226; GOTIN Michel: p. 233; GUIZIOU Franck: p. 58, p. 101, p. 122, p. 157, p. 203, p. 211; Jon Arnold: p. 5, p. 32, p. 45, p. 108, p. 110, p. 119; LEMAIRE Stéphane: p. 250; MONTICO Lionel: p. 16, p. 230; MORANDI Tuul et Bruno: p. 152; RIEGER Bertrand: p. 6, p. 10 b., p. 121, p. 135, p. 186; SIERPINSKI Jacques: p. 98; SPANI Arnaud: p. 2, p. 199, p. 205, p. 212, p. 232; Westend 61: p. 158.

Shutterstock

Anda_Manea: p. 242; Fadylr: p. 21; Geza Kurka_Hungary: p. 92 ht; Hang Dinh: p. 149; Isogood_patrick: p. 15; Kletr: p. 240; Lenisecalleja.photography: p. 39; Leoks: p. 141; Lkpro: p. 172; Lobachad: p. 26; Ohrim: p. 137; Oleg Znamenskiy: p. 136; Pack-Shot: p. 75, p. 95, p. 99; Paul Banton: p. 83; Photosounds: p. 189; Rafal Michal Gadomski: p. 93; Sapsiwai: p. 147, p. 154; Siwasasil: p. 4; Stefano cellai: p. 50; The Visual Explorer: p. 182.

Adobe Stock

AnneLaure: p. 247; Bayazed: p. 236; Cyril PAPOT: p. 23; Erwann: p. 160; Fadil: p. 30; Fokke Baarssen: p. 193; Jovannig: p. 68; Karloskii: p. 57; Kevin Nirsimloo: p. 70; Kletr: p. 177; LR Photographies: p. 185; Ludovic: p. 213; PackShot: p. 61, p. 100; Paspas: p. 209; Phuong: p. 124; Prochym: p. 161; Rangeecha: p. 80; SB: p. 81; Sebastian: p. 62; Superfood: p. 252; Thomathzac23: p. 84; Tobago77: p. 46; Unclesam: p. 14, p. 67, p. 222.

Alamy Stock Photo

Guichaoua: p. 206.

Guy Crouzet

p. 12, p. 90, p. 127, p. 220, p. 223, p. 246.

Nous adressons tous nos remerciements aux établissements suivants pour leur aide précieuse et pour nous avoir permis de reproduire leurs photographies:

© DunienZil: p. 194, p. 195, p. 196, p. 197; © Lokal Adventure: p. 114; © Serge Marisy / Yemaya Adventures: p. 128; © RodrigAventure: p. 8; © Taste Buddies: p. 13, p. 52, p. 53 b.; © Vanill'Art: p. 163; © Yemaya Adventures: p. 17, p. 87, p. 129, p. 130, p. 131.

L'édition originale de ce titre et ses mises à jour ont été rédigées **Annie Crouzet**.

Conception graphique de la couverture et de la maquette intérieure : Elsa Antoine
Illustrations des plats 1 et 4 : © Nicolas Galkowski / www.pekelo.fr
Mise en pages intérieure : Maogani

Ce titre est conçu à l'initiative, sous le nom, la responsabilité, le contrôle et selon les directives, instructions et consignes de Hachette Tourisme

Direction : Sidonie Chollet
Direction éditoriale : Cécile Petiau
Édition : Julie Dupré, en collaboration avec Coraline Borchiellini
Cartographie : Aurélie Huot et Frédéric Clémençon
Fabrication : Liza Sacco

Contact presse : Rachida Mazef, rmazef@hachette-livre.fr
Contact publicité et partenariats : partenariat-tourisme@hachette-livre.fr

Aussi soigneusement qu'il ait été établi, ce guide n'est pas à l'abri des changements de dernière heure, des erreurs et omissions qui ne sauraient engager la responsabilité de l'éditeur. Ne manquez pas de nous faire part de vos remarques. Informez-nous aussi de vos découvertes personnelles, nous accordons la plus grande importance au courrier de nos lecteurs : evasion@hachette-livre.fr.

Édité par Hachette Livre, 58, rue … ves cedex
Imprimé en Ré

Achevé d'imprimer: novem … 2023
Collecti
ISBN: …
23-4219-4